W. G. PALGRAVE

UNE ANNÉE
DANS
L'ARABIE CENTRALE
(1862-1863)

Traduction d'Émile Jonveaux

ABRÉGÉE

PAR L. BELIN-DE LAUNAY

Et accompagnée d'une carte

PARIS

LIBRAIRIE DE L. HACHETTE & Cie

BOULEVARD SAINT-GERMAIN, N° 77

UNE ANNÉE
DANS
L'ARABIE CENTRALE

Coulommiers. — Typog. A. MOUSSIN

W.-G. PALGRAVE

UNE ANNÉE
DANS
L'ARABIE CENTRALE

(1862-1863)

Traduction d'Emile Jonveaux

ABRÉGÉE

PAR J. BELIN-DE LAUNAY

Et accompagnée d'une carte

PARIS
LIBRAIRIE DE L. HACHETTE & Cie
BOULEVARD SAINT-GERMAIN, N° 77

1869

INTRODUCTION

L'ouvrage de M. W. G. Palgrave a été publié à Londres, en 1865, sous le titre de *Récit d'un voyage d'une année à travers l'Arabie du centre et de l'est pendant* 1862 *et* 1863. Il était traduit en français, l'année suivante, par M. E. Jonveaux, et paraissait à Paris chez MM. L. Hachette et Cie.

L'auteur, à la tête de son premier chapitre, expliquait ainsi l'objet qu'il s'était proposé :

« Nous devons aujourd'hui acquérir enfin la connaissance exacte et complète de la péninsule arabique ; ses côtes nous sont déjà devenues familières ; plusieurs de ses provinces maritimes ont été explorées d'une manière à peu près suffisante ; l'Yémen et le Hedjaz, La Mecque et Médine n'ont plus de mystères pour nous ; quelques voyageurs ont aussi visité le Hadramaout et l'Oman ; mais, sur l'intérieur de cette vaste région, sur ses plaines et ses montagnes, ses tribus et ses villes, sur son gouvernement et ses institutions, les mœurs et les coutumes de ses habitants, leur condition sociale, leur degré de civilisation ou de barbarie, que savons-nous avec certitude ? Nous n'avons pour nous éclairer que des récits vagues, tronqués, évidemment infidèles. Il est temps de remplir cette lacune sur la carte d'Asie ; quel que soit le péril, nous ne faillirons pas à notre tâche. La terre dans laquelle nous allons entrer sera notre tombeau, ou bien nous la traverserons dans sa plus grande largeur et nous saurons ce qu'elle renferme d'un rivage à l'autre. *Vestigia nulla retrorsum.* »

Quelque grand que soit déjà ce projet tel qu'il est expliqué ici, M. Palgrave nous permettra de croire qu'il était plus grand encore et d'opposer aux termes de son exposition les paroles mêmes des confidences qu'il nous a faites dans le cours de ses récits. Remarquez bien que nous trouvons ses desseins assez vastes tels qu'ils sont annoncés ; ils suffisent à sa gloire comme à celle de tout autre voyageur, qui dévoue sa vie, qui la risque à la recherche de la vérité. Remarquez encore que nous n'ajoutons aucune foi aux insinuations faites en Angleterre sur la tendance favorable aux intérêts de la France, pour laquelle ce voyage aurait été entrepris : la France et Napoléon III ont plusieurs fois prouvé qu'ils savaient donner leur argent à des entreprises qui ne pouvaient rapporter de profit qu'à la science. Nous nous bornons à maintenir que M. Palgrave a risqué sa vie plus encore que tout voyageur vulgaire, et qu'il l'a risquée pour une cause autre que celle qu'il annonce en tête de son livre.

Relisez les termes dans lesquels M. Palgrave se félicite d'être sorti de Riad : « Nous avions passé cinquante jours sous le toit de gens qui, s'ils avaient connu nos véritables intentions, ne nous auraient pas laissé vivre une heure (1). » Est-ce ainsi qu'on parle d'un danger couru pour avoir, sans y avoir droit, usurpé la profession de médecin? Peut-être, pour avoir caché sa religion? Maintes fois M. Palgrave nous dit qu'il n'a pas à ce sujet été mis en péril. Serait-ce pour avoir dissimulé qu'il était Européen? L'accusation aurait plus de gravité; mais ce n'est pas encore à ce danger qu'il est fait allusion. Il s'agit d'intentions secrètes, qui, si elles avaient été connues, auraient immédiatement été cause de la mort de ceux qui les avaient conçues.

Reportons-nous d'ailleurs à la sombre scène qui a hâté le départ de Riad. « Ce qui m'amusait le plus dans cette aventure, dit M. Palgrave, c'était de voir que j'échappais au prince précisément parce qu'il

(1) N. p. 256. — Ed. fr., t. II, p. 180. — 3e éd. angl., t. II, p. 123.

avait deviné trop bien et frappé trop juste (1). » Qu'avait donc deviné Abdalla ? sur quel chef d'accusation avait-il donc frappé si juste? « Je sais la vérité sur votre compte, s'était-il écrié; vous n'êtes pas des médecins, vous êtes des chrétiens, des espions, des révolutionnaires, venus ici pour ruiner la religion et l'État. Vous méritez la mort (2). » Voilà ce qui avait été deviné, voilà ce dont on avait accusé Palgrave « trop justement. »

Etait-ce la première fois que cette accusation était formulée contre lui? Non, car Obeyd le Loup, qui pouvait fort bien, dans l'intervalle, avoir, à l'insu de Palgrave, éclairé Abdalla sur les projets du prétendu médecin, lui avait déjà dit à Hayel : « Qui que vous soyez, sachez aussi que, quand mon neveu Télal, et avec lui l'Arabie entière, consentirait à apostasier, il resterait encore un défenseur des vieilles croyances; ce serait moi (3) ! »

Du moins ces accusations sont-elles confirmées par quelque point du récit de l'auteur? Relisez la conclusion de la première entrevue secrète qu'il a eue avec Télal. « Si ce que nous discutons, dit le prince du Chomeur, venait à être connu, ni votre vie ni peut-être la mienne ne seraient en sûreté (4). » Après le départ d'Obeyd le Loup pour aller châtier la tribu de Harb, Palgrave a une nouvelle audience de Télal, et ce prince lui dit : « Je ne serai pas assez imprudent pour donner, dans l'état actuel des choses, une réponse positive et officielle à des communications telles que les vôtres. Cependant moi, Télal, je vous assure de mon concours et de ma ferme volonté. Continuez maintenant votre voyage. Quand vous reviendrez, ce qui, j'espère, ne tar-

(1) N. p. 167. — Ed. fr., t. II, p. 178. — Ed. angl., t. II, p. 121.

(2) N. p. 164. — Ed. fr., t. II, p. 176. — Ed. angl., t. II, p. 119. — Le texte dit plus : venus ici pour ruiner la religion et l'État « dans l'intérêt de ceux qui vous ont envoyés. »

(3) N. p. 53. — Ed. fr., t. I, p. 185. — Le texte anglais, t. I, p. 207, dit : « S'il n'y avait plus au monde qu'un musulman ce serait moi. »

(4) N. p. 51. — Ed. fr., t. I, p. 182. — Ed. angl., t. I, p. 201.

frontières du Hedjaz, ni dans les rues de Mokha ou sur les marchés de Mesched-Ali, encore bien moins à Bagdad ou à Damas, qu'il faut chercher et qu'on trouvera une idée vraie du pur esprit arabe et des véritables usages, aussi bien que des mœurs de la nation (1). » Il fallait pour en venir à bout pénétrer dans les entrailles mêmes de son sujet, nous voulons dire qu'il fallait traverser l'Arabie de part en part, de la Mer Rouge au Golfe Persique. C'est ce qu'a fait M. Palgrave.

Il n'a pas, je l'avoue, été le premier Européen qui ait accompli ce haut fait; car le sixième volume de l'*Année géographique*, excellent recueil rédigé par M. Vivien de Saint-Martin, mentionne la publication à Bombay, en 1866, d'un *Journal de Voyage effectué en* 1819 *de Catif sur le Golfe Persique à Yambo, port sur la Mer Rouge*, par le capitaine G. F. Sadlier, que le gouverneur colonial avait chargé d'une mission auprès du pacha d'Egypte, durant l'expédition que celui-ci envoya contre les vouahabites, à cette époque; mais ce qui est certain, c'est que la relation de M. Palgrave, racontant un voyage qui remplisse de pareilles conditions, est la première que le public ait connue.

Pourtant, l'année même où paraissait l'ouvrage de Palgrave, la Société royale de Géographie, en Angleterre, donnait dans ses Annales (vol. IX, *Proceedings of the R. G. Soc.*) une *Visite à la capitale des vouahabites, au centre de l'Arabie*, par le lieutenant-colonel Lewis Pelly, résident politique de Sa Majesté Britannique à Bender-Boucher. En Allemagne, la *Revue de Géographie universelle* (*Zeitschrift für allgemeine Erdkunde*), dans ses numéros 139 à 145, a publié, du docteur F. G. Wetzstein, les *Déserts de la Syrie et l'Arabie septentrionale, d'après les informations des indigènes*. Enfin, en France, le *Bulletin de la Société de Géographie de Paris* a fait paraître un *Itinéraire de Jérusalem au Nedjed septentrional*, par M. Guarmani.

(1) *Introduction* à l'édition française, en deux volumes.

Quant à ses devanciers, M. Palgrave, dans sa préface, datée de Berlin, 29 avril 1865, en a parlé en ces termes :

« J'avoue avoir lu fort peu les relations des voyageurs européens qui ont visité la péninsule arabique ou les contrées voisines, non faute d'éprouver le désir de les connaître; mais le temps m'a manqué. Le style calme et impartial de Niebuhr (1) m'a cependant engagé à donner une attention spéciale à son *Voyage en Arabie*, et je dois rendre pleine justice à la grande véracité, à l'esprit d'observation de l'éminent explorateur. J'ai trouvé que sur certains points il s'était légèrement trompé, et j'ai relevé ces erreurs avec toute la déférence due à une telle autorité, laissant au lecteur le soin de prononcer entre les assertions contradictoires qui lui sont soumises.

« Depuis mon retour en Angleterre, la Société royale de Géographie a bien voulu mettre à ma disposition les Mémoires du capitaine Welsted et la relation de M. Wallin. Autant que j'en ai pu juger, leurs observations confirment les miennes; mais, leurs études ayant été purement topographiques, ils se sont occupés fort peu des hommes et des événements ; c'est cette lacune que je désire aujourd'hui combler.

« Je n'ai pas assez étudié les voyages de Pococke, Burckhardt et autres voyageurs, pour savoir si je dois confirmer ou contredire leurs récits. Je crois que l'ouvrage de Burckhardt, comme, du reste, beaucoup d'autres, renferme une appréciation fausse des bédouins et de leur manière de vivre ; je l'accuserais aussi de manquer à la fois d'exactitude et de clarté, quand il retrace la condition sociale du pays, ou qu'il dresse un tableau statistique. Peu d'auteurs, selon moi, sont arrivés à se faire une idée juste des nomades de l'Arabie, bien moins encore ont-ils pu juger de la population sédentaire; on a très-mal compris jusqu'ici l'influence qu'exerce sur une société sa division en clans ou tribus; on ne s'est rendu compte ni des éléments de force du pays, ni des principes de désorganisation qui peuvent causer sa ruine. Les vues d'ensemble sont souvent trop vagues; les détails isolés, trop partiels et insuffisants. Néanmoins, considérant la difficulté de la tâche, nous sommes beaucoup plus disposé à louer les voyageurs européens de ce qu'ils ont fait, qu'à les blâmer de ce qu'ils ont omis. »

« D'ailleurs, remarque M. Vivien de Saint-Martin, ce n'est ni dans le désert de Syrie, ni sur les

(1) Ce Carsten Niebuhr, à la mémoire duquel M. Palgrave a dédié la relation de son voyage, est le père du célèbre historien. Il a écrit : *Description de l'Arabie d'apres les observations faites dans le pays même*, Copenhague, 1772, traduit en français par Mourier, 1773; et *Voyage en Arabie et d'autres pays circonvoisins*, Copenhague, 1774-78, traduit en français, 1776-80, 2 vol. in-4°.

frontières du Hedjaz, ni dans les rues de Mokha ou sur les marchés de Mesched-Ali, encore bien moins à Bagdad ou à Damas, qu'il faut chercher et qu'on trouvera une idée vraie du pur esprit arabe et des véritables usages, aussi bien que des mœurs de la nation (1). » Il fallait pour en venir à bout pénétrer dans les entrailles mêmes de son sujet, nous voulons dire qu'il fallait traverser l'Arabie de part en part, de la Mer Rouge au Golfe Persique. C'est ce qu'a fait M. Palgrave.

Il n'a pas, je l'avoue, été le premier Européen qui ait accompli ce haut fait; car le sixième volume de l'*Année géographique*, excellent recueil rédigé par M. Vivien de Saint-Martin, mentionne la publication à Bombay, en 1866, d'un *Journal de Voyage effectué en* 1819 *de Catif sur le Golfe Persique à Yambo, port sur la Mer Rouge*, par le capitaine G. F. Sadlier, que le gouverneur colonial avait chargé d'une mission auprès du pacha d'Egypte, durant l'expédition que celui-ci envoya contre les vouahabites, à cette époque; mais ce qui est certain, c'est que la relation de M. Palgrave, racontant un voyage qui remplisse de pareilles conditions, est la première que le public ait connue.

Pourtant, l'année même où paraissait l'ouvrage de Palgrave, la Société royale de Géographie, en Angleterre, donnait dans ses Annales (vol. IX, *Proceedings of the R. G. Soc.*) une *Visite à la capitale des vouahabites, au centre de l'Arabie*, par le lieutenant-colonel Lewis Pelly, résident politique de Sa Majesté Britannique à Bender-Boucher. En Allemagne, la *Revue de Géographie universelle* (*Zeitschrift für allgemeine Erdkunde*), dans ses numéros 139 à 145, a publié, du docteur F. G. Wetzstein, les *Déserts de la Syrie et l'Arabie septentrionale, d'après les informations des indigènes.* Enfin, en France, le *Bulletin de la Société de Géographie de Paris* a fait paraître un *Itinéraire de Jérusalem au Nedjed septentrional*, par M. Guarmani.

(1) *Introduction* à l'édition française, en deux volumes.

Le colonel Pelly, envoyé par l'Angleterre dès qu'on y connut la mission que Napoléon III était supposé avoir donnée à Palgrave, parvint jusqu'à Riad et y fut reçu par Feysoul. Ce sultan lui dit aimablement : « Notre ville doit être un objet de curiosité pour un officier anglais; mais les habitants en sont bien séparés de toute communication extérieure par la nature du pays; ils se suffisent à eux-mêmes, n'ont pas de relations au dehors et n'en désirent aucune, particulièrement avec les Anglais. » On invita M. Pelly, ainsi que sa suite, à se faire musulman vouahabite, et la mission regagna le littoral du Golfe Persique à Catif, emportant pour résultat le plus scientifique la détermination de la position de Riad, fixée astronomiquement à 24° 38' 34" de lat. N. et à 44° 21' 38" de long. E. de Paris.

Le docteur Wetzstein, consul de Prusse à Damas, a recueilli les informations fournies par des Arabes qui lui ont paru dignes de foi, et y a joint des textes empruntés à des écrits arabes, inédits ou non traduits.

Enfin M. Guarmani, Toscan, directeur à Jérusalem des postes au nom du gouvernement français, s'est rendu au Cacim pour y acheter des chevaux et a été l'hôte honoré de Télal, un an après le passage de Palgrave.

Aucun de ces travaux, quelle qu'en soit l'importance, n'a une valeur comparable à celle de l'ouvrage dont nous publions l'abrégé.

Un passage de l'*Annuaire encyclopédique* constate l'opinion qu'en France les gens les plus compétents, avant la publication de la traduction du Voyage de Palgrave, se faisaient sur l'état et sur l'avenir de la péninsule arabe. Dans un article intitulé *Mer Rouge* et inséré au sixième volume de cet annuaire en 1865-66, M. Alex. Bonneau disait :

« Les Arabes aspirent à l'expulsion complète de l'étranger, qu'il soit Turc, Egyptien ou Anglais, et rêvent une nationalité arabe, indépendante et forte. Or, il serait impossible de trouver, d'entrevoir, dans le pays, en dehors des vouahabites, une puissance et une idée capables de conduire les Arabes au but de leurs désirs et de leurs espérances. Voilà sous quels aspects se présente à nous l'Arabie, soit que nous l'envisagions dans le présent, soit que nous la considérions par rapport à l'avenir. Le vouahabisme est le seul élément de transformation qu'elle possède aujourd'hui. S'il parvient à triompher, comme on peut le supposer, *la paix, l'ordre et la sécurité* règneront enfin dans ce pays, et *l'agriculture y acquerra promptement, ainsi que le commerce, un développement considérable,* sous l'influence d'une doctrine religieuse qui a, quant à présent, pour formule politique l'égalité absolue de tous les citoyens sous un gouvernement despotique. »

En vérité, quand la prétendue mission de M. Palgrave n'aurait eu pour effet que d'éclairer l'Occident sur la réalité des choses et de dissiper de semblables rêves, personne ne niera qu'elle avait son utilité. Bien loin d'être les libérateurs de l'Arabie, les vouahabites en sont les oppresseurs; au lieu d'inspirer l'amour et la confiance, ils n'excitent que la haine et le mépris; au lieu d'être l'espoir de leurs compatriotes, ils en sont le fléau; au lieu de faire prospérer l'agriculture, l'industrie et le commerce, ils les ruinent par conscience et par système. Voilà de ces révélations qui ont bien la même valeur que celles qui se rapportent à l'orographie et à l'ethnographie du centre de ce pays, jusqu'à présent si inconnu; elles étaient toutes aussi peu attendues les unes que les autres et, on peut l'affirmer, elles ont frappé l'Europe par surprise.

Nous n'analyserons pas ici ce qu'on doit appeler, et ce qu'en réalité on a plusieurs fois nommé, les révélations de M. Palgrave, parce que le lecteur, s'il se donne la peine de lire notre abrégé, sera, quand il l'aura terminé, pleinement édifié à cet égard; d'ailleurs, il les trouvera principalement résumées et condensées dans trois de nos chapitres, qui portent pour titres *l'Arabie et les Arabes*, *Religion et morale*, et *Histoire des vouahabites*.

Ici nous demanderons au lecteur la permission de le prendre pour confident. Au Moyen-Age et lors de la Renaissance, la plupart des introductions et des préfaces commençaient par ces mots : « Ami lecteur »; et, de nos jours, n'a-t-on pas dit aussi que « tout livre est une correspondance qu'un auteur adresse à ses amis inconnus »? Fondons-nous sur ces précédents et faisons nos confidences à nos lecteurs, à nos amis inconnus.

Incapable de voir par nous-même les contrées et les populations dignes d'être étudiées, bien qu'elles fussent ignorées, et de faire sur ce sujet quelque travail de longue haleine ou de science profonde, comme en publient quelques-uns de nos contemporains, dont le succès égale le mérite, il nous a semblé que nous pourrions encore être de quelque utilité, rendre des services réels quoique modestes, si nous mettions à la portée de toutes les classes les résultats principaux des grands voyages accomplis de nos jours. Voilà comment nous nous sommes attaché à cette œuvre, sans autre prétention et sans autre parti pris. Les intérêts de la science et de la vérité sont, avant tout, ceux que nous nous sommes proposé de servir. Notre système pour y parvenir a été de rendre agréable et facile la lecture de ces rédactions de voyage. Ainsi nous nous sommes efforcé, sans y avoir réussi toujours (1), de ramener, autant que possible, l'orthographe des noms propres à celle que leur auraient donnée des Français, au moins à une orthographe que nous puissions prononcer. Nous avons simplifié les cartes en n'y inscrivant que les points principaux, avec l'orthographe adoptée et la longitude de Paris, la seule dont on se serve en France. Parmi les récits, nous avons choisi les plus attachants et les plus significatifs, c'est-à-dire ceux qui nous ont paru les plus propres à caractériser la nature des pays, les mœurs des indigènes, le caractère du voyageur et de ses personnages, ou à donner la preuve des conclusions de l'auteur. Nous pouvons affirmer que, dans notre bonne foi, nous avons voulu, pour ainsi dire, nous incorporer à la personne dont nous analysions et dont nous abrégions les récits. Nous avons cherché à rendre claire et nette l'unité de la composition, telle qu'elle nous apparaissait, car il nous a fallu parfois la dégager de l'exubérance des détails sous lesquels elle était enfouie et comme dérobée. Les transitions et les liaisons étant le plus souvent les

(1) Par exemple, M. Guarmani écrit, probablement avec raison, *Haïl* pour Hayel et *Aneizeh* pour Oneiza.

seuls passages qui nous appartinssent dans la rédaction, nous n'avons eu aucun scrupule à conserver toujours le style direct et à laisser la parole au premier auteur de la narration, puisque ce que nous avions ajouté n'avait pas plus l'intention de changer ses sentiments ou ses conclusions que nous n'avions pensé à les dissimuler en élaguant et en retranchant, comme notre tâche l'exigeait. En somme, n'ayant rien vu et rien su par nous-même, nous ne nous sommes jamais tenu responsable des opinions exprimées dans le cours du livre, opinions qu'il était de notre devoir de respecter. Hommes, institutions, mœurs ou choses, ce n'est pas nous qui les jugeons, car nous n'étions pas à même de contrôler des rapports souvent déposés par des témoins uniques. Si nous n'étions pas d'accord sur quelque point avec le texte que nous abrégions, analysions ou reproduisions, notre dissidence s'est manifestée soit dans nos introductions, quand elle était fondamentale, soit dans les notes, lorsqu'elle portait sur les détails. Si nous avons retranché beaucoup, nous avons essayé de conserver tout ce qui était considérable, et nous n'avons rien ajouté qui pût altérer l'impression ni le jugement de nos auteurs. Cependant notre profond respect pour les opinions d'autrui ne nous a pas empêché d'en user avec une fort grande liberté à l'égard de ces ouvrages que nous regardions, avant tout, comme des matériaux destinés à former des livres amusants et instructifs pour la majorité des lecteurs français; en sorte que plusieurs de nos volumes sont des espèces de mosaïques de phrases, de faits et de récits, empruntés à toutes les parties des originaux, mais mis dans un ordre qui nous paraissait le meilleur pour leur donner de l'unité et pour conserver à la fois le caractère, l'agrément et l'utilité du modèle dont nous avions à faire la réduction.

Ce qui nous appartient donc dans ces volumes, c'est d'abord le choix des phrases et des récits; c'est aussi la liaison; c'est même, jusqu'à un certain point, le style, car nous avons, autant que possible, modifié partout ce qui nous déplaisait. Et cependant nous ne sommes pas l'auteur de ces livres. Sans doute, dans maint ouvrage, le fond n'est pas plus personnellement à celui qui le signe, mais ici ce ne sont pas les faits et les récits seulement; ce sont encore les idées et les opinions qui ne sont point, ou qui peuvent n'être pas les nôtres; voilà pourquoi nous ne devons guère en accepter la responsabilité, et cela est si vrai que personne ne nous la donnera.

Parmi ces volumes, prenons ceux dont la composition nous appartient le plus : *Les Voyages d'un Faux Derviche, les Sources du Nil, les Explorations de l'Afrique australe, une Année dans l'Arabie;* personne ne s'avisera jamais de les attribuer, même dans les éditions que nous avons remaniées et refaites, à d'autres qu'à leurs célèbres auteurs, Vambéry, Speke, Livingstone et Palgrave; tant nous avons toujours eu à cœur de respecter le livre, disons mieux, l'individualité dont nous avions à présenter une reproduction abrégée.

Dans le volume actuel, par exemple, les trois chapitres déjà indiqués : *l'Arabie et les Arabes, Religion et morale, Histoire des vouahabites*, on les chercherait vainement chez l'original : nous les avons composés avec des matériaux soigneusement recueillis à tous les coins de la narration; nous les avons classés et mis en ordre, nous les avons écrits, et cependant nous ne croyons pas que rien nous y appartienne.

Le système de rédaction suivi par M. Palgrave a sans doute d'incontestables avantages. On pourra soutenir que l'auteur s'est borné à reproduire son journal, et à mettre les renseignements de toute sorte qu'il y consignait sur l'histoire, la géographie, la politique, la statistique, la religion ou les arts, en un mot, tout ce qu'on rencontre à travers cette lecture de jugement et de critique, soit comme les idées naissaient dans sa tête, soit à mesure que les faits venaient à sa connaissance; mais personne ne se tiendra pour satisfait d'une telle explication. M. Palgrave sait ce qu'il fait. Son livre dénote un écrivain. Si, pour des Français, l'ouvrage a l'apparence de la confusion et du désordre, nous croyons que M. Palgrave a eu assez le temps de réfléchir, et assez d'expérience ou de talent, pour se rendre compte de son mode de composer. Ce prétendu désordre, pour nous, est donc accepté délibérément, sinon calculé. « A quelle fin? » nous dira-t-on. Si nous nous permettons de répondre pour l'auteur, nous dirons : « Afin d'entraîner le public futile à faire, sans s'en apercevoir, une lecture sérieuse. » Vraiment, sous la légèreté de la forme, M. Palgrave cache les sujets les plus dignes d'arrêter l'attention des penseurs ; en vérité surtout, il a pleinement réussi et, si le succès est une absolution des défauts, on peut affirmer que trois éditions en quelques mois sont une réponse suffisante à tous les reproches.

D'autre part cependant, il est certain que, pour notre goût, les narrations sont ici sans suite et perdent de leur intérêt, parce qu'elles sont suspendues, trop souvent, d'une façon qui nous est antipathique et désagréable. L'abrégé ne nous aurait pas permis d'en cacher le manque de suite par des détours et par des rappels, que la dimension de la première publication rendait possibles, mais qui seraient devenus choquants dans notre édition; sans eux, on aurait vu trop à nu le décousu des idées philosophiques et l'incohérence des faits géographiques et historiques, dont nous avons formé des séries distinctes, ou des chapitres. Espérons que M. Palgrave nous pardonnera d'avoir dérangé l'économie de son ouvrage, quand nous l'aurons assuré que nous y avons procédé comme, à notre avis, il aurait fait lui-même, s'il avait été chargé de faire notre besogne pour le public français.

Nous disions tout à l'heure que les sujets traités par M. Palgrave étaient les plus dignes d'arrêter l'attention des penseurs. Quels problèmes en effet ne remue-t-il pas? Avec quelle puissance de conviction il combat les doctrines de la prédestination, en montrant la conséquence aussi funeste qu'irrésistible du fatalisme ! de cet odieux fatalisme, qui dessèche et qui tue ce qu'il touche; de ce fatalisme, qui en arrive à considérer l'action de fumer du tabac comme un péché mortel, tandis que le vol, la trahison, l'adultère et le meurtre, ne sont plus que des péchés véniels.

Cette perversion du bon sens est bien indiquée dans

une des anecdotes que le manque de place nous a fait éliminer, mais si fort à notre regret, que nous demandons la permission de la reproduire ici, comme la morale de notre livre.

La scène se passe dans une de ces villes de la côte orientale où il y a plus de liberté de religion que partout ailleurs en Arabie. Nous sommes à Mascate :

« Bâli, ainsi se nommait mon ami le marchand, me raconta qu'un jour, peu de temps après l'invasion nedjéenne, comme il se promenait dans le keysaryâ, en compagnie de trois ou quatre Arabes parmi lesquels se trouvait un zélé vouahabite fraîchement débarqué du Nedjed, il passa devant la boutique d'un Hindou banian, doué de la plus majestueuse corpulence et occupé à examiner attentivement ses livres de comptes. Le Nedjéen, qui n'avait jamais vu d'homme aussi gras, s'arrêta et dit de manière à être entendu de l'obèse négociant : « Quel beau morceau de bois pour le feu éternel ! »

Le banian, qui résidait depuis longtemps à Mascate, comprenait l'arabe et même le parlait de la façon incorrecte commune aux Hindous. Il leva la tête. « Pourquoi suis-je un morceau de bois destiné au feu éternel ? » demanda-t-il.

— Parce que vous êtes un païen.

— En vérité ! Vous pensez donc que tous les hommes, excepté les gens de votre secte, sont voués à l'enfer ?

— Assurément, répondit le Nedjéen.

— Cela est écrit dans votre coran, n'est-ce pas ? continua l'Hindou, affectant de ne pas voir les signes par lesquels Bâli l'engageait à se taire. Mais écoutez un peu ; je vais vous apprendre, moi, ce qui se passera au jour du jugement, et quel est le bois destiné au feu éternel. M'entendrez-vous avec patience ? » ajouta-t-il, car le vouahabite portait déjà la main à la garde de son épée.

Les assistants s'interposèrent pour empêcher toute violence, et le banian continua : « Voici ce qui arrivera au jour du dernier jugement. Dieu prendra place sur son trône de gloire et tous les peuples paraîtront successivement devant lui. « Quels sont ces hommes ? demandera-t-il quand les vouahabites seront amenés en sa présence. — Des musulmans, répondra l'ange de la justice. — Je vois parmi eux, dira le juge éternel, des meurtriers, des voleurs, des adultères ; celui-ci a pillé un village ; celui-là s'est enrichi aux dépens de la veuve et de l'orphelin ; qu'ils aillent au feu éternel recevoir le châtiment de leurs crimes ! Quant à ceux qui ont mené une vie pure, mon paradis sera leur récompense. » Juifs, chrétiens, parsis, se présenteront ainsi tour à tour. Les méchants seront envoyés en enfer, les bons iront au ciel. Pendant ce temps, nous demeurerons, nous autres banians, assis sur une petite colline écartée. Dieu, nous apercevant enfin, demandera aux anges qui l'entourent : « Quels sont ces hommes à l'aspect si tranquille et si doux ? — Des banians. — Ah ! fort bien ! Pauvres banians ! Ils n'ont jamais tué, jamais volé, jamais opprimé personne ; ouvrez-leur toutes grandes les portes du paradis. » Ils entreront ainsi tous au ciel ; et moi avec eux. Mais vous, continua-t-il en s'adressant au vouahabite, songez à ce que vous répondrez alors. » Le Nedjéen murmura une imprécation ; les biadites réunis dans la rue applaudirent en riant, et le marchand hindou se remit à ses comptes.

Quel charmant apologue on pourrait faire avec ce récit !

Le vouahabisme est donc plus absurde comme religion, et plus ridicule, plus inepte dans ses conséquences morales, que le sunnisme de Bokhara, tel que Vambéry nous l'a montré. On pourra remarquer aussi que Palgrave considère l'Arabe sédentaire comme supérieur à l'Egyptien, qui lui-même l'est au Turc d'Europe d'après son avis, tandis que Vambéry préfère le Stambouli ou le Turc de Constantinople au Turcoman et au Persan ; mais, à part ces dissidences, il y a un point fondamental sur lequel Vambéry et Palgrave sont parfaitement d'accord : ce sont les conséquences déplorables qu'a l'immixtion de la religion dans le gouvernement, ou la réglementation par l'État des choses qui ne concernent que la conscience. Les voix les plus autorisées et les plus respectées auront beau appeler « sophismes coupables toutes les phrases relatives à la liberté des opinions en matière d'enseignement, » et réclamer l'intervention du pouvoir contre l'erreur, la civilisation moderne refuse désormais d'accepter pour types et modèles de perfection, l'Espagne comme l'a faite l'Inquisition, Genève modelée par Calvin, l'Angleterre sous la tyrannie du Parlement-Croupion (1), la France gouvernée par le vertueux socialisme de la Terreur, Bokhara et Khiva sous l'administration des défenseurs de la foi, et Riad sous celle des zélateurs. Les supplices et la terreur engendrent le pharisaïsme, c'est-à-dire l'apparence de régularité qui naît de l'hypocrisie, et l'accoutumance aux pratiques extérieures qui font considérer comme secondaires les représenta-

(1) Voir les pages 207 et 208 de ce volume.

tions de la conscience et de la morale. Telle est la leçon que Palgrave, l'ami des jésuites, rapporte de Riad, comme Vambéry l'a rapportée de Khiva et de Samarcande.

Les seules chances de salut qu'ait l'humanité sont, d'après eux, la croyance au libre arbitre et la tolérance religieuse.

A propos de l'opinion de Palgrave, que l'Arabie peut d'elle-même revenir au christianisme, pourvu que l'Europe ne s'en mêle pas, nous rappellerons que le cardinal Bonaparte vient, dans une lettre écrite au père Lion, directeur de la mission française à Mossoul, de se charger de tous les frais de l'impression d'une Bible orthodoxe, traduite en langue arabique.

Nous finirons cette introduction en donnant les dernières nouvelles qui nous sont parvenues des pays et des personnages que Palgrave nous a fait connaître.

Feysoul, mort probablement en 1867, a eu pour successeur son fils Abdalla. L'exercice du pouvoir a développé chez celui-ci tous les germes que nous a exposés Palgrave; il en est sorti une tyrannie telle que le peuple s'est révolté depuis le Haça sur le Golfe Persique jusqu'à l'Asir sur la Mer Rouge. La conspiration populaire dénoncée dans ce volume a éclaté, ce qui est une preuve de la véracité de notre auteur, et, au mois d'août 1868, Saoud, à la tête de l'insurrection, assiégeait Abdalla dans Riad. Que d'éléments divers, opposés même, combattent pour lui! La cause du fanatisme, de l'intolérance et du fatalisme, va-t-elle encore l'emporter?

Thoweyni (1), le sultan de Mascate, a été assassiné en janvier 1866 par son fils aîné Sélim. L'aimable jeune homme s'était assuré, à l'occasion de ce service, le concours des tribus fixées le long du Golfe Persique; quand les chefs lui ont réclamé leurs salaires, il les a fait venir à Mascate, les a reçus dans le palais avec les plus grands honneurs, les a fait arrêter dans la cour et, au lieu de leur distribuer les dignités promises, il les a

(1) Voir sur les trois fils du sultan Saïd les pages 251 et suiv. de ce volume.

fait étrangler jusqu'au dernier, le 9 février. Bon mahométan ! Peut-être, pour l'excuser, dira-t-on que Sélim voulait punir son père d'avoir maltraité un de ses oncles? Comment, avec de telles mœurs, la vengeance ne deviendrait-elle pas le plus saint des devoirs? Quelle autre garantie de justice aurait-on dans des sociétés aussi démoralisées!

On crut alors en Europe que Sélim s'était aussi débarrassé du dernier de ses oncles, du sultan de Zanzibar. Au fait, ce sultan, Medjid, se trouvant menacé, s'est rapproché de l'Angleterre et, sous le prétexte de conclure une convention relative à la suppression de la traite des nègres, a envoyé une ambassade conduite par Rigby, consul de la Grande-Bretagne à Zanzibar, lors des voyages de Livingstone, de Burton et de Speke. La reine Victoria a reçu cette ambassade le 18 décembre dernier.

Et maintenant, dans ce jour de vœux universels, souhaitons au lecteur de prendre plaisir à ces récits et d'y puiser les graves leçons de douceur et de persévérance, de tolérance et de liberté qu'ils comportent.

J. Belin-De Launay.

Bordeaux, 1er janvier 1869.

UNE ANNÉE

DANS

L'ARABIE CENTRALE

CHAPITRE I

LE DJOF ET LE CHOMEUR

William Gifford Palgrave. — Objet de ce voyage. — Départ de Maan. — Baracat passe pour mon élève. — Je me donne pour un médecin. — Le désert pierreux. — Le simoun. — Les gentilshommes de la Ouadi Seurhan. — Le Djôf. — Demeure de Ghafil. — Khavoua et cafetières. — Préparation et distribution du café. — Les dattes et leur assaisonnement. — Présentation au gouverneur. — Nous partons du Djôf. — Les ouvrages des chrétiens. — Néfoud occidental. — Mauvais projets des Chérarats. — Djobba. — Hayel. — Le chambellan Scyf. — Le prince Télal. — Zamil. — Abdel-Masin. — Installation. — Clientèle. — Les fils de Télal. — Le paysan et ses rhumatismes. — Le forgeron Doheym et sa famille. — Métaab, frère de Télal. — Entrevue confidentielle du prince. — Obeyd le Loup est le chef de nos adversaires. — Sa lettre de recommandation. — Je fais alliance avec Télal et pars pour Riad.

M. William Gifford Palgrave est le premier voyageur qui ait traversé obliquement toute la longueur de la péninsule arabe, depuis la pointe de la Mer Morte jusqu'à la côte d'Oman. Le premier de tous les Européens, il a vu les provinces intérieures connues seulement de nom; il nous a, le premier, donné une idée précise de la configuration de cette immense presqu'île; il a fait entrer l'Arabie et ses populations dans le cercle de la géographie positive.

M. Palgrave est le fils du savant jurisconsulte et de l'historien éminent que l'Angleterre a perdu, il y a quelques années (1). De brillantes études à l'université d'Oxford semblaient l'appeler à suivre avec éclat la carrière paternelle; cependant les goûts du jeune homme le poussaient à une vie moins sédentaire. Il passa dans l'Inde et servit quelque temps sous les drapeaux de la Compagnie; bientôt, fatigué de l'uniforme, il reprit le chemin de l'Europe, mais il s'arrêta en Syrie, et se fixa à Damas, où il a séjourné de longues années. C'est là qu'il a pris l'habitude de la langue arabe, devenue pour lui, comme il le dit lui-même, une seconde langue maternelle. Là aussi, dans des circonstances qui nous restent ignorées, il se lia, par des rapports qui paraissent avoir été très-étroits, avec la maison des Pères Jésuites.

Laissons-le d'ailleurs s'expliquer lui-même :

Peut-être le lecteur demandera-t-il quel a été l'objet spécial, les raisons déterminantes du long et périlleux voyage que j'ai entrepris. L'espoir de contribuer au perfectionnement social de ces vastes régions, le désir d'aviver l'eau stagnante de la vie orientale par le contact du rapide courant européen, peut-être la curiosité

(1) Sir Francis Cohen Palgrave, né à Londres en 1788 et mort dans la même ville en 1861, a rédigé les *Actes du Parlement* de 1827 à 1834, et a écrit plusieurs ouvrages historiques dont le principal traite de l'*Origine et du développement de la Puissance anglaise* avant la conquête normande. *L'histoire de Normandie et d'Angleterre*, qui devait continuer le précédent ouvrage et finir avec le moyen âge, est restée inachevée. — J. B.

bien naturelle d'apprendre ce que nul ne sait encore, enfin l'esprit d'aventure inné chez les Anglais : voilà quels ont été les principaux mobiles de mon entreprise. J'ajouterai qu'à cette époque j'étais lié avec l'ordre des Jésuites, si célèbre dans les annales de la philanthropie courageuse et dévouée ; enfin, je le reconnais avec une vive gratitude, les fonds qui m'étaient nécessaires m'avaient été libéralement fournis par l'Empereur des Français.

Le 16 juin 1862, à la tombée de la nuit, nous attendions, près de la porte orientale de la ville de Maan (1), les bédouins nos guides, qui, sous la direction de Salîm leur chef, remplissaient les outres à une source voisine, mettaient les selles et disposaient les bagages sur le dos des chameaux. Les étoiles commençaient à paraître au milieu du sombre azur d'un ciel sans nuages, et le croissant de la lune, resplendissant de l'éclat particulier à l'orient, promettait de rendre plus facile notre marche nocturne. Nous fûmes bientôt installés sur nos bêtes au long cou, dans une posture à peu près pareille, comme le dit un poète arabe, « à celle d'un homme perché en haut d'un mât. » Partout régnait un profond silence. Nos guides eux-mêmes semblaient craindre de le rompre : ils s'adressaient à voix basse de rares et courtes observations, pendant que nos chameaux s'avançaient d'un pas furtif au milieu de la solitude, dont ils ne troublaient pas le calme imposant.

Mon compagnon, un chrétien de Syrie nommé Baracat, et moi, nous portions le costume ordinaire de la classe moyenne en Syrie, costume que nous avions déjà emprunté pour nous rendre de Gaza à Maan et

(1) Petite ville ou plutôt village de Syrie, situé sur la grande route de Damas à La Mecque. — J. B.

qui nous avait épargné les remarques curieuses, les questions indiscrètes auxquelles nous aurions pu être exposés dans ce pays, désigné par la plupart des voyageurs sous le nom tant soit peu pédantesque d'*Arabie Pétrée*.

Je me donnais pour un médecin voyageur, suivi de son élève; aussi un costume recherché était-il nécessaire pour gagner la confiance des clients.

Notre pharmacie se composait d'un petit nombre de drogues, renfermées dans des boîtes d'étain bien closes, que nous avions enfouies, pour le moment, au fond de nos sacs de voyage. Cinquante de ces boîtes auraient suffi pour tuer ou guérir la moitié des malades de l'Arabie. Quant aux médicaments liquides, nous avions autant que possible évité de nous en charger; non-seulement à cause de la difficulté du transport, mais aussi parce que l'air sec et brûlant du désert les aurait bientôt fait évaporer.

Si nous avions mieux connu, au moment de notre départ, le pays que nous allions visiter, nous aurions diminué notre pacotille de marchands, au profit de notre bagage de docteurs. En effet, dès les premiers jours, notre apparence à demi mercantile nous avait suscité des embarras dont notre titre de médecin nous aida seul à sortir. Eblouis par notre pompeux appareil médical, les gens de Maan imaginèrent que notre motif réel, en persistant avec tant d'obstination à nous rendre au Djôf, devait être la recherche de trésors mystérieux cachés dans les profondeurs de l'Arabie. Cette opinion singulière leur était suggérée par des aventuriers maugrabins (1), fort renommés dans l'art

(1) On appelle Maugrabins les habitants du Mogreb ou Mâgreb, c'est-à-dire les Maures de l'occident sur la côte septentrionale de l'Afrique. — J. B.

de guérir et dans les sciences occultes, qui avaient, peu de temps auparavant, traversé la frontière, en quête de prétendues richesses. Cette idée ingénieuse stimula leur bienveillance et leur amitié pour nous, car ils comptaient, en servant nos desseins, avoir une part dans les profits de l'entreprise; ils se mirent donc sérieusement à l'œuvre pour nous trouver des guides que, sans eux, nous nous serions difficilement procurés, et toutes les difficultés qui menaçaient d'entraver notre voyage disparurent ainsi.

Le lendemain de notre départ, vers dix heures du matin, comme la chaleur devenait excessive, la vue de quelques arbres rabougris nous annonça le voisinage des puits de Vouokba, où nous avions l'intention de renouveler notre provision d'eau. Un des bédouins, pressant le pas de sa monture, se détacha de notre troupe et décrivit une sorte de cercle pour s'assurer qu'aucune tribu hostile n'était en embuscade, prête à fondre sur les caravanes imprudentes. Notre éclaireur ne découvrit personne, tout était silencieux, et l'éclatant soleil de midi donnait un aspect plus mélancolique encore aux ruines d'un village abandonné, dont les débris épars couvraient le lit desséché d'un torrent. Non loin de là se trouvaient les puits; les uns, obstrués par des pierres, les autres maigrement pourvus d'une eau bourbeuse et saumâtre; néanmoins, comme nous ne devions pas rencontrer de nouvelles sources avant quatre jours entiers, nous remplîmes soigneusement nos outres de ce liquide dégoûtant.

L'opération terminée, nous remontâmes sur nos chameaux, et nous reprîmes la direction de l'orient.

Pendant cinq jours, le lézard du désert, à la peau si sèche qu'il semble ne pas avoir une parcelle d'humidité dans son corps disgracieux, et la gerboise d'Arabie furent les seules créatures sur lesquelles notre œil put se reposer. Notre course était à peine interrompue par un repos insuffisant de deux ou trois heures ; puis le guide nous réveillait avec ces sinistres paroles : « Si nous tardons, nous mourrons tous de soif ! » Nous repartions donc, poussant nos montures fatiguées au milieu de la nuit obscure, et nous attendant sans cesse à être attaqués ou pillés. Une seule plante répandait sur notre route monotone un peu de vie et de variété, c'était la coloquinte amère et empoisonnée du désert.

Voici comment se réglaient nos heures de marche. Levés longtemps avant l'aube, nous poursuivions notre course, sans nous ralentir un moment, jusqu'à ce que le soleil, arrivé près du zénith, nous eût avertis de prendre notre repas du matin. Nous formions alors avec nos bagages une sorte de mur, destiné à nous abriter des rayons dévorants du soleil (1), et, après nous être un instant reposés, nous nous occupions des préparatifs culinaires. Nous prenions deux ou trois poignées de mauvaise farine que l'un des bédouins pétrissait dans ses mains crasseuses en y versant un peu de l'eau vaseuse des outres ; puis il façonnait avec la pâte un grand gâteau rond, d'un pouce à peu près d'épaisseur. Pendant ce temps, un de ses compagnons allumait un feu d'herbes sèches, de racines de coloquinte et de bouse de chameau ; il préparait ainsi un lit de braise enflammé sur lequel on posait le gâteau qu'on recouvrait de cendres ; au bout de cinq minutes, on le retournait, et enfin la bande affamée se partageait cette galette mal pétrie, à moitié crue, à moitié cuite, mais presque consumée, et qu'il fallait manger brûlante sous peine de la voir se transformer en une

(1) C'est la même disposition que celle qu'a signalée Vambéry dans le Turkestan. Voir notre édition du *Voyage d'un faux Derviche*, p. 86, note. — J. B.

substance impossible à décrire, résistante comme le cuir et capable de défier le plus vif appétit. Une gorgée d'eau saumâtre nous aidait à digérer ce mets savoureux.

Le repas fini, nous reprenions à la hâte notre route au milieu des mirages décevants, et quand l'approche du soir avait diminué la chaleur torride et la lumière intense du jour, une heure environ avant le coucher du soleil, nous procédions à notre souper, qui d'ordinaire se composait de dattes sèches, car nous avions peur d'éveiller l'attention de quelques pillards cachés dans la vaste solitude.

Depuis cinq jours, nous avions quitté les puits de Vouokba ; l'eau renfermée dans nos outres n'offrait plus à notre soif qu'une vase fétide, et rien n'annonçait le voisinage d'une source. Enfin, vers midi, nous aperçûmes quelques monticules de sable ; Salim tint conseil avec ses compagnons et dirigea la marche de ce côté en nous disant : « Tenez-vous ferme, car vos chameaux vont s'effrayer et se mettre à bondir. » Il avait eu raison de nous conseiller d'être sur nos gardes : nos sottes montures n'eurent pas plus tôt aperçu les habitations qu'elles furent saisies de peur comme si elles n'avaient jamais rien vu de semblable. Les malheureux chameaux détalèrent avec des bonds frénétiques, et leurs sauts, joints au fou rire que nous ne pouvions réprimer, car les gambades d'un chameau ont autant de grâce que celles d'une vache, faillirent nous faire vider les arçons. La soif cependant triompha de leur panique.

Le lendemain, nos bédouins se flattaient d'arriver à la Ouadi Seurhan avant la tombée de la nuit, mais peu s'en fallut que notre voyage et nos observations n'eussent une fin prématurée.

Il était midi ; le soleil, brillant au milieu d'un ciel

sans nuage, versait à flots ses rayons embrasés sur le désert aride ; tout à coup le vent du sud, lourd et chaud, se mit à souffler par violentes rafales, et l'air devint si accablant qu'il paraissait manquer à nos poitrines oppressées. Mon compagnon et moi, nous nous regardions avec inquiétude, nous demandant ce que de tels signes pouvaient présager. Nous voulûmes interroger Salim; mais celui-ci, courbé sur son chameau, la tête dans son burnous, parut ne pas nous entendre. Les autres bédouins avaient suivi son exemple, et demeuraient également silencieux. Enfin, sur nos questions réitérées, le guide répondit d'une voix brève, en nous montrant une petite tente noire qui, par un bonheur providentiel, se trouvait à peu de distance : « Si nous parvenons à l'atteindre, nous sommes sauvés! Prenez garde à vos chameaux, ajouta-t-il; ne les laissez ni s'arrêter ni se coucher à terre. » Puis il poussa vigoureusement sa monture et de nouveau garda un silence obstiné.

Nos regards anxieux se portèrent du côté de la tente; deux cents mètres au moins nous en séparaient encore ; cependant, l'air devenait de plus en plus étouffant, nos bêtes de somme refusaient d'avancer. L'horizon s'obscurcissait rapidement et prenait une teinte violette; un vent de feu, pareil à celui qui sortirait de la bouche d'un four gigantesque, soufflait au milieu des ténèbres croissantes ; nos chameaux, en dépit de nos efforts, tournaient sur eux-mêmes et pliaient les genoux pour se coucher.

A l'exemple des Arabes, nous nous étions couvert le visage, et nous frappions nos montures avec une énergie désespérée, les poussant vers le seul asile qui s'offrît à nous. Heureusement, il était temps encore; quand la tempête déchaîna toute sa fureur, son souffle empoisonné ne pouvait nous atteindre : nous étions sous la tente, à demi suffoqués, il est vrai, mais sains et saufs. Nos malheureux chameaux, étendus à terre et sans vie en apparence, avaient enfoui leurs longs cous dans le sable, pour laisser passer l'ouragan.

A notre arrivée, une femme, dont le mari était parti pour la Ouadi Seurhan, se trouvait seule dans la tente. En voyant cinq hommes faire irruption chez elle sans lui adresser une parole, elle pousse un cri perçant, et aussitôt son imagination lui représente des tableaux d'incendie, de pillage et de meurtre. Salim se hâte de la rassurer : « Nous sommes des amis, » lui dit-il, sans plus d'explications, il se couche sur le sol et nous l'imitons en silence.

Dix minutes se passèrent; une chaleur semblable à celle d'un fer rouge nous enveloppait de ses brûlantes étreintes; puis les parois de la tente recommencèrent à s'agiter sous le souffle d'un vent furieux. Le simoun s'éloignait. Nous nous levâmes et découvrîmes nos visages. Mes compagnons semblaient plus morts que vifs, et je ne faisais pas, j'imagine, meilleure figure; néanmoins, malgré les avertissements du guide, je voulus sortir pour voir comment nos chameaux avaient supporté la tempête : ils demeuraient toujours étendus sans mouvement sur le sol. L'obscurité était encore profonde, mais bientôt le jour reparut avec son éclat accoutumé. Chose singulière ! Pendant toute la durée de l'ouragan, aucun tourbillon de poussière ou de sable ne s'était élevé, aucun nuage ne voilait le ciel, et je ne sais comment expliquer les ténèbres qui tout à coup avaient envahi l'atmosphère.

Notre hôtesse, revenue de sa frayeur, s'était tenue immobile au fond de sa tente jusqu'à ce que la tempête fût passée. Donnant alors un libre cours à sa curiosité, elle sembla prendre à tâche de nous prouver, par un flot de paroles, que le simoun, cause de tant de maux, n'avait pas eu du moins la cruauté de frapper une femme de mutisme. Nous continuâmes notre route le soir même, et le lendemain de bonne heure, nous pénétrions dans la Ouadi Seurhan.

C'est là que commencent les domaines de Télal-Ebn-Rachid, prince du Chomeur. Nous y entrions le 24 juin.

Déjà nous avions laissé dernière nous, dans la vallée, plus d'une tente chétive, plus d'un bédouin déguenillé, quand Salim, désignant quelques habitations de moins pauvre apparence, nous apprit qu'il comptait s'arrêter là pour demander le repas du soir. « Ce sont des gentilshommes (*adjawid*) : nous serons bien reçus, » ajouta-t-il par manière d'encouragement. Nous devions nous confier à son expérience; aussi, quelques minutes plus tard, étions-nous réunis auprès des tentes de peaux de chèvres, opulentes demeures de ceux que nous avions choisis pour hôtes.

Le chef, car c'était à la porte de ce noble personnage que nous avions frappé, échangea quelques paroles d'un laconisme maçonnique avec notre guide : celui-ci revint ensuite à nous, se mit en devoir de décharger les chameaux, et, tandis que nous nous installions sur une pente sablonneuse en face du village, il nous conseilla d'avoir l'œil sur nos effets : il pouvait se trouver, dit-il, parmi les bédouins, tout *adjawid* qu'ils étaient, quelques membres peu scrupuleux, auxquels il prît fantaisie d'alléger mes bagages.

Le chef, suivi de sa famille, les femmes exceptées, et d'une foule d'Arabes, ne tarda pas à venir nous souhaiter la bienvenue; il le fit en termes fort courts, car les bédouins n'ont pas l'habitude d'employer les formules cérémonieuses introduites par les Turcs et les Persans. Tous s'assirent ensuite, formant un demi-cercle autour de nous. Ils tenaient à la main le court bâton recourbé qui sert à conduire les chameaux et dont le nomade ne se sépare jamais. Quant aux plus jeunes membres de la société, ils témoignaient de leur bonne éducation en se postant devant nous pour nous regarder avec impertinence, ou en se jetant les uns aux autres des poignées de sable et de poussière.

Nous refusâmes de leur rien vendre, parce qu'étaler nos marchandises sur le sable au milieu d'une foule peu scrupuleuse aurait été une vraie folie; et nous refusâmes de rendre la vue à leurs aveugles et l'usage des membres à leurs paralytiques, parce qu'aucune faculté de médecine n'y aurait pu réussir.

« Ainsi, vous vous jouez de nous, habitants des villes, parce que nous sommes de pauvres bédouins, et que nous ignorons vos usages! » s'écria l'Arabe irrité, en voyant les enfants rire de sa déconvenue.

« Mon jeune ami (cette appellation familière s'adresse à tout homme au-dessous de quatre-vingts ans), ne voudriez-vous pas remplir ma pipe? » reprend un autre, qui cependant est pourvu d'une bonne provision de tabac, renfermée dans une espèce de guenille suspendue à sa ceinture graisseuse; mais il veut essayer de mendier quelque chose pour se consoler de n'avoir obtenu ni médicaments ni marchandises.

Salim, assis au milieu du cercle des nomades, me fait signe de refuser. J'élude donc cette nouvelle demande. Mon homme continue ses supplications; deux ou trois autres bédouins se joignent à lui, tendant tous vers moi un morceau d'os, ou une pierre poreuse qui, façonnée grossièrement, est décorée du nom de pipe.

« Refusez-vous un peu de tabac à votre petit frère? » dit alors le chef lui-même, présentant d'un air modeste sa large pipe vide. Sur un coup d'œil affirmatif de Salim, je prends une poignée de tabac que je dépose sur le pan de la tunique de mon hôte; il y fait un nœud pour ne rien perdre de la précieuse provision, et se rassied d'un air ravi. Après tout, ils sont faciles à contenter, ces pauvres bédouins.

Le chef, ayant ainsi obtenu la denrée qui était le principal objet de sa visite, je dois bien l'avouer, s'était retiré sous sa tente, afin de donner des ordres pour le repas du soir. Bientôt après, nous vîmes un groupe d'oisifs se réunir autour de la place où un jeune chameau allait être égorgé, coupé par quartiers et cuit dans l'eau bouillante. Les spectateurs suivaient d'un œil avide cette opération, car le village entier devait être admis au banquet donné en l'honneur des hôtes; et c'était un grand événement pour des gens qui font souvent maigre chair.

Déjà les étoiles brillaient au ciel, une brise rafraîchissante avait succédé à l'ardeur du jour, quand un murmure de satisfaction, accompagné d'une agitation générale, annonça que le repas était prêt. L'eau fut retirée, et l'on jeta les quartiers de chameau sans le moindre assaisonnement dans un grand vase de bois fort sale, qu'on plaça sur le sol.

« *Teffadolou* » (Faites-nous l'honneur d'accepter), nous dit le chef. Nous approchons, en effet; mais, avant que nous puissions atteindre le plat appétissant, une foule de bédouins se sont précipités vers le centre commun d'attraction, et un large cercle de convives affamés attend en silence le signal du chef. Celui-ci répète la formule d'invitation; et mon compagnon, suivi de Salim, s'avance vers le vase dans lequel il pêche un gros morceau de viande presque crue, qu'il se met à dépecer avec ses doits pour le partager en portions moins embarrassantes. Une trentaine de mains sales plongent aussitôt dans l'énorme jatte, et, en moins de cinq minutes, les os étaient si bien dépouillés qu'ils n'offraient plus aux chiens de garde, immobiles derrière leurs maîtres, qu'une fort maigre pitance.

Vers la fin du repas, on apporta un petit seau qui aurait mieux figuré dans une étable qu'au dîner d'un chef; il était rempli d'une eau tirée du puits voisin mais ayant acquis, grâce aux visites trop fréquentes des chameaux, une odeur d'ammoniaque très-prononcée. Cette coupe d'un nouveau genre circula de main en main. Chacun, avant de la recevoir, avait soin de faire le compliment d'usage : « *Héna !* » (à votre santé), formule de politesse qui était en même temps une invitation à ne pas retenir davantage l'odorant liquide.

Le lendemain matin, cédant aux sollicitations de notre hôte, de sa femme, de ses sœurs et de ses enfants, nous consentons à étaler devant eux, mais devant eux seuls, quelques articles de notre pacotille. Après de longs débats, nous leur vendons une pièce d'étoffe, un turban, et d'autres menus objets. Le difficile était de nous faire payer : non-seulement le chef ne paraissait en aucune façon disposé à se dessaisir du peu d'argent qu'il possédait, mais encore il ignorait complétement la valeur respective des pièces de monnaie composant son petit trésor. Toutes les barbes grises de la tribu s'assemblent pour procéder à l'estimation de chaque morceau de métal; on cherche ensuite à en additionner le total, tâche qui, pour un bédouin, exige un effort d'intelligence plus formidable encore : aussi le compte est-il recommencé une douzaine de fois avant que le nouveau Barême sache si sa main sale tient vingt ou trente piastres.

Nous partîmes ensuite, et, après avoir dépassé les

collines de sable de la Ouadi Seurhan, nous quittâmes cette vallée pour entrer dans une vaste plaine déserte, mais bien différente des noirs plateaux que nous avions traversés auparavant. Nous la suivîmes, et, un peu après-midi, nous arrivâmes dans un endroit moins resserré, où deux cents tentes au moins étaient réunies autour des sources de Magoa, sortes de puits, dont l'eau, qui ne tarit jamais, ne serait pas mauvaise, si l'on avait soin d'en éloigner un peu plus les chameaux. Ce campement appartenait à la famille des Azzam, branche de la tribu Cherarat, qui s'était soumise depuis peu à l'autorité du prince du Chomeur.

Il nous fallut demeurer deux jours entiers, au milieu des bédouins, car Salim n'osait pas entrer avec nous dans le Djôf, à cause d'un meurtre qu'il y avait commis. Nous devions donc lui laisser le temps de chercher un guide capable de nous conduire en sûreté aux frontières de cette province et auquel nous pussions remettre un certificat signé et scellé, constatant que nous étions arrivés au but de notre voyage. Salim ne devait pas, sans ce papier, pouvoir toucher le prix convenu, qu'avant notre départ nous avions consigné entre les mains d'un digne magistrat de Maan, nommé Ibrahim.

Après bien des recherches, Salim trouva enfin un honnête et timide garçon, nommé Souleyman, qui consentit à nous servir de guide. Pendant ce temps, le chef des Azzam nous entourait des soins d'une hospitalité attentive et empressée, mettant largement à notre disposition la chair et le lait de ses chameaux, ses dattes les plus fraîches, son meilleur sam (1). Il voulait par là nous engager à faire au gouverneur de la province un favorable rapport de sa conduite. Les deux jours que

(1) Graine dont il sera question au chapitre suivant. — J. B.

nous passâmes dans le campement furent donc pour nous un repos agréable, en dépit d'une chaleur excessive, qui aurait arraché des plaintes à un habitant de Bengale ou de Madras lui-même.

Le 29 juin, nous nous remîmes en chemin de bonne heure, en compagnie de Souleyman et de plusieurs autres Cherarats, que des affaires appelaient auprès de Hamoud, vice-roi du Djôf; et, le soir même, après avoir tourné un gigantesque roc de basalte, nous aperçûmes tout à coup une vue splendide. Couverte de palmiers touffus et de groupes d'arbres à fruit, s'ouvre une large vallée dont les contours sinueux, descendant par gradins successifs, vont se perdre dans l'ombre projetée par des rocs rougeâtres; au milieu de cette oasis, une colline surmontée de constructions irrégulières; plus loin, une haute tour, semblable à un donjon féodal, et au-dessous, de petites tourelles, des maisons aux toits en forme de terrasse, cachées modestement dans le feuillage des jardins; le tout inondé par un flot de lumière, de la lumière resplendissante de l'Orient : voilà sous quel aspect le Djôf se présente au voyageur qui arrive par la route du Nord. Cette scène admirable empruntait un charme plus grand encore au souvenir des arides solitudes qui venaient d'attrister nos yeux depuis notre départ de Gaza; elle me rappelait les paroles du poète arabe : « Ce lieu ressemble à l'éternel Paradis, nul n'y peut pénétrer sans avoir d'abord franchi le pont de l'Enfer. »

Ranimés et joyeux, nous pressâmes nos montures et déjà nous descendions les premières pentes rocheuses de la vallée, quand deux hommes, vêtus avec richesse et montés sur de superbes chevaux, se présentèrent à nous. Ils nous saluèrent d'un cordial « *marhaba* » (soyez les bien-venus), et sans autre préambule : « Mettez pied à terre et mangez, » nous dirent-ils.

Donnant eux-mêmes l'exemple, ils sautèrent légèrement à bas de leurs montures aux jambes fines et nerveuses; puis ils placèrent devant nous un grand sac de cuir rempli de dattes, une outre pleine d'une excellente eau, et ajoutèrent : « Nous savions que vous deviez avoir faim et soif, aussi nous sommes-nous munis de provisions. »

Tout en mangeant, j'observais nos bienfaiteurs d'un œil attentif. Le plus âgé paraissait avoir environ quarante ans ; il était grand, bien fait, son regard intelligent et hautain annonçait l'habitude du commandement, mais ses traits avaient une expression peu propre à inspirer la confiance. Son costume, fort riche pour un Arabe, se composait d'une longue tunique blanche, d'une veste de drap écarlate et d'un turban de soie à raies rouges et jaunes. Il portait en outre une épée dont la poignée d'argent annonçait la haute naissance de son propriétaire. C'était Ghafil, chef de la famille la plus considérable et la plus turbulente du Djôf, les Beyt-Haboub, qui gouvernaient autrefois le pays, mais qui doivent aujourd'hui courber leur orgueil devant Hamoud, lieutenant de Télal.

Le second étranger, qui s'appelait Dafi, était plus jeune, avait l'air plus doux et plus franc que son compagnon; moins richement vêtu, il portait cependant l'épée à poignée d'argent et, comme Ghafil, son cousin au quatrième degré, il appartenait à la famille des Haboub.

Nous entrâmes dans la ville en compagnie de notre hôte, qui, tout le long du chemin, protestait de la joie qu'il éprouvait à nous recevoir et de son désir de nous être utile. Après avoir laissé sur notre droite la colline où s'élève la citadelle, après avoir traversé de vastes jardins, nous arrivâmes devant un majestueux portail qui donnait accès dans une cour entourée de constructions dont les murs étaient bordés de bancs de pierre; c'est une sorte d'anti-chambre dans laquelle les Arabes opulents reçoivent les visiteurs qu'ils ne veulent pas admettre à leur foyer.

Pendant que nous mettions modestement pied à terre, attendant le bon plaisir du chef, celui-ci entra dans l'habitation par une porte assez haute pour permettre aux cavaliers de passer sans descendre de leurs chameaux; puis, s'étant assuré que tout était prêt pour nous recevoir, il revint à la hâte nous inviter à le suivre.

Après avoir franchi une seconde enceinte, nous nous trouvâmes dans la cour intérieure, sur laquelle ouvrent les appartements de la famille; au fond, de vastes écuries renferment les chevaux et les chameaux. Nous remarquâmes un bâtiment plus élevé que les autres et percé de plusieurs petites fenêtres sans vitres, la chaleur du climat rendant ce luxe inutile; c'était le *khavôua*, salle de réception ou parloir, si l'on veut; car je ne saurais l'appeler salon, puisque les dames ne l'honorent jamais de leur présence.

Ce khavoua était une chambre haute d'une vingtaine de pieds et longue de cinquante. A l'angle le plus éloigné de la porte, se trouvait un petit foyer, ou pour mieux dire un fourneau, car il consiste en un bloc de granit de cinquante centimètres carrés, dans lequel on pratique une longue ouverture renflée vers le haut et communiquant avec un soufflet qui chasse l'air sur une grille intérieure chargée de charbon. Il suffit de quelques minutes pour que le combustible, complètement embrasé, fasse bouillir la cafetière placée à la partie supérieure du tuyau. Près du foyer se tiennent le maître de la maison et les hôtes auxquels il veut témoigner une déférence particulière; de cette place privilégiée, l'honneur et le café rayonnent par degrés successifs autour de la salle. Sur le large rebord du fourneau sont étalées avec ostentation des cafetières en cuivre de grandeurs variées. La vanité des Arabes en multiplie le nombre d'une manière ridicule. J'en ai vu quelquefois une douzaine rangées devant le foyer, bien que la préparation du café n'en exigeât pas plus de trois. Derrière le fourneau est assis un esclave noir, que l'on désigne d'ordinaire, en signe d'affection et de familiarité, par le diminutif de son nom; ainsi, celui de Ghafil s'appelait Soweylim, au lieu de Salim. L'occupation de ce favori est de préparer le café et de le servir aux hôtes, fonctions dont le chef de famille s'acquitte lui-même, s'il n'est pas assez riche pour avoir un esclave.

Lorsque les formules de salutation sont épuisées, le visiteur se fait un peu prier et s'asseoit à la place d'honneur, auprès du fourneau. Les coussins les plus moelleux et les plus beaux tapis ont été disposés pour le recevoir. Tous les assistants ont eu soin d'ôter leurs souliers ou plutôt leurs sandales, seule chaussure qui soit en usage chez les Arabes, et les ont déposées sur le sable; mais ils ont gardé leur bâton, compagnon inséparable du bédouin et de l'habitant des villes, du riche et du pauvre, du noble et du plébéien. Ils le manient, tout en parlant, avec une grâce nonchalante, comme une Espagnole allant en conquête joue de son éventail.

Dès que nous sommes placés, Soweylim commence à préparer le café. Il allume le charbon, met auprès du feu une colossale cafetière remplie aux trois quarts d'une eau limpide, puis il tire d'une niche pratiquée dans le mur un vieux sac où il prend trois ou quatre poignées de café, qu'il épluche soigneusement; après quoi, il verse les fèves, dégagées ainsi de toute substance étrangère, dans une large cuiller de métal; les expose à la chaleur du fourneau et les agite doucement jusqu'à ce qu'elles rougissent, craquent et fument un peu, mais il se garde de les faire brûler et noircir comme on le fait en Europe. Il les laisse ensuite refroidir un moment, place sur l'ouverture du foyer la grande cafetière, et pendant que l'eau, déjà très-chaude, arrive au degré d'ébullition convenable, il jette le café dans un grand mortier de pierre, percé d'un trou juste assez large pour donner passage au pilon. Notre nègre manœuvre cet ustensile avec une adresse et une agilité remarquables; en quelques minutes, les fèves sont broyées et prennent l'apparence d'un grès rougeâtre, bien différent de la poussière charbonneuse qu'on honore chez nous du nom de café, mais dans laquelle il ne reste plus ni arôme ni saveur. Après toutes ces opérations, accomplies avec autant d'attention et de gravité que si le salut de l'Arabie entière en dépendait, Soweylim prend une seconde cafetière, l'emplit à moitié d'eau bouillante, y verse le café et pose le tout sur le feu, ayant soin d'agiter de temps en temps le liquide pour empêcher que l'ébullition ne le fasse répandre. Il pile aussi un peu de safran ou bien quelques graines aromatiques, appelées *heyl* par les Arabes, qui les tirent de l'Inde; l'usage de ces épices, pour ajouter à la saveur du café, est regardé dans la péninsule comme indispensable. Quant au sucre, c'est une profanation tout à fait inconnue en Orient. L'esclave passe la liqueur à travers un filtre d'écorce de palmier, et dispose enfin les tasses sur un plateau fait d'herbes délicatement tissées et nuancées de vives couleurs. Tous ces préliminaires ont duré une bonne demi-heure.

Tandis que Soweylim s'occupe à préparer le café, un jeune garçon, grand et mince, fils aîné de Ghafil, paraît chargé d'un plateau, qu'il lance en l'air par un geste gracieux et fait retomber légèrement sur le sol, à deux pas de nous. Il apporte ensuite un grand vase de bois rempli de dattes, une coupe pleine de beurre fondu, et met le tout sur le plateau, en disant : « Louez Dieu. » Notre hôte, quittant sa place auprès du foyer, s'assied en face de nous; quatre ou cinq personnes seulement suivent son exemple et viennent timidement se joindre à notre cercle. Chacun prend une datte qu'il plonge dans le beurre, et répète cet exercice jusqu'à ce que son appétit soit satisfait; puis les convives se lèvent et vont se laver les mains.

A cet instant, le café étant prêt, l'esclave commence sa tournée, tenant d'une main la cafetière, de l'autre, le plateau et les tasses. Il doit boire le premier pour montrer aux assistants que « la mort n'est pas cachée dans le vase. » Il sert ensuite les invités, en commençant par ceux qui sont le plus près du fourneau, et il termine par le maître de la maison. Refuser de recevoir la coupe qu'il présente serait une injure mortelle; mais il ne faut pas un grand effort pour en avaler le contenu, car les tasses sont grandes au plus comme une coquille d'œuf, et seulement remplies à moitié. La politesse arabe le veut ainsi : au rebours de notre coutume européenne, verser à pleins bords n'est nullement un signe d'amitié.

Ensuite, notre Ganymède commence une seconde distribution, mais dans un ordre inverse, en servant Ghafil le premier. C'est seulement dans des occasions bien rares, dans des réceptions solennelles, que la liqueur dorée fait une troisième fois le tour de la salle. Cependant, même alors, le café absorbé par chaque convive ne forme pas le quart de ce qu'un Européen avale d'un trait après son déjeuner.

Le lendemain de notre arrivée, c'est-à-dire le 1er juillet, Ghafil, cédant à nos instances, fit mettre à notre disposition une petite maison du voisinage, qui appartenait à l'un des clients du noble patricien.

Notre nouvelle habitation se composait d'une petite cour et de deux chambres, situées l'une à gauche, l'autre à droite, qui devaient nous servir d'appartement et de magasin; le tout était entouré par un mur dont la porte se fermait avec une serrure et un verrou. Il n'y avait point de cuisine, mais nous n'en avions guère besoin, tant les habitants se montrent ici hospitaliers envers les voyageurs. Si notre demeure n'était pas spacieuse, elle nous offrait du moins ce que nous désirions le plus, la retraite et les charmes de la vie privée; enfin notre hôte avait voulu la louer à ses frais.

Nous y transportâmes aussitôt notre bagage et nos marchandises. Nous avions déjà reconnu que le pays n'était pas assez civilisé pour nous permettre d'exercer nos talents en médecine. Ne rencontrant pas, chez les malades, le degré de culture intellectuelle qui fait apprécier les efforts du docteur et rend ses soins utiles, nous résolûmes de nous défaire le plus promptement possible de la lourde pacotille dont nous avions été si fort embarrassés durant la première partie de notre voyage.

L'affluence devint bientôt si grande dans notre maison qu'il s'y trouva plus d'acheteurs que de marchandises.

Nous n'avions pas caché notre qualité de chrétiens; mais il est rare qu'un Arabe commette l'indiscrétion d'entamer une discussion religieuse avec un étranger. Très-peu de gens paraissaient douter que nous fussions des marchands et des médecins; néanmoins quelques personnes plus clairvoyantes, ou seulement inspirées par la malveillance, élevèrent des soupçons qui pouvaient devenir dangereux, et tentèrent d'insinuer au gouverneur que nous étions des innovateurs, des révolutionnaires, qu'il fallait au plus tôt chasser du pays. Hamoud heureusement refusa de les croire; il répondit que « rien dans notre conduite ne motivait des mesures aussi sévères, et que d'ailleurs, nous serions bientôt traités selon nos mérites, puisque nous allions paraître prochainement devant Télal, dont aucun révolutionnaire n'avait jamais mis la clairvoyance en défaut. » Les dénonciateurs qui avaient failli nous perdre appartenaient, il est à peine besoin de le dire, à la fanatique secte des vouahabites.

Quatre jours après notre arrivée, nous avions fait au gouverneur notre visite officielle. Ghafil, qui ne pouvait, sans paraître trop hostile, retarder davantage notre présentation, consentit à nous accompagner. Nous sortîmes de la maison en grande pompe, escortés par la famille presque entière des Haboub, qui avaient, comme nous, le visage sérieux et le maintien grave exigés par la circonstance. Pendant un quart d'heure, nous longeâmes d'étroites ruelles qu'ombrageaient des palmiers et nous arrivâmes enfin à une grande place située au pied des remparts de la citadelle. Non loin de là, s'élève une tour solitaire nommée Marid, c'est-à-dire *des rebelles*, dont les massives murailles de pierre sont souvent décrites par les poëtes de la péninsule. L'architecture de cet édifice ne rappelle nullement le style grec ou romain : bâti évidemment par un architecte arabe, sur un plan arabe, il n'offre ni à l'artiste ni à l'archéologue un sujet d'études fort intéressant; mais les habitants actuels, incapables d'en construire de semblables, regardent cet antique monument avec une admiration qu'il est difficile à un Européen de partager.

Au-dessous de la place du château, s'étendaient des habitations naguère riches et bien entretenues, maintenant dévastées et désertes; ce sont les maisons des chefs de la famille el-Haboub qui ont été massacrés ou exilés; les palmiers brûlés ou coupés, les jardins désséchés, tout porte encore la terrible empreinte de la guerre. En face de ces demeures en ruine, s'élève la citadelle, résidence actuelle du gouverneur. C'est un vaste bâtiment irrégulier, dont le style primitif a presque entièrement disparu sous des agrandissements successifs; le côté sud conserve seul un caractère nettement tranché; la grandeur et l'exacte forme carrée des pierres dont il se compose témoignent de sa haute antiquité, et les fenêtres, placées à trois ou quatre mètres du sol, sont surmontées par ce que l'on appelle, si j'ai bonne mémoire, l'arche cyclopéenne. Le monument connu sous le nom de palais d'Atrée à Mycènes, peut donner une idée de ce genre de construction, grossier s'il en fut.

Une foule de serviteurs, armés d'épées et de fusils, remplissaient les antichambres du château; ils étaient passablement vêtus, mais n'avaient pas de costume particulier; les uns nous regardaient bouche béante, les autres nous saluaient, tandis que nous avancions vers une seconde cour située au pied du donjon et que nous entrions dans le khavoua, vaste et sombre pièce bordée de bancs de pierre.

Le gouverneur nous y attendait, assis à la place d'honneur, qu'il ne cède jamais à aucun habitant du Djôf, quelles que soient sa naissance et sa fortune. C'était un homme grand, fort, aux larges épaules, aux yeux noirs, aux sourcils épais. Il portait la longue tunique blanche des Arabes, à demi cachée par un magnifique manteau noir, brodé de soie cramoisie; un turban de soie, retenu par une bandelette de fin poil de chameau, ornait son auguste tête, et ses doigts agitaient un éventail de tissu d'écorce. Il se leva gracieusement à notre approche, nous tendit la main, et nous fit asseoir à ses côtés, en ayant soin toutefois de placer Ghafil entre lui et nous, afin d'empêcher toute surprise et toute trahison de notre part, car un Arabe, quand il voit de nouveaux visages, est toujours sur ses gardes. Il montra d'ailleurs beaucoup de politesse et de bienveillance, demanda comment nous avions supporté le fatigant voyage que nous venions de faire, vanta beaucoup Damas et ses habitants, par manière de compliment indirect, et nous offrit enfin de loger au château. Ghafil, intervenant, fit valoir le droit qu'il avait d'être notre hôte, et refusa en notre nom l'hospitalité de Hamoud. Nous présentâmes alors à Son Excellence une livre de notre meilleur café, qu'elle accepta sans se faire prier, nous assurant en retour ses bons offices. « Nous ne demandons rien, dis-je, si ce n'est qu'Allah vous accorde une longue vie. » La politesse arabe exigeait cette réponse, qui ne nous empêcha pas d'exprimer le désir d'avoir des lettres de recommandation pour nous rendre à Hayel, où nous avions l'intention de nous placer sous le patronage immédiat de Télal. Le gouverneur promit de nous aider de tout son pouvoir et il tint parole.

Hamoud et ses conseillers nous rendirent notre visite, et, pendant les dix-huit jours que nous passâmes à Djôf, nous fîmes au château des excursions fréquentes, partageant l'hospitalité du gouverneur, ou bien employant nos heures de loisir à observer les scènes intéressantes et variées qui s'offraient à nous. Hamoud, en vertu de ses pouvoirs judiciaires, tient chaque matin de longues audiences, où il admet quiconque a des réclamations à faire valoir, des torts à redresser.

Cependant malgré la généreuse hospitalité que nous recevions, nous avions à supporter beaucoup de privations et d'ennuis. La lésinerie de nos honorables chalands, leurs petites ruses pour avoir à bas prix les étoffes ou les miroirs, les exigences de notre hôte Ghafil, qui voulait régler les ventes selon sa fantaisie et pour son plus grand avantage, tout cela ne laissait pas que d'être fatigant à la longue. Enfin, je regrette de le dire, nous étions sans cesse témoins d'une licence de mœurs et de manières qui nous devenait insupportable.

Chez deux Arabes seulement, nous nous sentions à l'aise, chez nous pour ainsi dire : l'un était Dafi, ce parent de Ghafil qui nous avait si cordialement accueillis lors de notre arrivée ; l'autre se nommait Salim ; c'était un vieillard respectable et instruit, dont la maison touchait à la nôtre, et qui, entouré d'une nombreuse famille, avait su l'élever dans la vertu et la crainte de Dieu. Nous avions l'habitude de nous réfugier auprès d'eux quand nous étions par trop fatigués de Ghafil et de ses pareils ; nous passions dans leur khavoua des heures paisibles, agréablement occupés à écouter des poésies arabes, à discuter des points de morale et de religion, enfin à nous entretenir de la situation du pays.

Différentes circonstances nous empêchèrent de quitter Djôf avant le 18 juillet. Ce fut Djedey, notre nouveau guide, personnage singulier, mélange hétéroclite du paysan et du bédouin, qui vint dans la matinée nous avertir qu'il fallait mettre la dernière main à nos bagages et nous préparer à partir le jour même. A l'heure appelée par les Arabes *asr*, c'est-à-dire vers le milieu de l'après-midi, nous prîmes congé des bons Djôfites et nous sortîmes de la ville, accompagnés de Dafi, d'Okeyl, fils aîné de Ghafil, et de quelques autres de nos amis, qui, selon la coutume orientale, nous conduisirent jusqu'à une certaine distance, sincèrement attristés de notre départ et faisant des vœux pour notre prompt retour. « Si Dieu le veut, » répondîmes-nous. Qu'avions-nous de mieux à dire?

Le lendemain matin, nous suivions une route qui traversait une large plaine couverte de monticules de sable et parsemée de *ghadas* touffus; aussi nos chameaux paraissaient-ils beaucoup plus disposés à savourer tranquillement cette pâture de prédilection qu'à faire leur besogne de bêtes de somme.

Le matin suivant, un peu après le lever du soleil, nous atteignîmes une vallée calcaire, entourée de basses collines de marne et de sable. Là se trouve le fameux puits de Chekik; nous nous y arrêtâmes pour emplir nos outres, opération qui fut accomplie avec grand soin, car nous avions à marcher quatre jours au milieu des sables brûlants, sans rencontrer aucune autre source. Ce puits est profond de vingt-quatre mètres au moins; il a près d'un mètre de largeur à son orifice, qui va en s'élargissant comme celui d'une citerne; un parapet de pierre en protége les bords, et l'intérieur est aussi revêtu d'une maçonnerie. D'anciens écrivains attestent son antique origine, mais nul ne sait quel était ce Chekik qui lui a donné son nom. Si l'on interroge les Arabes, ils se contentent de répondre : « C'est l'ouvrage des chrétiens. » Ils en disent autant de toutes les constructions d'utilité publique qui sont répandues dans l'Arabie septentrionale, et peut-être n'ont-ils pas tort, car les principaux clans du voisinage, les Taïs, les Taglebs, les Tenouks ont appartenu au christianisme pendant plusieurs siècles.

Devant nous s'étendait une plaine immense, dont le sable rouge était amoncelé en monticules hauts de soixante à quatre-vingt-dix mètres, qui couraient parallèlement du nord au sud; leurs versants obliques, leurs sommets arrondis, profondément sillonnés en tous sens, attestaient la violence des tempêtes du désert : le voyageur est là comme emprisonné dans un abime de sable.

Nous avions quitté le puits de Chekik le 20 juillet, un peu après midi. Pendant le reste du jour et la nuit suivante, nous nous arrêtâmes trois heures seulement pour souper et prendre un peu de repos; nous ne pouvions donner plus de temps au sommeil : car, si nous ne sortions pas du néfoud avant que notre provision d'eau fût épuisée, notre perte était certaine. Le lundi, 21 juillet, se passa de la même manière. Les journées me paraissaient d'une interminable longueur.

Dès les premiers moments de la route, j'avais remarqué que les Chérarats, les plus jeunes surtout, affectaient envers nous une insolente familiarité qui éveilla mes soupçons; car les bédouins ont coutume, lorsqu'ils méditent quelque perfidie, de sonder ainsi le voyageur dont ils veulent faire leur victime, et le moindre signe de faiblesse devient le signal de leurs actes de brigandage. La meilleure conduite à tenir en pareil cas est de garder le silence, de montrer un visage sévère et de leur adresser de temps en temps une verte réprimande, à peu près comme on intimide un chien qui veut mordre en le regardant fixement. Nous prîmes donc la précaution de tenir nos pillards à distance autant que possible, de leur parler fort peu, et toujours d'un ton froid et hautain.

Les gens du Chomeur et du Djôf m'apprirent plus tard que nos estimables compagnons, nous supposant possesseurs de grandes richesses, s'étaient proposé de nous dépouiller de notre bagage, de nous enlever nos montures, et de nous laisser sans vivres et sans eau dans le néfoud, où nous n'aurions pas manqué de périr.

Comme nous avancions, le désert devenait plus morne et plus désolé ; à midi, la crainte et le découragement provoquèrent un sauve-qui-peut général: quelques-uns d'entre nous avaient épuisé leurs provisions, les autres n'étaient guère mieux fournis; tous aiguillonnaient leur monture pour atteindre plus vite l'heureux pays où ils seraient en repos et en sûreté. Djedey, mon compagnon et moi, nous restâmes seuls ensemble. Tout à coup mon attention fut attirée par deux ou trois moineaux qui gazouillaient sous un buisson près du bord de la route. C'étaient les premiers que nous eussions vus dans le désert; leur présence annonçait le voisinage des terres habitées. Je me rappelai avec émotion que, dans mon enfance, étant assis par un soir d'hiver auprès du foyer paternel, j'avais entendu raconter comment un célèbre navigateur, longtemps égaré sur des mers lointaines, Christophe Colomb, je crois, avait jadis salué l'approche d'un oiseau qui s'était posé sur son mât. Baracat, mon compagnon, ne pouvait retenir des larmes de joie.

Une longue route cependant nous restait encore à parcourir; nous prîmes une demi-heure dans la soirée pour préparer un maigre repas, et toute la nuit nous continuâmes à monter et à descendre les ondulations du monotone labyrinthe, comme des hommes enfermés dans un cercle magique, condamnés à marcher toujours sans jamais en sortir. Un peu avant l'aube, nous rencontrâmes une soixantaine de cavaliers armés de lances et de mousquets; c'était l'avant-garde d'une expédition militaire envoyée, par ordre de Télal, pour punir l'insolence des Teyahas qui avaient dévasté les environs de Teymâ.

Enfin nous vîmes un amas de sombres rochers granitiques, hauts de sept à huit cents pieds, s'élever à l'entrée d'une vallée immense, dont le sol était en partie recouvert d'une blanche couche de sel, en partie occupé par des cultures, des jardins et des bosquets de palmier.

Au milieu, s'abrite le village de Djobba, village fort semblable à celui de Djôf, moins la tour et la citadelle. Au-delà, le désert étale de nouveau ses collines de sable, ardent miroir où se réfléchissent la lumière et la chaleur du soleil, et, plus loin encore, la chaîne pittoresque des monts du Chomeur dessine sur le fond de l'horizon ses sommets empourprés. Si nous avions gravi les rochers qui se trouvaient à notre droite, nous aurions aperçu, vers le sud-ouest, mais à une grande distance, les riches plantations de palmiers de la ville de Teymâ, cité fameuse dans l'histoire de l'Arabie et que plusieurs auteurs supposent être la Téman de l'Ecriture sainte.

La tente de notre guide était plantée en dehors de l'enceinte de Djobba, et sa famille l'attendait avec une vive anxiété. Djedey nous offrit, — en vérité, il ne pouvait moins faire, — de nous reposer dans sa demeure. Nous y bûmes un peu d'eau fraîche mélangée de lait aigre, et nous nous étendîmes sous l'insuffisant abri des couvertures en lambeaux qui protégeaient le logis de notre hôte.

Le lendemain fut consacré au repos : il fallait reprendre des forces pour les trois jours de voyage qui nous séparaient encore de Hayel. Nous visitâmes le village, cherchant à lier conversation avec les habitants, et partout nous fûmes frappés de l'affection, du respect, du culte même dont ils entourent le nom de Télal.

Le 25 juillet, nous quittâmes Djobba pour entrer de nouveau dans le désert; mais cette fois ce n'était plus le terrible néfoud : des arbrisseaux émaillaient la plaine sablonneuse; çà et là, des herbes et du gazon récréaient agréablement la vue, et les collines de sable, bien différentes de celles que j'ai déjà décrites, se réduisaient à de simples ondulations dirigées du nord au sud, selon les lois invariables de ce phénomène. Nous marchâmes tout le jour. A la tombée de la nuit, nous arrivâmes au bord d'une large dépression en forme d'entonnoir où l'absence de sable met à nu la base calcaire du sol; des lumières qui brillaient dans la vallée profonde, annonçant la présence d'un campement de bédouins, nous invitaient à essayer d'obtenir un souper substantiel avant le repos de la nuit. Il n'était cependant pas facile de descendre la pente escarpée : sa forme circulaire, qui décrivait de nombreuses spirales, me rappelait le *Maëlstrom*, si admirablement décrit par Edgar Poe. Les Arabes qui avaient allumé ces feux étaient des pasteurs de la tribu de Chomeur ; ils nous offrirent de partager leur repas, et nous servirent un bon plat de riz, au lieu de l'insipide sam (1), ou du pâteux djiricha. Ce changement de régime nous fut d'autant plus agréable qu'il attestait l'approche de la civilisation. L'endroit où les tentes étaient plantées, abondamment pourvu d'eau, est un des rendez-vous favoris des bédouins.

Au point du jour, nous continuâmes notre marche, rencontrant à chaque pas des chameaux et des chameliers, parfois des moutons et des chèvres. Avant midi, nous avions quitté le désert et nous faisions halte dans une grotte naturelle, creusée au milieu d'un rocher, premier contrefort de la chaîne des montagnes du Chomeur.

Le soleil devait, pendant deux heures encore, éclairer l'horizon lorsque, sortant de l'étroit et tortueux défilé, nous nous trouvâmes à l'entrée d'une vaste plaine, bordée de chaque côté par de hautes mon-

(1) Le *Maëlstrom* est un tourbillon situé sur les rives occidentales de la Norvège. Au chapitre suivant, avant de parler du *sam* et de la vie des bédouins, nous donnerons des explications sur les entonnoirs cavés au milieu des sables. — J. B.

tagnes. Devant nous, à un quart d'heure de marche, s'étendait la ville de Hayel, avec ses remparts, ses tours bastionnées et ses portes massives. Elle présentait le même aspect d'élégance irrégulière, de fraîcheur et de jeunesse, qui nous avait frappés dans les villages voisins. Mais c'était une ville complètement fermée, dont l'enceinte aurait pu renfermer trois cent mille habitants, si les maisons avaient été aussi rapprochées que celles de Paris ou de Vienne. En réalité, la population n'y excède pas vingt mille âmes, grâce aux immenses jardins, aux plantations et aux terrains vacants qui couvrent la plus grande partie du sol. Le palais de Télal, le parc et les bâtiments qui en dépendent, occupent à eux seuls un dixième de la superficie totale.

Enfin, nous traversons la plaine et nous entrons en ville. Nos montures, fatiguées et effrayées, refusaient d'avancer au milieu de la rue encombrée de monde; nous les décidons, non sans peine, à marcher et nous arrivons sur une grande place ou cour extérieure, située devant le palais. Elle était remplie d'oisifs, car, le jour touchant à sa fin, chacun avait terminé ses affaires. Nous faisons agenouiller nos chameaux à côté d'une quarantaine d'autres, puis nous allons reposer nos membres fatigués sur un banc, en face du porche, et nous attendons.

Près de ce porche, assis sur une plate-forme de pierre, se tenaient plusieurs officiers subalternes vêtus de longues robes blanches et de manteaux noir ; les uns portaient l'épée à poignée d'argent, les autres un bâton, symbole de fonctions plus pacifiques, et qui ressemblait fort à la verge des bedeaux anglais. Les bancs étaient occupés par une foule de riches habitants qui avaient quitté leurs boutiques ou leurs maisons pour respirer l'air frais du soir, s'enquérir des nouvelles et causer avec leurs voisins.

Nous ne tardâmes pas à devenir l'objet de la curiosité générale. Les Arabes les plus rapprochés de nous, avaient commencé par nous adresser les compliments d'usage, d'autres s'étaient joints à eux, et un cercle épais se formait autour de nous. On nous accablait de questions, auxquelles nous faisions des réponses très-laconiques. En ce moment, un individu de taille moyenne, au visage souriant, aux manières remplies d'urbanité, s'avance vers nous. Son costume à la fois élégant et simple, ses salutations cérémonieuses, son attitude dont la politesse n'exclut pas un certain air d'importance, le long bâton qu'il tient à la main, tout son extérieur enfin annonce un officier du palais. C'est le chambellan Seyf, chargé de recevoir et de présenter les étrangers : « Que la paix vous accompagne, mes frères, nous dit-il avec cette pureté d'accent et de langage qui caractérise les gens de cour. De quel pays venez-vous? Puisse le bonheur suivre vos pas ! » Nous répliquons par une formule non moins polie et non moins recherchée, puis nous lui apprenons que nous sommes des médecins de Damas, car, toute notre pacotille étant épuisée, nous devions renoncer au commerce. « Et que désirez-vous dans notre ville? Puisse Allah bénir vos entreprises ! » reprend Seyf. « Nous souhaitons d'abord la protection du Dieu très-grand, et ensuite celle de Télal. » Nous commencions, on le voit, à faire quelques progrès dans la phraséologie arabe. Là-dessus le chambellan, avec un sourire plein de bienveillance, entame l'éloge de son maître, et nous assure que nous ne pouvions désirer un protecteur plus éclairé.

J'écoutais avec joie les paroles de Seyf quand tout à coup, à ma grande terreur, dans le cercle des curieux, qui m'entouraient, j'aperçus le visage trop connu d'un Syrien, avec lequel j'avais eu, six mois auparavant, des relations fréquentes. Cet homme, tour à tour marchand, industriel et entrepreneur de transports, pouvait avoir une cinquantaine d'années; il était rusé, actif, entreprenant, fort lié avec un grand nombre d'Européens, et, malgré cela, musulman zélé; en un mot, habitué à toutes sortes de gens, il ne devait s'en laisser facilement imposer par personne.

Comme je le regardais d'un air consterné, doutant encore que ce fût lui, il mit fin à mon incertitude en s'approchant familièrement de moi et en m'adressant, du ton dont on parle à une vieille connaissance, de vives expressions d'amitié.

Un malheur n'arrive jamais seul. Tandis que je cherchais à me débarrasser de mon dangereux ami, un homme de haute taille, à l'aspect sinistre, écarta la foule en s'écriant : « Moi aussi, j'ai vu cet étranger à Damas! » Puis il nomma le lieu de la rencontre, précisa la date, détailla les circonstances, desquelles il résultait que j'étais un Européen, lié corps et âme aux intérêts de mon pays et de ma religion.

Avant que j'eusse eu le temps de répondre, un troisième individu s'avança vers moi, me salua comme un ancien ami, et se tournant vers la foule dont cet incident imprévu éveillait au plus haut point la curiosité : « Non, non, dit-il; je sais parfaitement qui il est; je l'ai rencontré au Caire, où il possédait de grandes richesses et une magnifique maison près de Kasr-Eyni. Il se nomme Abd-el-Salib, il est marié; sa fille, admirablement belle, monte un cheval de grand prix, etc., etc. »

Je respirai!

« Dieu vous éclaire! » répliquai-je. « Je n'ai jamais habité le Caire et je n'ai pas de fille. » Puis, m'adressant d'un air sévère à mon second dénonciateur : « Je ne me rappelle pas vous avoir jamais vu; vous feriez mieux de retenir votre langue; bien d'autres que moi ont la barbe rousse et les cheveux blonds. » Quant au marchand de Damas, ne sachant que lui dire, je continuai à le regarder d'un air d'étonnement stupide.

Seyf, qui avait paru d'abord étourdi de cette avalanche de révélations inattendues, fut rassuré par la déconvenue du troisième témoin; il en conclut que les deux autres ne méritaient pas plus de créance. « Ne faites pas attention à ces gens-là, nous dit-il; ce sont des menteurs, des bavards : ils ne méritent pas qu'on les écoute. Venez avec moi dans le khavoua pour vous reposer. » Puis, se tournant vers mon malheureux ami le Syrien, dont le seul tort était d'avoir un peu trop raison, il le tança vertement et nous conduisit dans la résidence royale.

Après le café, Seyf, qui nous avait quittés un moment, revint nous dire que Télal était sur le point de rentrer d'une promenade aux environs, et que, si nous voulions retourner dans la cour extérieure, nous pourrions lui présenter nos hommages.

La foule qui encombrait la place était alors plus nombreuse encore qu'à notre arrivée, parce qu'on attendait le passage du roi. Quelques minutes après, nous vîmes une troupe d'Arabes déboucher dans la cour extérieure; ils étaient armés, vêtus avec recherche, et parmi eux on remarquait plusieurs des notables habitants de la ville. Au milieu de ce cortége s'avançaient lentement trois hommes, dont le riche costume et la démarche imposante annonçaient le haut rang. Ceux qui les entouraient se tenaient à une respectueuse distance, et chacun à leur approche témoignait son respect et son admiration. « Voici Télal, » me dit Seyf à demi-voix.

Le monarque du Chomeur paraissait âgé d'environ quarante ans, quoique en réalité il en eût tout au plus trente-sept. Son attitude sévère, ses yeux noirs et perçants, ainsi que sa démarche grave et quelque peu hautaine, imposaient le respect, en dépit de sa petite taille. Il portait, par-dessus la tunique blanche des Arabes, une longue robe de cachemire et un manteau en poil de chameau, d'un tissu très-fin, fabriqué dans la province d'Oman; un turban, brodé de soie et d'or, retenu par une large bandelette écarlate, couvrait sa tête, en laissant apercevoir ses longs cheveux noirs. Une épée à poignée d'or pendait à sa ceinture, et ses vêtements exhalaient une forte odeur de musc, plus agréable aux narines d'un Arabe qu'à celles d'un Européen. Son regard ne restait jamais en repos : tantôt il se promenait sur les hommes de l'escorte, tantôt sur le peuple rassemblé dans la cour. J'ai rarement vu des yeux qui rappelassent mieux ceux de l'aigle pour l'éclat et la pénétration.

Le dignitaire qui marchait à sa droite était grand, mince, vêtu d'habits moins recherchés et moins précieux; mais les couleurs en étaient plus vives, les broderies plus éclatantes. Son visage avait une expression d'intelligence peu commune, l'aisance et la grâce brillaient dans ses manières; toutefois, il n'appartenait pas à la famille royale, car son épée était garnie d'argent et non pas d'or, comme celle du prince.

C'était Zamil, grand trésorier, premier ministre ou, pour mieux dire, seul ministre de l'autocrate. Tiré de la plus profonde misère par Abdalla, père de Télal, qui avait deviné en lui, alors qu'il n'était qu'un misérable orphelin, de puissantes facultés, il avait su mériter les bonnes grâces de son bienfaiteur. Après la mort d'Abdalla, il n'avait pas joui d'une moindre faveur auprès de son fils, et, d'honneurs en honneurs, il était arrivé enfin à la plus haute dignité de l'État. Son origine plébéienne le préservait de la jalousie des princes du sang; son caractère doux et affable lui gagnait le cœur du peuple, et son inaltérable fidélité le faisait chérir de son maître; enfin une extraordinaire application au travail, un jugement aussi rapide que sûr, et les grands services qu'il rendait au pays justifiaient, dans l'opinion de tous, les richesses immenses dont le roi l'avait comblé.

Quant au second favori de Télal, le souriant et modeste Abdel-Masin, il devint un de nos amis les plus dévoués.

Chacun s'était levé à l'approche du souverain. Seyf nous fit signe de le suivre, et, fendant la foule, salua le prince de la formule d'usage. « Que la paix t'accompagne, ô toi qui es le protégé de Dieu! » (Ce titre, pour le remarquer en passant, vaut bien celui de Protecteur, et il a l'avantage d'être plus modeste.) Télal fixa sur nous son œil scrutateur, puis il échangea quelques mots à voix basse avec l'officier. Il se tourna ensuite vers nous d'un air plus bienveillant et nous tendit sa main ouverte; nous la touchâmes en lui adressant les mêmes paroles que Seyf. A cela se bornait la simple cérémonie de la présentation. Le roi, après une courte phrase de politesse, quitta le khavoua pour rentrer dans ses appartements.

« Il vous accordera demain une audience particulière, nous dit Seyf, et j'aurai soin de vous avertir en temps convenable. Maintenant, il faut songer au souper. »

Pendant ce repas, Seyf s'occupait de nous préparer un logis : par ses ordres, un des magasins situés dans la cour extérieure fut promptement débarrassé de ses marchandises, nettoyé avec soin et garni de nattes. A peine entrés dans notre chambre, nous fermâmes la porte au verrou, afin de pouvoir tenir conseil sur des matières importantes.

Le lendemain, nous avions à peine achevé notre

toilette qu'un coup timidement frappé à la porte annonçait un visiteur.

C'était Abdel-Masin, que nous avions aperçu la veille en compagnie de Télal. Il s'excuse de nous déranger à une telle heure, s'informe de notre santé, demande si nous sommes reposés des fatigues du voyage, déploie enfin une exquise courtoisie et des manières gracieuses sans affectation, que n'eût pas désavouées un des marquis de l'ancien régime.

Sa physionomie à la fois intelligente et cordiale inspirait la sympathie. Il pouvait avoir environ cinquante ans, mais il conservait encore la vigueur et la vivacité de la jeunesse; son teint mat et uni n'était guère plus foncé que celui des Italiens. Il avait les yeux grands et pleins de feu, les traits réguliers; à vingt ans, il avait dû être remarquablement beau. Le fin sourire qui relevait légèrement les coins de sa bouche annonçait un caractère habituellement gai, et tempérait l'expression pensive de son large front et de son regard observateur.

J'avais deviné, dès ses premières paroles, qu'il était envoyé par le roi pour nous sonder adroitement et connaître nos desseins. Je me tins donc sur mes gardes, me bornant à parler de la Syrie, de Damas, de ma profession médicale, et affectant une ignorance complète au sujet de l'Europe.

Abdel-Masin s'entretint longtemps avec nous, et la matinée s'avançait quand il nous quitta pour aller à l'audience publique, où sa présence était nécessaire. Le roi, nous dit-il, avait l'intention de nous recevoir aussitôt après. Il est permis de supposer qu'il allait rendre compte à son maître de notre entretien, et de ses conjectures au sujet des mystérieux étrangers.

Le soleil brillait au milieu d'un ciel sans nuages; mais, la façade du palais étant tournée vers l'ouest, les bancs se trouvaient encore à l'ombre. Des groupes d'Arabes, les uns bédouins, les autres habitants de la ville, remplissaient la cour. Vers neuf heures, Télal, richement vêtu et suivi d'une vingtaine de serviteurs armés, sortit du château en grande pompe et vint avec son frère Mohammed prendre place sur l'estrade élevée auprès du porche. Abdel-Masin et Zamil s'assirent à ses côtés, tandis qu'une soixantaine d'officiers et de soldats se rangeaient autour du prince. Nos compagnons Cherarats et les chefs Azzam étaient accroupis sur le sol, en face de Télal, tenant chacun à la main l'inévitable bâton dont les bédouins se servent pour conduire les chameaux; une foule de spectateurs étaient réunis autour d'eux, car la présentation devait être brillante.

Ces chefs furent des premiers admis à présenter leurs hommages à Télal, et ils le firent avec l'air gracieux de chiens pris en faute et qui se couchent devant le piqueur, quand celui-ci les fait rentrer à coups de fouet dans le chenil.

Après la présentation, Télal se leva et, lorsqu'il fut sorti de la foule qui encombrait les abords du château, il s'arrêta pour nous permettre de le rejoindre. Quand nous l'eûmes salué de la courte formule d'usage, je lui présentai ma seule lettre de recommandation, le billet que m'avait remis le gouverneur Hamoud. Il l'ouvrit et le tendit à Zamil, plus versé que lui dans l'art de déchiffrer l'écriture. Mettant alors de côté sa gravité officielle, il prit un air de bienveillance et de bonne humeur, plaça ma main dans sa main droite, celle de mon compagnon dans sa main gauche, et sortit avec nous de la cour, tandis que son escorte formait autour de lui une muraille vivante.

Il était fermement convaincu de notre origine syrienne, mais il supposait avec raison que l'amour de la médecine ne nous avait pas seul poussés à entreprendre un si périlleux voyage. Toutefois, moins heureux dans l'interprétation des motifs qui nous amenaient à Hayel, il s'imaginait que notre but réel était d'achetèr des chevaux pour quelque gouvernement étranger, et cette conjecture ne manquait pas d'une certaine vraisemblance. Quoi qu'il en fût, Télal prit la résolution de favoriser nos desseins et de nous faire faire un marché avantageux.

Après avoir traversé la rue bordée de spectateurs, nous arrivâmes à la porte d'une grande maison, près de l'extrémité de la place du marché; elle appartenait à Hasan, négociant de Mechid-Ali.

Trois des hommes de l'escorte demeurèrent près du seuil, l'épée à la main. Nous franchîmes la cour, où le reste des gardes se rangea en bon ordre, tandis que nous nous rendions au khavoua. La pièce était petite, mais bien meublée et garnie de tapis confortables. Télal nous fit asseoir auprès de lui à la place d'honneur; son frère Mohammed et cinq ou six autres grands dignitaires entrèrent seuls avec nous; quant au maître de la maison, il en faisait de son mieux les honneurs à son hôte royal.

Le café fut servi et les pipes allumées. Telal-Ebn-Rachid voulait profiter de l'abandon d'un entretien familier pour mieux sonder nos desseins. Il n'y réussit pas; mais, comme nos manières n'avaient rien de suspect, il nous assura de son entière confiance et nous offrit même un logement dans les dépendances de son château. Nous l'en remerciâmes, mais en lui demandant de nous assigner plutôt une demeure aussi rapprochée que possible de la place du marché. Il y consentit de bonne grâce, bien qu'évidemment fort surpris de nos allures indépendantes.

Le même jour, Seyf vint nous annoncer qu'il avait

loué pour nous une maison située dans une rue aboutissant au marché et en même temps peu éloignée du château. Nous y transportâmes avant la nuit nos bagages et notre pharmacopée, puis nous prîmes congé de l'aimable chambellan. Heureux de nous trouver enfin « chez nous, » nous fermâmes notre porte et, après avoir fait quelques rangements, nous élevâmes nos cœurs vers Celui qui nous avait préservés des périls et nous avait conduits sans encombre au but de notre voyage.

Le lendemain 29, une heure après le lever du soleil, tous les curieux de la foule, et jamais foule plus nombreuse ne se pressa sur le pont d'Avignon, assiégeaient notre demeure; car l'installation des deux étrangers était le grand événement du jour. Nous avions à dessein laissé notre porte ouverte et nous avions, à l'ombre des murailles de notre cour, étendu des tapis, des coussins et des couvertures destinés à ceux qui entreraient pour consulter le célèbre docteur Salim-Abou-Mahmoud-el-Eys et son collègue Baracat-ech-Chami, c'est-à-dire moi et mon compagnon.

La chambre située à gauche de la cour avait été tapissée convenablement; c'était là que je me tenais assis, les jambes croisées, ayant devant moi des balances, des mortiers, des fioles et des boîtes remplies de drogues. Plusieurs livres de thérapeutique arabe, étalés avec ostentation, me servaient de diplôme; j'avais en outre caché derrière un coussin deux *vade mecum*, l'un anglais et l'autre français, afin de les consulter au besoin. Mon compagnon, qui jouait de son mieux le rôle d'élève en médecine, devait s'enquérir du motif qui amenait les visiteurs et les admettre un par un dans le sanctuaire du nouvel Esculape. La chambre de droite, ouverte aussi, laissait apercevoir des bouilloires, du bois, des melons, des dattes, spectacle plus encourageant que les purgatifs et les médicaments de la pièce voisine. Nous avions revêtu nos plus beaux habits, chemise d'une blancheur éclatante, turban brodé, robe de chambre à grands ramages.

Nous n'attendîmes pas longtemps la clientèle.

Ordinairement, avant de la recevoir, nous allions, profitant des fraîches heures du matin, faire une promenade en dehors de la ville. L'aube blanchissait à peine l'horizon, les étoiles veillaient encore sur les habitants endormis, le soleil n'avait pas commencé sa course, ni les hommes repris leurs soucis et leurs travaux; nous traversions la rue conduisant au marché, et prenions la direction du sud-ouest. Les énormes chiens de garde, dont l'aboiement et les morsures rendent les rues fort dangereuses pendant la nuit, se retiraient à l'approche du jour; cà et là seulement, quelque chameau couché sous son fardeau, avec son conducteur endormi à ses côtés, attendait l'ouverture du magasin devant lequel il stationnait depuis la veille.

Au sortir de la ville, nous trouvions un petit groupe de rochers dont le sommet montait à une trentaine de mètres; de là nous contemplions le magnifique panorama qui se déroulait autour de nous. Longtemps avant que les cimes escarpées des montagnes fussent dorées par les rayons du soleil, nous apercevions des groupes de paysans qui, poussant devant eux leurs ânes chargés de fruits et de légumes, sortaient des gorges de la montagne et s'acheminaient lentement vers la ville, semblables à des fourmis qui se dirigent vers la fourmilière. Des cavaliers partaient de Hayel, une longue file de chameaux arrivait par la route de Médine, et nous restions à notre observatoire, pour jouir de ce spectacle, jusqu'à ce que le soleil fût levé et qu'à la fraîcheur de la nuit fût près de succéder la chaleur ardente du jour. Alors il était temps de retourner au logis.

En route, nous achetions quelques fruits et une couple de melons d'eau plus gros que la tête d'un homme; et quand nous avions refermé la porte extérieure de notre logis, nous tirions d'un panier plat ce qui restait de notre pain de la veille et nous faisions à la hâte un frugal déjeuner; je dis à la hâte, car, bien que le soleil fût levé depuis une demi-heure à peine, des coups répétés frappés au dehors annonçaient l'arrivée des clients. On a coutume ici de se lever et de se coucher de bonne heure, les moyens d'éclairage étant rares et dispendieux. Nous achevions cependant notre repas avant d'ouvrir à nos amis, et ils ne s'offensaient pas de ce retard; le temps a si peu de valeur en Arabie qu'ils restaient tranquillement dans la rue à causer entre eux. Notre unique boisson était l'eau fraîche d'une gourde remplie le matin par la fille de notre propriétaire. Nous la détachions du coin ombreux où nous l'avions accrochée, nous en versions le contenu dans une coupe de cuivre, et nous savourions ce breuvage avec un plaisir qui eût édifié les membres de la société de tempérance. Enfin nous étendions les tapis, et je me retirais dans la chambre des consultations, ayant bien soin d'étaler devant moi les balances et les traités arabes, tandis que Baracat s'apprêtait à introduire les clients.

Cependant la cour s'est remplie de visiteurs; au premier rang j'aperçois un visage bien connu, celui de l'aimable et spirituel Abdel-Masin; deux jeunes garçons richement vêtus se tiennent à ses côtés : ce sont les fils aînés de Télal, Bedr et Bander; un nègre, portant un sabre et enveloppé d'un magnifique manteau, accompagne les princes. Je donne l'ordre de les introduire. Abdel-Masin m'apprend que Télal, confiant dans mon haut savoir, m'envoie ses deux fils et me prie de m'assurer si la santé des jeunes princes n'exige pas quelques soins. J'examine Bedr et Bander avec toute la gravité qu'exigerait une fièvre cérébrale, puis je fais préparer par Baracat une liqueur agréable et inoffensive, mélangée de cannelle et de sucre, médicament que les jeunes héritiers du trône trouvent fort de leur goût. Pendant ce temps, Abdel-Masin, comme le chœur d'Euripide, s'entretient avec les spectateurs, s'extasiant sur l'habileté merveilleuse avec laquelle j'ai découvert la maladie et appliqué le remède convenable. Quant aux enfants, ils souhaiteraient d'être indisposés tous les jours pour prendre une pareille médecine.

Les princes partis, Abdel-Masin reste chez moi, observant tout sans en avoir l'air, faisant à propos des réflexions fines et judicieuses, parlant tour à tour de religion, d'histoire et de poésie.

Passons maintenant à deux citadins qui causent, ou plutôt babillent ensemble. Leur costume est fort simple et leurs traits offrent une certaine ressemblance; l'un cependant a une tournure martiale, l'autre un aspect des plus pacifiques; ce dernier n'est rien moins que le cadi Mohammed, chef de la justice à Hayel, par conséquent l'un des premiers personnages de la ville. C'est un petit vieillard sans prétention, peu soucieux de la gravité magistrale, et qui appartient à ce que l'on pourrait appeler le parti modéré.

Un robuste paysan de Moga, vêtu de son misérable costume de travail, était depuis une demi-heure environ dans la cour, occupé, en attendant que son tour fût venu, à tracer sur le sol des dessins bizarres avec le bout de son bâton. Il s'avance gauchement s'accroupit en travers de la porte et s'efforce d'attirer mon attention par ces mots : « Je dis, docteur.... » Sur quoi, je tâche de lui faire comprendre que, sa massive personne n'étant ni de verre ni d'aucune autre substance transparente, il intercepte le peu de jour qui pénètre dans la chambre, en se plaçant devant la seule ouverture par laquelle puisse entrer la lumière. Il s'excuse et s'écarte d'un pouce ou deux. Je lui demande alors ce qui l'amène, curieux d'entendre sa réponse, tant sa taille herculéenne chasse l'idée de la maladie. « Docteur, tout mon corps n'est que souffrance. » Cette phrase étant trop générale pour être exactement vraie, je poursuis mon interrogatoire : « Avez-vous mal à la tête? — Non. » (Je l'aurais deviné sans peine; cet honnête compagnon ne devait avoir rien de commun avec le *mal des beaux esprits.*) « Souffrez-vous du dos? — Non. — Des bras? — Non. — Des jambes? — Non. — De l'estomac, des entrailles? — Non. — Mais, si vous ne souffrez ni de la tête, ni de l'estomac, ni du dos, ni des bras, ni des jambes, comment pouvez-vous être un composé de douleurs? — Tout mon corps n'est que souffrance, » répète mon homme, en reprenant, d'un air de résolution, la place qu'il vient de quitter sur le seuil de la porte. Le fait est qu'il souffre, seulement il ne sait pas localiser ses sensations. Je continue l'enquête avec toute l'habileté dont je suis capable, et je finis par découvrir qu'il a un rhumatisme chronique. Trois ou quatre mois auparavant, il en a éprouvé les premières atteintes, et depuis lors il n'a jamais recouvré sa vigueur.

Cette explication serait suffisante; je suis curieux d'apprendre comment notre paysan saura répondre à des questions plus embarrassantes. Quelques assistants, d'ailleurs amusés par cette scène, me murmurent à l'oreille : « Interrogez-le encore. » Je continue donc : « Quelle a été la cause de votre maladie? — La cause, docteur, c'est Dieu. — Sans doute, tout vient de Dieu;

mais quelle en a été l'occasion particulière? — Docteur, Dieu d'abord, et ensuite la viande de chameau, que j'ai mangée quand j'avais froid. » Cette lucide explication ne me satisfaisant pas : « Il n'y a pas eu autre chose? — Peut-être bien : j'ai bu du lait de chameau ; mais la cause de tout cela, c'est Dieu, je vous l'ai dit, docteur. »

Je réfléchis sur la nature du mal et j'indique le trai tement à suivre. Vient ensuite la question des honoraires, qu'il faut ici décider à l'avance. Je demande à mon client ce qu'il me donnera en cas de guérison : « Docteur, je vous donnerai, écoutez bien, je vous donnerai un chameau. — Un chameau ! Et qu'en ferai-je ? — Je dis, songez à Dieu, docteur (en d'autres termes, soyez raisonnable); je dis que je vous donnerai un chameau bien gras, tout le monde connaît mon chameau; si vous acceptez, j'amènerai mes témoins. » — Et comme je persiste à refuser, il m'offre du beurre, de la viande, des dattes et d'autres comestibles.

Cependant il entendit raison, prit docilement les remèdes que je lui avais ordonnés, et quand il fut rétabli, me donna pour mes peines la somme exorbitante de trente sous.

Deux ou trois heures se passent ainsi, les visiteurs qui remplissaient ma cour ont été entendus, d'autres leur succèdent, et le soleil va bientôt atteindre le plus haut point de sa course. Alors s'avance un artisan qui, depuis le matin, attend à ma porte avec une patience vraiment arabe; ses traits fortement accentués sont éclairés par une expression de bonne humeur et de franchise; il me prie de l'accompagner à son logis, où son frère est retenu au lit par la fièvre. Après m'être entretenu quelques instants avec lui, je consens à le suivre et je laisse Baracat seul à la maison pour rece voir les clients.

Doheym prend son léger manteau noir et le drape autour de sa taille, en formant des plis qu'un sculpteur admirerait. Chemin faisant, il adresse des sourires et des signes de tête à ses amis, et s'arrête pour échanger quelques paroles avec ses compatriotes. Il me fait traverser le quartier bâti par les princes de la dynastie actuelle, pour arriver à l'ancienne ville. Les deux principaux quartiers dont elle se compose sont séparés l'un de l'autre par une longue rue, étroite et irrégulière, ligne de démarcation qui autrefois, indiquait, moins encore la division des bâtiments que celle du peuple, partagé entre deux factions hostiles. La fermeté des Ebn-Rachid a mis fin à un tel état de choses.

En pénétrant dans la maison, j'aperçois deux ou trois petits fourneaux, de vieux pots de métal et des marmites énormes, car les Arabes tiennent à honneur aujourd'hui, comme leurs pères le faisaient il y a deux mille ans, de posséder des vases assez grands pour y mettre un mouton tout entier; auprès de ces ustensiles domestiques, sont amoncelées des feuilles de cuivre, des barres de fer et autres objets semblables. Quelques robustes jeunes garçons demi nus, couverts de suie, s'approchent pour nous recevoir; ils nous tendent leurs mains noircies, tout en échangeant avec Doheym des propos joyeux. Le frère de notre guide, Soyed, dont la gravité a été blessée par la conduite des jeunes étourdis, leur adresse une sévère réprimande; puis, s'étant lavé les mains et le visage, il me conduit dans l'intérieur de l'habitation, auprès du malade qu'on m'a demandé de visiter. L'état est grave, mais le danger ne me paraît pas imminent. J'adresse à ses frères quelques paroles d'espoir; le pauvre fiévreux, à peine en état de parler, s'efforce de témoigner la joie que lui cause ma présence. Il me montre ensuite sa langue, et pour me faire tâter son pouls, me présente son bras. ou plutôt ses bras, car le médecin, s'il ne veut point passer pour un ignorant, doit les examiner tous les deux, les Arabes étant convaincus qu'ils n'ont ensemble aucune relation : la théorie de la circulation du sang est, on le voit, parfaitement étrangère aux habitants de la péninsule. Puis Soyed m'invite à m'asseoir et à prendre le café. Je témoigne le désir de m'occuper sur-le-champ du malade ; mais celui-ci, d'un geste suppliant, me prie d'accepter d'abord l'hospitalité. Il serait à l'article de la mort, que les choses ne se passeraient pas, je crois, autrement. On sert donc des dattes, on apporte des pipes, Doheym prépare le café, et la chambre dans laquelle gît le fiévreux est envahie par une foule de visiteurs. L'isolement ne fait pas partie du traitement arabique ; on regarde au contraire comme un devoir sacré de ranimer le malade par la présence d'une société nombreuse. L'Arabe que la souffrance cloue sur son grabat n'a pas l'idée de demander à être seul ; avoir de la compagnie, c'est tout ce qu'il désire. La douleur solitaire ne se comprend pas ici : quand la mort frappe une famille, le fils, le mari ou la veuve du défunt laisse la maison ouverte pendant plusieurs jours, afin de recevoir les condoléances de ses amis.

Cependant une heure s'est bientôt écoulée au milieu d'une conversation vive et intéressante. Quand j'eus prescrit les remèdes qu'il fallait administrer, je me levai pour prendre congé de mes hôtes. Soyed offrit alors de me conduire dans quelques habitations voisines, où, disait-il, mes soins étaient nécessaires et seraient bien récompensés. Puis il me ramena jusqu'à l'entrée de la rue principale, et je m'acheminai seul vers ma demeure.

Les rues et le marché étaient maintenant solitaires ; l'ombre se rétrécissait sous les palmiers et au pied des maisons; la nature entière semblait s'endormir sous la pesante atmosphère de midi. Pourtant, au lieu de prendre le chemin le plus court pour me rendre chez moi, le plaisir que j'éprouvais à goûter quelques moments de solitude m'entraîna jusqu'à la porte occidentale, d'où le regard embrasse la vaste plaine comprise entre Hayel et la montagne. La campagne semblait transformée en un lac immense qui, de ses eaux profondes, baignait la pente rocheuse du Chomeur et venait se perdre au pied des remparts de la ville, où il ne formait plus que des marécages chétifs. Cette illusion est due à un mirage qui se produit chaque jour; à mesure que le soleil s'abaisse vers l'occident, le lac magique s'éloigne, et s'efface enfin complétement, pour paraître de nouveau le lendemain une heure ou deux avant midi. Mais, pendant une partie du jour, la vue de l'eau, « cette vie du paysage, » pour employer l'heureuse expression des Arabes, prête une apparence de douce fraîcheur à une contrée triste et aride. Plût à Dieu que ce ne fût pas une erreur des sens! Après avoir joui longtemps de ce splendide spectacle, je revins à la maison, où, secondé par Baracat, je me mis à préparer notre repas. Nous pouvions nous promettre deux heures au moins de loisir, car ici, non moins qu'en Espagne ou en Italie, le milieu du jour est consacré à la sieste.

Quand l'*Asr* était arrivée, c'est-à-dire quand le soleil avait franchi la moitié de l'espace compris entre le méridien et le point où il se couche, nous allions souvent à la mosquée, puis aux audiences publiques de Télal, et nous rentrions souper frugalement chez nous, ou quelquefois nous acceptions l'invitation de quelque prince de la famille royale. Du riz et du mouton bouilli, empilés dans un grand plat; des dattes, du mauvais pain, parfois des œufs durs et des courges hachées : voilà tout ce qu'offre ici la table la plus somptueuse.

Parfois encore, quand les étoiles s'allumaient au ciel, je quittais avec Baracat la pesante atmosphère des rues et du marché pour aller respirer librement dans la campagne ; nous y restions une heure ou deux à causer ensemble, ou bien apercevant, au milieu de l'ombre croissante, la forme vague d'un promeneur, nous nous approchions de lui et nous nous amusions de sa simplicité, si c'était un bédouin ; de sa ruse et de sa circonspection, si c'était un habitant de la ville.

Pendant que notre vie se passait ainsi calme et fructueuse, le frère cadet de Télal, le brillant et fougueux Métaab, revint d'une tournée qu'il avait faite aux prairies de Hafr-Maad pour visiter les haras royaux. Ses longs cheveux bouclés, ses vêtements aux couleurs éclatantes, l'abandon et la vivacité de ses manières, formaient un contraste frappant avec le sombre costume et la réserve imposante de Télal. Il avait beaucoup voyagé. Sa légèreté le rendait peu propre aux graves affaires de l'État ; mais l'agrément de sa personne et la promptitude de son intelligence le faisaient merveilleusement réussir dans les petites intrigues qui préparent la voie à des négociations plus importantes. Le lendemain de son retour, il nous fit une visite dans la matinée, témoigna le désir de voir nos médicaments, nos livres et nos bagages ; parla de l'Égypte, de la Syrie, puis il prit congé précipitamment ; mais, le soir même, un nègre de bonne mine, qui appartenait à sa maison, m'aborda, lorsque je me promenais sur la place du marché, et me dit que l'émir Métaab me priait de venir prendre le café avec lui.

Je fus accueilli en entrant par un salut cordial, et Métaab se leva pour me tendre la main ouverte avec un geste à demi arabe, à demi anglais. Tandis que le café circulait selon le cérémonial accoutumé, notre hôte essaya de me faire sortir de ma réserve, mais sans y réussir; cependant ces entretiens se renouvelèrent souvent, car Métaab me témoigna chaque jour plus de confiance et d'amitié.

Assurés maintenant du caractère noble et loyal de Télal, et, d'autre part, ne pouvant guère obtenir sa protection qu'en lui avouant le but réel de notre entreprise, nous résolûmes, mon compagnon et moi, de demander au roi une audience particulière et de lui tout apprendre. Cependant, pour nous conformer aux usages des cours, nous crûmes devoir préalablement nous ménager un intermédiaire, et nous le trouvâmes bientôt dans la personne du trésorier Zamil.

Nous commençâmes par lui dire que nous désirions obtenir de Télal une entrevue pour lui communiquer des affaires d'une haute importance. Après lui avoir ainsi fait pressentir notre secret, nous lui apprîmes la vérité tout entière et nous lui demandâmes son avis au sujet des propositions que nous voulions soumettre au roi.

Le ministre nous répondit qu'il lui fallait quelque temps pour réfléchir; puis, d'accord avec nous, il informa son maître des motifs de notre démarche. Télal consentit à nous recevoir le 21 août dans la matinée.

Donc, au jour fixé, nous gagnâmes, un peu avant le lever du soleil, la maison de Zamil, par des rues détournées, et nous trouvâmes bientôt un nègre appartenant au palais et qui nous avertit de le suivre. Nous entrâmes dans la résidence royale par une porte dérobée, et, après avoir traversé plusieurs petits appartements, nous montâmes un large escalier qui nous conduisit à une salle spacieuse et bien meublée, située au milieu de la tour centrale. Télal et Zamil nous y attendaient. Des esclaves et des serviteurs armés se tenaient dans une pièce voisine, mais assez loin pour ne rien entendre de notre conversation. Dès que les saluts d'usage eurent été échangés : « Qu'avez-vous à me dire? » demanda le roi. Puis, voyant que j'hésitais à répondre, il ajouta en montrant le ministre : « Vous pouvez parler devant lui, c'est un autre moi-même. »

Je lui expliquai donc brièvement les motifs de notre voyage ; je lui appris d'où nous venions, quel espoir nous amenait en Arabie, et ce que nous attendions de sa bienveillance. Il s'ensuivit une conversation qui dura au moins une heure. Pour conclusion, Télal insista sur la nécessité d'un secret absolu : « Si ce que nous discutons venait à être connu, dit-il, ni votre vie ni peut-être la mienne ne seraient en sûreté. »

Pendant cet entretien, je saisis l'occasion de lui parler des bruits sinistres qui circulaient dans la ville au sujet de notre voyage. « Vraiment! » répliqua le prince avec dédain; puis, croisant les bras sur sa poitrine et redressant fièrement la tête : « La ville, c'est moi! s'écria le nouveau Louis XIV : ne craignez donc rien, nul de mes sujets n'osera vous nuire; mais il y en a d'autres dont je ne saurais répondre. »

Quand toutes choses eurent été suffisamment convenues, Télal nous dit que nous pourrions traiter plus amplement ce sujet avec Zamil. Il nous promit une seconde audience dans laquelle il nous donnerait une réponse positive, « car, ajouta-t-il, nous devons réfléchir et ne rien faire à la hâte. »

Les jours suivants, nous eûmes avec Zamil de longs entretiens; mais Télal ajournait toujours sa décision, et il ne nous semblait pas convenable de le fatiguer de nos instances.

Pendant ce temps, « les autres, » c'est-à-dire les ennemis auxquels notre royal protecteur avait fait allusion, ne demeuraient pas oisifs. C'étaient des émissaires venus de Riad pour épier ce qui se passait à Hayel. On les rencontrait souvent dans les rues et sur la place du marché, observant toutes choses, évités par chacun, et pourtant traités avec un respect mêlé de crainte. Étrangers et chrétiens, nous devions nous attendre à éveiller leur attention ; nous fûmes même l'objet d'une étroite surveillance de leur part.

Mais nous ne devions pas tarder à rencontrer un hypocrite plus dangereux.

Obeyd-ed-Dib, c'est-à-dire Obeyd *le Loup*, comme on l'avait surnommé, frère du feu roi et oncle de Télal, avait été absent pendant les trois premières semaines de notre séjour. Dès qu'il fut de retour à Hayel, il s'enquit des étrangers qui s'étaient introduits dans la capitale.

Le lendemain de son arrivée, vers midi, il se présenta devant notre porte, escorté par une douzaine de soldats. Il affecta la plus grande cordialité, nous tendit amicalement la main, et témoigna une vive satisfaction de la manière dont nous avions été accueillis par son neveu.

Nous ignorions alors son véritable caractère.

Ses paroles respiraient la bonne humeur et la franchise ; il manifesta le désir de faire plus ample connaissance avec nous, afin de nous aider de tout son pouvoir. Ses visites devinrent bientôt quotidiennes, et il nous invita souvent à dîner dans son palais, situé juste en face de celui de Télal. Le vaste jardin qui en dépend avait été nouvellement planté et disposé avec beaucoup d'art, car Obeyd apportait en toutes choses l'énergie de son caractère, et il ne déployait pas moins d'activité pour faire creuser un puits que pour brûler un village ou exterminer des infidèles.

Une affection si vive et si subite nous avait inspiré dès l'abord quelque défiance ; les avertissements discrets, les demi-mots par lesquels nos amis cherchaient à nous mettre en garde contre cette dangereuse intimité, achevèrent d'éveiller nos soupçons.

Peu de temps après, Obeyd se chargea de nous édifier sur son propre compte : comme tous les hommes qui jouent un rôle étudié, il laissa tomber un instant son masque et nous montra sa hideuse figure.

Un matin, il m'envoya chercher pour visiter un de ses serviteurs, qui était souffrant. Je me rendis à son palais, où, après une courte conversation, ses sentiments véritables éclatèrent : la passion l'emportait sur l'hypocrisie; son air conciliant et ses paroles doucereuses faisaient place à la haine et à la fureur : il se déchaîna en violentes invectives contre les novateurs chrétiens, qui voulaient altérer la pureté de l'islamisme. Puis, se tournant vers nous : « Qui que vous soyez, sachez ceci : quand mon neveu et avec lui l'Arabie entière consentiraient à apostasier, il resterait encore un défenseur des vieilles croyances : ce serait moi ! » Comprenant cependant qu'il avait été trop loin, Obeyd reprit aussitôt son expression bienveillante, son ton d'amicale causerie, comme si le soupçon n'était jamais entré dans son cœur. Mais nous en avions assez vu, et nos rapports avec lui cessèrent complétement.

Sur ces entrefaites, Télal réussit à l'envoyer hors de Hayel, en le chargeant d'aller châtier les bédouins de la tribu de Harb qui infestaient la route du pèlerinage de Médine. Le 4 septembre, Obeyd passait la revue des troupes destinées à cette expédition. Nous nous mêlâmes à la foule des curieux. Il nous aperçut, s'avança vers nous, et nous tendant la main en signe d'adieu : « J'ai appris, nous dit-il, que vous alliez à Riad; vous y rencontrerez mon meilleur ami, Abdalla, fils aîné de Feysoul : je veux vous assurer ses bonnes grâces, et je lui ai écrit à cette intention une lettre que vous lui remettrez de ma part. Je l'ai laissée chez moi, mais un de mes serviteurs vous la portera. » Il nous promit ensuite que, si nous n'avions pas encore quitté Hayel à son retour, il chercherait tous les moyens de nous être utile; que si, au contraire, nous nous étions rendus à Riad, Abdalla, sur sa recommandation, serait pour nous un précieux protecteur.

Ces témoignages d'amitié étonnèrent tous les assistants. Obeyd se montrait ainsi fidèle jusqu'au bout à son caractère de dissimulation profonde. La lettre nous fut remise le jour même par un vieux serviteur, auquel le prince avait confié le soin de garder son palais. Le lecteur sera curieux sans doute de savoir en quels termes il sollicitait pour nous la faveur d'Abdalla. « La crainte l'emportant sur les convenances, » nous pensâmes être prudents en lisant cette haute recommandation avant de la donner au prince nedjéen. Nous ouvrîmes donc l'enveloppe, en évitant de rompre les cachets dont elle était scellée et nous acquîmes la preuve de la perfidie d'Obeyd. La lettre était ainsi conçue : « Au nom du Dieu tout miséricor-« dieux et tout bon, nous Obeyd, nous te saluons, ô « Abdalla, fils de Feysoul! Que la miséricorde de Dieu « soit sur toi, que la paix t'accompagne! » — Les épîtres vouahabites commencent invariablement par cette formule, qui remplace les interminables compliments en usage chez les autres Orientaux. — « Nous « te faisons savoir que les porteurs de la présente « lettre, Salim-el-Eys et son compagnon Baracat-ech-« Chami, se disent versés dans l'art de guérir. » — Ici le prince, au lieu du mot ordinaire employé en Arabie, se servait d'une expression à double sens, qui signifie moins la médecine que la magie, crime puni à Riad de la peine capitale. — « Nous prions Dieu de te préserver

« de tout danger. Nous saluons aussi ton père Feysoul, « tes frères, ta famille, et nous attendons avec impa- « tience ta réponse. La paix soit avec toi. »

Obeyd étant éloigné, Télal se sentait en liberté d'agir : aussi, le 6 septembre, nous fûmes invités à nous rendre dans le khavoua de Zamil, vers une heure de l'après-midi. Un esclave avait été placé en sentinelle à la porte pour écarter les visiteurs importuns. A peine étions-nous arrivés depuis dix minutes que Télal entra, escorté de deux serviteurs armés, qu'il laissa dans la cour. Il était simplement vêtu; son regard, plus sérieux encore que de coutume, trahissait une préoccupation profonde. Il s'assit et conserva quelques instants un silence que nous eûmes garde de rompre. Enfin, levant les yeux et les fixant sur les miens : « Vous ne me demanderez pas, me dit-il, et je ne serai pas assez imprudent pour donner, dans l'état actuel des choses, une réponse positive et officielle à des communications comme les vôtres. Cependant, moi, Télal, je vous assure de mon concours et de ma ferme volonté. Continuez maintenant votre voyage. Quand vous reviendrez, ce qui, j'espère, ne tardera pas, votre parole fera loi dans ce pays, et ce que vous désirez s'accomplira. Êtes-vous satisfait? » Je répondis que sa promesse comblait mes désirs les plus chers, et nous nous serrâmes la main, en témoignage d'une alliance mutuelle.

Dès que Télal se fut retiré, je priai Zamil de m'apprendre où étaient les compagnons qui devaient faire route avec nous. Il me répondit que, d'après les ordres du roi, ces gens se présenteraient le jour même à notre demeure.

Vers le soir, en effet, trois hommes frappèrent à notre porte : c'étaient nos nouveaux guides. Ils appartenaient au Cacim, comme l'attestaient leur petite taille et leur teint bronzé; le plus âgé, qui s'appelait Moubarek, était natif de Bereyda ; il nous dit que le départ avait d'abord été fixé au lendemain 7 septembre, mais que, plusieurs de leurs compagnons s'étant trouvés en retard, on l'avait remis au jour suivant. Pour un prix d'une incroyable modicité, eu égard même à la valeur considérable de l'argent dans ce pays, Moubarek consentit à nous louer deux chameaux, et nous fûmes charmés de voir que les manières polies et le langage affable de nos guides nous promettaient un voyage agréable.

Enfin, le 8 septembre 1862, nous dîmes adieu à la cité de Hayel, dont nous emportions de si bons souvenirs.

CHAPITRE II

L'ARABIE ET LES ARABES

Quels sont les Arabes et ce qu'est l'Arabie à proprement parler. — Le fertile littoral et la chaîne qui le borne. — La ceinture de sable. — Nedjed ou plateau central. — Les Néfouds et leurs ondulations. — Excavations en forme de cratère. — Les ouadis et leurs eaux visibles ou souterraines. — Le massif du Toweyk, son altitude, ses gradins, ses vallées et ses eaux hivernales. — Statistique du Chomeur. — Division politique et statistique du Nedjed et de l'Oman. — Sédentaires et nomades. — Les bédouins sont des Arabes dégénérés ou restés sauvages. — Le sam, le mésa et le lait forment leurs principaux aliments. — Amour du pillage, perfidie et hospitalité des bédouins. — Ismaélites, Kâtanites et Nabathéens. — Les nègres et les mulâtres. — Affranchis et esclaves. — La langue du Coran est celle que parlent les Ismaélites. — Au sud de Riad, l'idiome kâtanite, et, plus au midi, l'himyarite. — Dattes. — Café. — L'Europe ne reçoit pas un grain de Moka. — Absence d'insectes. — Gibier. — Moutons et laine. — Bœufs et vaches. — Perles. — Chameaux et dromadaires. — Excellence des chevaux nedjéens.

Avant de continuer mon récit, je trouve nécessaire, pour l'intelligence plus complète de ce qui précède et de ce qui va suivre, de donner ici quelques renseignements sur la conformation générale de l'Arabie, sur ses divisions politiques, ses habitants et ses productions principales.

culture et de jardins, ou presque ensevelis au milieu des forêts de dattiers. Or, ces hautes terres forment un peu moins de la moitié de la presqu'île ; en y joignant toutes les régions fertiles du littoral, on démontre qu'environ les deux tiers de l'Arabie sont propres à la culture, et qu'ainsi le vrai désert, le pays sablonneux ou pierreux, absolument stérile et inhabitable, est réduit à un tiers de la péninsule.

Néanmoins le désert est incontestablement et malheureusement un des traits les plus importants de l'Arabie et, à ce titre, il réclame quelque description plus étendue; voici donc les principaux caractères des parties que nous en avons traversées.

Le désert pierreux de la Syrie, qui s'étend de la Mer Morte au Djôf et à la vallée de l'Euphrate, ne laisse guère, même en hiver, arriver de sources à la surface; au printemps, quelque rare végétation y pousse malgré lui; en été, ses solitudes ont l'aspect le plus sec et le plus désolé. Quelques chaînes de collines et de monticules varient à peine sa vaste et plate uniformité.

Entre le Djôf et les premiers gradins du Chomeur s'étale le premier néfoud, ou le premier bras de cet océan de sable qu'on appelle le Dâna et qui fait, au milieu de la fertilité du plateau central, de fréquentes irruptions, dont plusieurs le coupent presque entièrement. Les Arabes comptent des vingtaines de néfouds; mais le nombre peut en être réduit à quatre, dont le voyageur, parti de l'ouest pour se rendre à l'est, doit traverser deux au moins et souvent trois. Ainsi, outre celui qui sépare le Djôf du Chomeur, nous en avons passé un entre le Cacim et le Nedjed, et un autre du Nedjed au Haça. Chacun des trois nous a semblé plus difficile que l'autre. Le sable nous y paraissait de plus en plus léger et mobile. Nos montures, pour avancer, en labouraient la molle surface de plus en plus péni-

des sables où ne s'élèvent guère ni villes ni villages, mais çà et là des huttes en terre et des cabanes en feuilles de palmiers; puis on rencontre le riche pays d'Oman sur la mer du même nom, et enfin le Catar et le Haça.

Derrière cette bande maritime court une chaîne de montagnes basses et stériles pour la plupart, mais qui, dans l'Yémen et dans l'Oman, atteignent une élévation et une largeur assez considérables, en même temps qu'un haut degré de fertilité.

Au-delà de la chaîne du littoral s'étale une ceinture gigantesque de déserts. Au sud-est, l'immense Dâna, espèce de pieuvre sablonneuse, plonge vers le nord comme deux bras sinueux d'où s'échappent des tentacules nombreuses, ses *filles*, les *Néfouds*, à la rencontre des déserts pierreux, où se confond le désert de Syrie. A eux tous, ils forment, comme nous le disions, une vraie ceinture plus ou moins large et qui, de toutes parts enveloppant le centre, en fait une région d'un accès malaisé. C'est une sorte d'océan de sable d'où surgit comme un archipel de plateaux plus ou moins élevés.

Le principal est au milieu et s'appelle naturellement les *Hautes-Terres* ou le *Nedjed*. Ainsi, au point de vue de la géographie physique, cette désignation comprend non-seulement l'Etat des vouahabites qu'on nomme le Nedjed, mais encore le Cacim et le Chomeur; peut-être y pourrait-on rattacher le Djôf.

Quoi qu'il en soit, le plateau central tient de son altitude un climat fortifiant et relativement tempéré, même sous le tropique du Cancer; ses *ouadis* ou ses vallées, arrosées par des eaux plus ou moins courantes et plus ou moins longues suivant les saisons, sont pleines de fraîcheur et de vie. Beaucoup de villes et d'innombrables villages y sont entourés de champs en culture et de jardins, ou presque ensevelis au milieu des forêts de dattiers. Or, ces hautes terres forment un peu moins de la moitié de la presqu'île ; en y joignant toutes les régions fertiles du littoral, on démontre qu'environ les deux tiers de l'Arabie sont propres à la culture, et qu'ainsi le vrai désert, le pays sablonneux ou pierreux, absolument stérile et inhabitable, est réduit à un tiers de la péninsule.

Néanmoins le désert est incontestablement et malheureusement un des traits les plus importants de l'Arabie et, à ce titre, il réclame quelque description plus étendue ; voici donc les principaux caractères des parties que nous en avons traversées.

Le désert pierreux de la Syrie, qui s'étend de la Mer Morte au Djôf et à la vallée de l'Euphrate, ne laisse guère, même en hiver, arriver de sources à la surface ; au printemps, quelque rare végétation y pousse malgré lui ; en été, ses solitudes ont l'aspect le plus sec et le plus désolé. Quelques chaînes de collines et de monticules varient à peine sa vaste et plate uniformité.

Entre le Djôf et les premiers gradins du Chomeur s'étale le premier néfoud, ou le premier bras de cet océan de sable qu'on appelle le Dâna et qui fait, au milieu de la fertilité du plateau central, de fréquentes irruptions, dont plusieurs le coupent presque entièrement. Les Arabes comptent des vingtaines de néfouds ; mais le nombre peut en être réduit à quatre, dont le voyageur, parti de l'ouest pour se rendre à l'est, doit traverser deux au moins et souvent trois. Ainsi, outre celui qui sépare le Djôf du Chomeur, nous en avons passé un entre le Cacim et le Nedjed, et un autre du Nedjed au Haça. Chacun des trois nous a semblé plus difficile que l'autre. Le sable nous y paraissait de plus en plus léger et mobile. Nos montures, pour avancer, en labouraient la molle surface de plus en plus péniblement. La chaleur y est torride; la lumière, éblouissante. On y erre avec une résignation désespérée. Le sable y est si léger, et les coups de vent si capricieux, aujourd'hui amoncelant de vastes collines, à la place desquelles seront creusées demain de profondes vallées, que les caravanes les plus nombreuses peuvent y être englouties sans laisser aucun vestige de leur passage.

Ces gigantesques ondulations de sable peuvent-elles être attribuées en partie au mouvement de rotation du globe qui se communiquerait imparfaitement à la substance poudreuse et désagrégée répandue à sa surface? Mais comment encore expliquer ces entonnoirs, ces excavations en forme de cratère, creusés dans le vaste désert? J'en ai vu dans les néfouds et dans le Dâna, au nord et au sud de l'Arabie, toutes affectant la même forme exactement circulaire et n'ayant l'air de pouvoir être attribuées ni à la nature particulière du sable ni à aucun phénomène météorologique local. Réparties d'une façon fort irrégulière, elles sont si étendues que le sable soulevé par les tempêtes ne peut pas les combler.

La première, où je suis resté une nuit en allant du Djôf au Chomeur, ne mesurait pas moins de quatre cents mètres à sa partie supérieure, et je suis sûr que sa profondeur dépassait bien deux cent quarante mètres. La seconde, où je me suis reposé quelques heures, s'appelait *ouêsit* ou *l'intermédiaire*, parce qu'elle est située entre plusieurs provinces sans appartenir à aucune. Aussi profonde que l'autre, elle pouvait avoir cinq à six kilomètres de circonférence et, du bord sablonneux de cet immense entonnoir, on apercevait le fond composé d'une roche calcaire et avivé par un petit groupe de maisons, d'arbres et de jardins, singulièrement isolés au cœur même des déserts.

Un autre des caractères physiques de l'Arabie est ce qu'on nomme les ouadis. Ainsi que je le disais tout à l'heure, ce sont des vallées arrosées par des eaux plus ou moins longues suivant les saisons et qui, visibles ou souterraines (1), entretiennent la fraîcheur et la vie partout où leur influence peut propager leurs bienfaits.

La première, où commencent les domaines de Télal-Ebn-Rachid, prince du Chomeur, est la Ouadi Seurhan ou Vallée-du-Loup. Se prolongeant du nord-ouest au sud-est, elle touche à Damas par son extrémité septentrionale et, par l'autre, arrive près du Djôf. L'eau s'y rencontre partout à une profondeur de trois à quatre mètres et demi au plus, et y fait pousser une flore assez variée.

Entre les monts Adja et Solma, qui sont les principales chaînes du massif du Chomeur, est une vallée longitudinale où se trouve Hayel, la capitale de Télal, et qui, dirigée du sud-ouest au nord-est, forme une des routes les plus directes que les pèlerins de la Perse et du Turkestan puissent suivre pour se rendre à Médine et à La Mecque.

Plus loin, après le Bas-Cacim ou Cacim méridional et le bras du néfoud qu'il faut franchir pour pénétrer dans le Nedjed, à quelques kilomètres au nord-est de l'entonnoir Ouêsit, j'ai trouvé à Zoulfa des traces re-

(1) Cela rappelle le *poort* du sud de l'Afrique. « Un frais rideau d'arbres semblables à des saules borde le lit sablonneux de la Souakop. L'eau pourtant n'y est pas visible, et c'est à peine si le toucher constate quelque humidité dans la terre; mais, lorsqu'on y fait un trou, on rencontre sous la surface ce précieux fluide garanti par la Providence de toute évaporation. La rivière coule ainsi durant des kilomètres dont j'ignore le nombre, recevant de droite et de gauche des affluents parfaitement identiques. » — V. notre édition du *Voyage dans le Sud-Ouest de l'Afrique*, par Th. Baines, p. 14. — J. B.

marquables d'eau hivernale (1). Déjà, dans le Cacim inférieur, j'avais distingué les marques laissées sur le sol par un grand nombre de petits lacs temporaires ou d'étangs considérables qu'amasse l'eau des puits épanchée durant l'hiver au-dessus des bords. Zoulfa domine une grande ouadi, qui forme la principale ligne de communication entre le Nedjed et le nord, car elle se prolonge jusque vers Bassora, et qui s'étend vers le sud-est à perte de vue, entre le Néfoud à l'ouest et le massif du Toweyk à l'est. Comme nous traversions Zoulfa dans toute sa longueur et que nous suivions plusieurs de ses rues, nous remarquions que le sol, peu de mois auparavant, en avait été labouré, raviné par des torrents. En longeant la pente de cette vallée vers l'est, nous aperçûmes bientôt un promontoire remarquable formé de rochers abrupts qui surplombaient. Ici la ouadi se sépare en deux bras, l'un qui, continuant dans la direction nord-est, va traverser le Néfoud, et l'autre qui, s'élevant peu à peu vers le sud-est, va retrouver Chacra, capitale du Wochem. Un détour nous fit pénétrer dans une gorge étroite, dirigée à angle aigu vers le nord-est et qui nous conduisit aux plateaux soulevés par les monts Toweyk. Vers la fin de la journée, nous atteignîmes les bosquets de palmiers à l'entour du village de Ghât. Il est situé à

(1) J'ai signalé avec soin cet endroit, ainsi que tout ce qui s'y rapporte, parce que Zoulfa, suivant les rapports recueillis par M. Wetzstein et reproduits par M. Vivien de Saint-Martin dans l'*Année Géographique*, 1866, p. 123 et suiv., est près du bord occidental d'une ouadi qui commence dans le Hedjaz, à une petite journée de la Mer Rouge, va d'abord au sud-est, jusqu'à Hénakya, où elle tourne à l'est, sert de limite méridionale, puis orientale au Cacim, et se termine à l'Euphrate, près de Souk-es-Sioukh. « En été, elle n'a pas d'eau, a dit le cheik Hamed ; mais en hiver l'eau y est fréquemment assez haute pour qu'on ne puisse pas la traverser. » — J. B.

la rencontre de deux ouadis, dont l'une vient du Wochem et dont l'autre se dirige vers la ouadi Hanifa. Les habitations de Ghât, adossées à des roches blanchâtres et dominant la rive de la vallée, sont généralement à une élévation qui les met à l'abri des ravages faits par le torrent dont, à la saison des pluies, est rempli le vallon. Cependant quelques bâtiments construits trop en aval avaient été emportés par le flot et à présent, c'est-à-dire à l'époque de la plus grande sécheresse, les puits y sont encore si abondamment remplis qu'ils débordent et donnent naissance à un large réservoir d'où partent une foule de petits ruisseaux.

En somme, le Chatt-el-Arab, qui coule à plusieurs centaines de kilomètres de là, est le fleuve le plus voisin de cette région, et, depuis le Djôf jusqu'à la limite la plus méridionale du Nedjed, je n'ai pas traversé une seule eau courante. Excepté une source, je n'ai vu que des puits fournir de l'eau à l'Arabie centrale, et, dans le reste de l'Arabie, je n'ai trouvé d'eau courante d'une façon permanente que dans les terres basses au voisinage de la côte orientale et dans les montagnes d'Oman.

Le massif du Toweyk, dont le nom, par un euphémisme très-fréquent dans la langue que parlent les habitants des hautes terres, signifie « petite guirlande, petit enchevêtrement, » forme le véritable nœud de l'Arabie, dont il est pour ainsi dire le Caucase. C'est une chaîne large et plate, assez semblable à un croissant gigantesque, dont la partie centrale est voisine de Riad. Il se partage en un assez grand nombre de ramifications. La plus orientale, qui est soulevée du nord-ouest au sud-est, sert au Nedjed de rempart contre le néfoud que le Dâna projette vers l'Euphrate; la plus occidentale, dirigée du nord-est au sud-ouest, protége la ligne de puits et de villages qui marquent la route suivie par les pèlerins se rendant du Nedjed à La Mecque.

C'est vers le nord du Sedeyr que s'élèvent les plateaux les plus hauts du Toweyk; ceux du centre et du rameau sud-ouest sont notablement inférieurs. En somme, l'altitude m'en paraît varier de trois cents à six cents mètres au-dessus du niveau de l'Arabie et atteindre par conséquent environ neuf cents mètres au-dessus du niveau de l'Océan (1).

Cet *enchevêtrement* de montagnes présente un étrange labyrinthe de vallées, de précipices, d'anfractuosités et de brusques saillies. Généralement, la formation en est calcaire; mais, à l'est et au sud, elle présente des roches de granit; quant au basalte, je ne l'y ai pas vu. C'est là ce qui fait la différence constitutive entre ce massif et les chaînes du Chomeur, où les roches dominantes sont le granit rouge et le basalte, qui y découpent des pics et des sierras de l'aspect le plus fantastique. Le Toweyk est composé de plateaux blanchâtres et montant l'un au-dessus de l'autre comme les marches d'un escalier de géant. Le bord extrême, presque toujours abrupt et pareil à une haute falaise, atteint cent cinquante ou cent quatre-vingts mètres; après un plateau d'une étendue variable, se présente un nouveau mur calcaire, surmonté d'un second plateau, qui parfois est couronné d'un troisième.

Ces montagnes renferment d'excellents pâturages qui restent verts durant toute l'année; des arbres, par-

(1) C'est le peu d'altitude de ce massif central qui est une des principales explications du manque d'eaux courantes qu'on remarque en Arabie; car les montagnes étant les réservoirs d'un pays, plus ce pays est voisin de l'équateur, plus les montagnes doivent y être élevées pour fournir des eaux permanentes. — J. B.

fois isolés et parfois réunis en groupes, animent le paysage; mais, comme je le disais tout à l'heure, l'eau y semble fort rare et plusieurs bassins, qui au printemps avaient dû former de petits lacs, étaient desséchés lors de mon passage.

Les plateaux sont coupés par d'innombrables vallées : les unes très-larges et les autres prolongées à l'infini, presque toutes fort escarpées. Le voyageur qui parcourt les sommets arides aperçoit tout à coup, au milieu de ces excavations, dès qu'une déchirure des parois rocheuses élargit la perspective, des jardins, des villages et des champs cultivés. Le sol léger de ces vallons se compose de marne, de sable et de cailloux, que d'impétueux torrents ont roulés du sommet au bas des montagnes; car les flancs du Toweyk sont en hiver sillonnés par de nombreux courants qui se précipitent avec fracas dans les ravines profondes. Pourtant il n'en sort alors que bien peu de ruisseaux limpides, absorbés de tous côtés dans les néfouds et dans le Dâna, dont les sables profonds auraient bientôt bu l'Euphrate ou le Rhin. Donc les géographes qui ont doté l'Arabie de fleuves allant des montagnes à la mer ont porté leur libéralité beaucoup plus loin que ne l'a fait la nature.

La plus grande partie des eaux hivernales avalées par le sol se conserve sous terre dans les inépuisables réservoirs qui alimentent les puits pendant les chaleurs de l'été et entretiennent, partout où se fait sentir leur influence, une admirable fertilité. Les nappes d'eau sont d'ailleurs assez voisines de la surface, car la profondeur des puits dans le Nedjed descend rarement au-delà de trois à quatre mètres et demi ; souvent même, au sud comme au nord de Riad, elle est beaucoup moindre. Pourtant c'est surtout, au versant méridional du grand plateau, dans l'Yémama, que se manifeste sensiblement l'humidité du sol et de l'atmosphère, mais pour diminuer rapidement, à mesure qu'en s'éloignant des montagnes on s'approche du Dâna. Au versant oriental, c'est-à-dire à ce long bras du Toweyk qui, comme un mur calcaire, protége le Nedjed, il existe avant le néfoud plusieurs sources abondantes. Je me rappelle entre autres une singulière dépression ressemblant à un immense bassin taillé dans le roc calcaire, où l'on descendait par des sentiers tout pareils à de profondes tranchées. Au fond se trouve une douzaine de puits si abondamment alimentés que souvent leurs débordements couvrent tout l'espace environnant et deviennent un petit lac d'une eau limpide et bonne à boire. Ce sont les dernières sources qu'on trouve du Nedjed au Haça; elles servent d'abreuvoir à tous les bestiaux du district. Par delà s'étendent le néfoud oriental et ce qu'on appelle la ouadi Farouk, célèbres tous deux par les dangers dont les voyageurs sont menacés, dans l'un par les sables et la soif, dans l'autre par les brigands. En face de cette ouadi, les hauteurs appartenant à la chaîne du littoral ne dépassent point de cent vingt mètres le niveau du désert, ce qui porte leur cime à quatre cent vingt-cinq mètres environ au-dessus de l'Océan.

Comme celles du Chomeur, ces chaînes diffèrent de celles du Toweyk en ce qu'elles se composent surtout de granit et de grès avec un peu de basalte, de quartz et de calcaire. Dans l'Oman, elles atteignent une altitude de dix-huit cent trente mètres et leurs sommets s'élargissent en un plateau qui forme un vaste district.

L'aperçu qui précède montre, d'un côté, que le centre de l'Arabie est sillonné de chaînes et de ouadis allant généralement du sud au nord, mais inclinées, dans la partie occidentale, du sud-ouest au nord-est, et, dans l'orientale, du sud-est au nord-ouest; de l'autre, que les grandes divisions politiques sont exactement conformes aux divisions naturelles; car non-seulement les Etats du littoral, mais même ceux du centre, sont séparés l'un de l'autre par des bras plus ou moins considérables du désert, c'est-à-dire par le Dâna et par les néfouds.

Considérée au point de vue de la géographie politique, l'Arabie centrale se divise en deux parties principales : le Chomeur et le Nedjed. L'Oman, dont nous nous occuperons ensuite, occupe le sud-est de la presqu'île arabique.

Le Chomeur, ou les Etats de Télal, se partage en cinq districts, dont voici le tableau statistique :

Districts.	*Villes ou villages.*	*Population.*	*Contingent militaire.*
Djôf	12	40,000	2,500
Chomeur	40	162,000	6,000
Kheybar	8	25,000	2,000
Teyma	6	12,000	1,000
Haut Cacim	20	35,000	2,500
	86	274,000	14,000

Je n'ai pu obtenir aucune donnée précise sur les revenus de Télal; mais, à en juger par le développement du commerce et de l'agriculture dans ses Etats, on peut les évaluer au quart de ceux de Feysoul, le souverain du Nedjed (V. pag. 70).

Les possessions de ce dernier peuvent être rangées en trois groupes principaux : celles qui sont sur le plateau du Toweyk, ou qui font partie du Nedjed proprement dit; celles qui y sont rattachées au nord-ouest et au sud-ouest, et celles qui, en étant séparées par le néfoud oriental, sont baignées par le Golfe Persique.

Dans les premières, l'Ared, située au centre, est en

outre comme le cœur de l'Etat, non-seulement parce qu'elle contient la capitale Riad, mais encore parce que la dynastie régnante donnait déjà des chefs respectés au district avant d'avoir étendu sa domination sur le Nedjed. Au nord-est de l'Ared s'étend le Sedeyr, qui regrette son indépendance et compte parmi ses familles les plus nobles du Nedjed. Au nord-ouest est le Wochem, province pacifique et commerçante; elle sait gré au souverain de la sécurité qu'il fait respecter dans le désert. Au sud-ouest, l'Afladj est une contrée pauvre et fanatique. Au sud, l'Yémama, peuplée d'orthodoxes vouahabites, est attachée à la dynastie; enfin au sud-est, le Harik souffre des blessures cruelles que lui ont faites sa lutte acharnée et sa défaite chèrement disputée.

Parmi les secondes, le Bas-Cacim, situé au nord-ouest du Nedjed, dont le séparent et le néfoud et l'immense ouadi que nous avons décrite, contient entre autres villes importantes Henakyâ, Oneyzâ, Bereyda, et n'est attaché au Nedjed que par la force. Il en est autrement dans le district du sud-ouest, dont les habitants, fanatiques autant que pauvres, trouvent, dans les guerres et dans la supériorité du Nedjed, l'occasion d'enrichissements fondés sur le pillage. De ce côté, la ouadi Dowasir, continuée par le Soleyel, met en communication le Nedjed avec l'Asir, dont les montagnards dévoués sont toujours prêts à prendre en flanc toute expédition qui, du Hedjaz ou de La Mecque, se dirigerait contre Riad.

Enfin les provinces baignées par le Golfe Persique sont aussi hostiles au Nedjed que le Bas-Cacim et ne reconnaissent sa domination que par suite de leur impossibilité à y échapper; ce sont le Catif et le Haça.

Nous joindrons, au tableau statistique de ces provinces, la somme des contributions que chacune d'elles paye à Feysoul.

Provinces.	*Villes ou villages.*	*Population.*	*Contingent militaire.*	*Contributions.*
Ared	15	110,000	6,000	35,000 fr.
Sedeyr	25	140.000	5,200	49,000
Wochem	20	80,000	4,000	42,000
Afladj	12	14,000	1,200	14,000
Yémama	32	140,000	4,500	42,000
Harik	16	45,000	3,000	70,000
Bas Cacim	60	300,000	11,000	840,000
Ouadi Dowasir	50	100,000	4,000	28,000
Soleyel	14	30,000	1,400	21,000
Catif	22	100,000	»	350,000
Haça	50	160,000	7,000	1,050,000
	316	1,219,000	47,300	2,541,000 fr.

Il ressort de ce tableau que ce sont les provinces les plus peuplées et les plus riches qui, ne sachant pas organiser leur résistance, se laissent dominer par les plus pauvres et les plus belliqueuses. De plus, on doit remarquer qu'aux contributions régulières s'ajoutent un tribut annuel de 56,000 fr., payé par les îles Bahraïn, et un autre de 140,000, payé par les provinces occidentales de l'Oman; ce qui porte à 2,737,000 fr. le produit des taxes provinciales. En y joignant les contributions extraordinaires, le butin, les présents et les amendes, on peut évaluer à 4,000,000 le revenu de Feysoul; et celui-ci, n'entretenant ni armée permanente, ni flotte, ni cour dépensière, ne doit guère courir le risque de se ruiner.

L'Oman, dont les provinces occidentales non-seulement payent tribut à Feysoul, mais même, comme le Dahira, inclinent à soutenir sa politique contre leur souverain, étend son influence depuis les îles Bahraïn dans le Golfe Persique jusqu'à Sofala en Afrique.

Je ne dirai rien sur les possessions africaines de l'Oman, parce que je ne les ai pas visitées; mais j'entendais parler de richesses fabuleuses, de mines d'or et d'argent, d'ivoire en quantité, sans pouvoir tirer de ces vagues rapports rien qui pût servir de base à un calcul statistique.

Quant aux possessions persanes et arabiques, elles se divisent en deux groupes : celles qui sont plus ou moins autonomes, et celles qui sont sous la dépendance immédiate du gouvernement.

Parmi les premières, les îles Bahraïn, à l'époque où je les ai vues, ne tenaient à l'Oman que par la chaîne bien légère d'un tribut qu'elles lui payaient, comme elles en payaient un au Nedjed, et par un serment d'allégeance qui n'était guère obligatoire. La presqu'île de Catar et le littoral des Benou-Yass sont un peu mieux rattachés. Les trois provinces de la péninsule qui séparent le Golfe Persique de la Mer d'Oman, c'est-à-dire Chardja, Rous-el-Djebal (les montagnes de Rous) et Calhaout, ne sont soumises au sultan d'Oman que par l'intermédiaire d'un chef sourdement hostile.

Le Dahira, capitale Bereyma, inclinant, ainsi que je l'ai déjà dit, vers le Nedjed ; l'Akhdar, district fort montagneux et très-peuplé, constituant la principale force militaire et politique de l'État; le Batina, grande plaine maritime, la plus fertile province et la plus peuplée de l'Oman; Mascate, ne comptant que la capitale, car son territoire est partagé entre l'Akhdar et le Batia; le Sour, district maritime; le Djaïlan, au sud du Sour; le littoral de la Mer des Indes, depuis le Ras-el-Hadd jusqu'à Dofar, avec une population peu nombreuse, composée surtout de bédouins et de nègres; enfin la côte persane avec les îles adjacentes de Djichm, de Laredj et d'Ormouz : voilà quelles sont les possessions immédiates du sultan de Mascate.

Ici je mettrai en tableaux les détails que j'ai pu recueillir sur la population et la force militaire du royaume.

Provinces.	*Villes ou villages.*	*Population.*	*Contingent militaire.*
Iles Bahraïn	60	70,000	3,000
Catar	40	135,000	6,000
Chardja	35	85,000	3,500
Rous-el-Djebal	20	10,000	500
Calhaout	40	60,000	2,000
Dahira	40	80,000	20,000
Akhdar	70	600,000	35,000
Batina	80	700,000	30,000
Mascate	»	»	»
Sour	35	100,000	4,000
Djaïlan	50	140,000	8,000
Littoral indou-arabique	»	»	»
Côte persane	»	300,000	»
		2,280,000	112,000

Quant aux revenus, sans tenir compte de ceux des possessions africaines, que je n'ai pas pu évaluer, ils ont pour sources principales : la pêcherie des perles, les droits sur l'importation des marchandises et des esclaves, les taxes qu'on peut appeler territoriales, bien qu'elles ne frappent pas directement le sol, et le monopole de certaines exploitations.

La pêcherie des perles rapporte au moins...	270,000 fr.
Les droits sur l'importation..................	20,250,000
Les taxes territoriales........................	5,000,000
Les monopoles..................................	1,400,000
Produits africains.............................	»
	26,920,000 fr.

Tel est le chiffre, certainement fort inférieur à la vérité, auquel se monte la fortune du sultan de l'Oman.

Ces renseignements statistiques se rapportent naturellement à la portion sédentaire de la population de l'Arabie, qui, contrairement à notre attente, s'est trouvée bien plus nombreuse que celle des nomades. Ces sédentaires forment une des plus nobles races de la terre. Fixée dans les districts propres à l'agriculture et aux travaux que facilite la résidence, elle a développé progressivement sa vie politique en laissant s'oblitérer la division des classes et des familles. Les traits caractéristiques qui s'appliquent généralement à ces Arabes sont l'amour de la liberté nationale et individuelle, la haine des règlementations inutiles et de l'intervention administrative, un grand respect pour l'autorité joint à une appréciation clairvoyante des vues et des erreurs des princes, beaucoup de bon sens pratique, la passion des longs voyages, l'esprit de commerce et d'entreprise, le courage à la guerre, la vigueur en temps de paix, une indomptable persévérance et l'exercice de l'hospitalité. Les citadins et les villageois forment en somme les trois quarts de la population de la péninsule. Partisans enthousiastes de leurs chefs locaux, et vrais patriotes, ils gardent le culte de la gloire antique du pays, des hauts faits les plus anciens et revêtus de plus de prestige en raison de leur antiquité même. L'amour de l'ordre et du commerce les a rendus ennemis de la turbulence des nomades, dont ils détestent le brigandage autant qu'ils haïssent la tyrannie vouahabite. Enfin ils l'emportent sur leurs adversaires autant par leur civilisation que par le nombre.

On pourra s'en rendre aisément compte en comparant, aux tableaux statistiques donnés précédemment, les chiffres que j'ai pu réunir au sujet des nomades qui errent dans les États de Télal et dans ceux de Feysoul.

NOMADES SUJETS DE TÉLAL

Tribus.	*Population.*
Chomeur	80,000
Cherarat	40,000
Howeytat	20,000
Atyâ.	6,000
Maaz	4,000
Taï	8,000
Ouahidia	8,000
	166,000

Le contingent militaire de ces nomades monte à 16,000 hommes.

NOMADES SUJETS DE FEYSOUL

Tribus.	*Population.*
Adjman	6,000
Benou-Hadjar	4,500
Benou-Khalid	3,000
Meteyr	6,000
Oteyba	12,000
Dowasir	5,000
Seba	3,000
Kâtan	6,000
Harb	14,000
Anesa	3,000
Al-Morra	10,000
	72,500 individus,

dont le contingent militaire peut être évalué à 8,000 hommes.

Ces listes montrent qu'en proportion avec les sédentaires, les nomades ont bien plus d'importance dans les États de Télal que dans ceux de Feysoul ; les sédentaires n'étant que 274,000 dans les premiers, tandis qu'ils sont 1,219,000 dans les seconds. D'ailleurs, je dois avertir que je n'ai pas indiqué le nombre entier des membres des tribus dont les noms sont indiqués, non-seulement parce que plusieurs de ces tribus ont des douars dans la Syrie, comme les Cherarats et les Benou-Khalid, ou dans le Hedjaz, comme les Harbs, ou n'ont que partiellement subi le joug vouahabite de Riad, mais encore parce que les sédentaires appartiennent souvent aux mêmes tribus que les nomades.

Les bédouins en effet ne m'ont semblé que des Arabes dégénérés, dont on se fait en Europe l'idée la plus fausse. On a très-mal compris l'influence qu'exerce sur une société sa division en clans ou tribus; quels éléments de force ou quels principes de désorganisation et de ruine un pays peut y trouver.

Comme les anciens Juifs et les Écossais, les Arabes sont restés divisés en familles ou clans, qu'on appelle souvent des tribus, dénomination assez exacte, pourvu qu'elle ne soit prise que dans le sens primitif d'alliance héréditaire. La nature même du sol a divisé ces tribus en deux branches, c'est-à-dire que, dans les districts impropres à l'agriculture, dans le tiers sablonneux de la presqu'île, la population resta forcément errante et livrée aux occupations pastorales. Se tenant hors de la civilisation et presque des liens sociaux, ces nomades conservèrent plus que les sédentaires la démarcation des tribus; et, sous ce rapport, mais sous ce rapport seul, ils peuvent être regardés comme les conservateurs de la tradition primitive. S'ils sont des généalogistes consommés, auxquels on a recours comme arbitres chaque fois qu'il s'agit de déchiffrer les écussons de la noblesse arabe, ils ont plutôt reculé qu'avancé pour la religion, les arts et la civilisation. N'ayant d'instituteur que le désert, de compagnie que celle des chameaux et des autruches, ils sont descendus, ou ils sont demeurés, au dernier degré que puisse atteindre la barbarie chez leur race.

Peu à peu la vie errante, avec ses vices et ses crimes, les a fait descendre à l'état où nous les avons vus, à moins qu'elle ne les y ait maintenus, car les bédouins n'ont guère changé depuis deux mille ans, soit en bien soit en mal.

En effet, qu'attendre d'hommes qui passent leur vie à conduire des chameaux, qui ne connaissent ni religion ni loi, qui sont en un mot totalement dénués d'instruction et de bons exemples? Chaque jour leur apporte de nouvelles privations et de nouveaux dangers; c'est l'éducation d'un sauvage : une telle école ne saurait former d'autres disciples. Je voudrais que ceux dont l'imagination se trace une image idéale de la vie du désert, qui regardent le sort du bédouin comme digne d'admiration et d'envie, pussent demeurer seulement trois jours au milieu d'un campement cherarat, et voir, non plus à travers le prisme de récits romanesques, mais avec leurs propres yeux, à quelle dégradation une semblable existence fait descendre l'une des plus nobles races de la terre.

La différence entre un bédouin et un Arabe des villes est aussi sensible qu'entre un sauvage montagnard de l'Ecosse et un *gentleman* anglais. Quant aux portraits que l'on a si souvent tracés des bédouins, fussent-ils même fidèles, ce qui est rarement le cas, il ne faudrait pas les donner pour la peinture exacte de la société arabique; autant vaudrait publier ces *Pickwick papers* (1), où sont représentées les mœurs des classes les plus vulgaires de l'Angleterre, sous le titre de *Tableau du grand monde*.

Ce que demande le bédouin, ennemi du travail, c'est

(1) Roman intéressant de Ch. Dickens, traduit par M. Grolier, et publié sous le titre des *Aventures de M. Pickwick* par la librairie L. Hachette et Cie, dans la collection des meilleurs romans étrangers. — J. B.

de quoi faire vivre ses chameaux. Moins l'agriculture enlève d'espace au désert, plus il est satisfait. Il refuse obstinément d'améliorer son territoire et, dans toute tentative de défrichement, il voit une atteinte à ses droits. Il est l'ennemi naturel et systématique des gouvernements, des villages, des laboureurs, et ne tire que de ses chameaux et de ses moutons les principaux moyens de sa subsistance. Les bédouins échangent la chair et la laine de ces animaux contre les vêtements et les provisions qu'exige leur genre de vie; vêtements simples, provisions peu variées; car nul mieux qu'eux n'a réalisé cet adage du poète : « Il faut peu de chose à l'homme ici-bas. » La chasse à la gazelle et à l'autruche leur procure aussi quelque profit, et le désert lui-même offre à leur paresse des moissons qui n'exigent ni fatigue ni travail.

Ces moissons données par le désert sont le *sam*, petite graine rouge, farineuse et d'une extrême ténuité, récoltée au mois de juillet et produite par une plante herbacée qui pousse sans culture. Broyées grossièrement et bouillies dans l'eau, ces graines donnent une espèce de pâte meilleure que de la galette d'avoine et inférieure au froment. Bien que le sam ne soit ni délicat ni savoureux, il convient à des hommes qui n'ont jamais goûté d'aliment plus agréable ni plus nutritif. Après lui, je dois nommer le *mesa*, fruit peu succulent et néanmoins fort recherché, bien qu'il soit assez fade et sans acidité; le mesa rappelle, par sa couleur et son goût, notre groseille rouge, et les bédouins en sont très-friands. Cette baie mûrit en juin. En la faisant cuire avec un peu d'eau, on en extrait une sorte de mélasse que les bédouins seuls peuvent apprécier, mais qu'ils trouvent délicieuse. Le mesa, le sam, le lait de chamelles et, dans les jours de fête, un peu de viande : telle est la nourriture des bédouins.

Le pillage ajoute aussi à leurs ressources; mais c'est un luxe rare dans l'Arabie centrale. Ici les bestiaux sont la propriété de ceux qui habitent les villes et les villages, et qui, assez forts pour se défendre eux-mêmes, peuvent encore compter sur l'appui de souverains énergiques, dont la verge de fer impose aux bédouins une crainte salutaire et les réduit à leur état normal de conducteurs de chameaux.

Ce n'est donc qu'à l'égard des caravanes qu'ils peuvent de temps à autre exercer leur penchant à la déprédation, et l'on aurait tort de ne pas s'instruire sur leur compte ou de s'imaginer qu'ils sont de bonne foi. Les exemples d'une perfidie froide et calculée ne sont pas rares parmi eux. Les étrangers placés sous leur protection, leurs frères du désert eux-mêmes, tombent souvent victimes d'affreuses embûches. C'est ainsi que les Cherarats voulaient nous traiter entre Djôf et Hayel. Égarer les voyageurs dans le désert jusqu'à ce que, épuisés de soif et de fatigue, ils soient devenus une proie facile; les piller et les laisser ensuite mourir, ce sont des actes trop fréquents pour être regardés comme de simples exceptions.

Quant à leurs mœurs hospitalières, à leur générosité que l'on vante si fort, j'avouerai que les nomades de l'Arabie montrent une bienveillance naturelle aux étrangers, quand ils ne peuvent ni les piller ni les faire périr. Leur libéralité provient plus de l'insouciance du sauvage que d'une véritable noblesse de caractère. Comme un enfant qui étend sa main vers tous les objets à sa portée, guinée, fruit ou jouet, et abandonne aussitôt sa conquête pour un nouveau caprice, le bédouin est à la fois rapace et prodigue : il convoite ce qui ne lui appartient pas; mais, incapable d'en apprécier la valeur, il cesse de l'estimer dès qu'il s'en est rendu maître. Donner, mendier, piller, ce sont pour lui des actes équivalents, ayant tous leur principal mobile dans une ignorance profonde des droits de la propriété. Il mérite à peine plus de louange pour les uns que de blâme pour les autres. D'ailleurs, il a peu de chose à offrir, et souvent il compte s'indemniser de ses sacrifices en pillant le lendemain son hôte de la veille (1).

Heureusement que, même joints aux vouahabites, c'est-à-dire à ceux des Arabes auxquels cette dénomination peut être appliquée avec justesse, les bédouins forment tout au plus un quart de la population de la péninsule. Heureusement, ils sont dépourvus d'armes, incapables de discipline, continuellement dévorés par de misérables contestations qui les empêchent d'agir dans un but commun, fût-ce seulement pendant un mois. L'heure présente parvient seule à les émouvoir. Ils ne tiennent compte ni des espérances du lendemain ni des souvenirs de la veille. Indifférents à tout principe religieux ou social, à tout sentiment patriotique, ils ne sont occupés que de leurs intérêts personnels. Jaloux les uns des autres, ils ne prennent souci ni des clans voisins ni des membres de leur tribu. Amis aujourd'hui, ils seront ennemis demain, si l'appât du moindre profit vient à les désunir.

Ce n'est point de pareilles gens que peut dépendre l'avenir d'un pays.

Après avoir tracé à grands traits les caractères principaux qui distinguent les Arabes sédentaires des nomades, il nous reste à indiquer rapidement à quelles souches appartiennent les tribus dont les membres

(1) Il sera profitable de comparer ce tableau des mœurs des bédouins à celui que Vambéry a tracé des coutumes des Turcomans. V. notre édition des *Voyages d'un faux Derviche*, ch. III, et particulièrement p. 39 et suiv. — J. B.

ont été rendus si différents les uns des autres par le genre de vie qu'ils ont adopté.

Les Ismaélites, c'est-à-dire ceux qui se prétendent les descendants d'Ismaël, ont occupé, outre le Hedjaz, le nord et le centre de l'Arabie jusqu'à l'Ared. Les tribus Taï, Wail, Mazin, Harb, Kennia, Sedous et Tagleb, qui réclament cette origine, ont peuplé le Sedeyr, le Wochem, le Cacim, le Chomeur et le Djôf. A leur souche appartiennent les Chomeurs de l'Euphrate et les Anézas de la Syrie. Ce sont elles qui, cent vingt ans avant Mahomet, ont conquis l'indépendance du Nedjed et repoussé la domination des Kâtanites de l'Yémen. Le sud du Nedjed, c'est-à-dire l'Ared, l'Yémama, l'Afladj, le Harik et le Dowazir, est surtout peuplé par la tribu Tamim qui reconnaît Nezar pour ancêtre.

Les Kâtanites ou fils de Kâtan, l'Odin de l'Arabie, paraissent être d'extraction abyssinienne (1). Deux branches kâtaniques, les fils de Saba et ceux d'Himyar, ont peuplé, la première, l'Yemen, et la seconde, l'Hadramaout. Les tribus primitives de l'Oman sont purement kâtanites, et, du Catar à Bassora, leurs descendants se sont mêlés avec les Nabathéens, que je crois être les peuples de la vallée du Tigre et de l'Euphrate. Enfin au centre, les Kâtanites ont monté le versant méridional du Nedjed, et l'on trouve même des Benou-Kâtan entre le Nefoud de Cacim et la chaîne sud-ouest du Toweyk.

Quelque symbolique que puissent être les noms d'Ismaël et de Nezar d'un côté, de Kâtan ou Jectan, de

(1) Speke prétend que les Houmas sont aussi d'origine abyssinienne, comme les Gallas et les Cafres. (V. notre édition des *Sources du Nil*, ch. XII.) Si cette opinion était fondée, la famille abyssinienne aurait eu une importance bien plus considérable que l'Europe ne l'a su jusqu'à présent. — J. B.

Saba, d'Himyar et d'Yareb, de l'autre; quel que soit le sens du mot Nabathéens, il n'en est pas moins certain que l'Arabie est peuplée de races dont l'origine distincte est indiquée par les mots d'Ismaélites, de Kâtanites et de Nabathéens. Les types physiques et les dialectes signalent ces différences comme incontestables.

La famille kâtanite a plus d'affinité que l'ismaélite avec les nègres. Elle forme certainement le chaînon quiunit l'Arabe à l'Abyssinien, la race blanche à la noire, et, plus elle est dominante, plus elle laisse les nègres partager les droits civils, s'unir à elle par des mariages, et même occuper des places considérables dans l'Etat.

Les nègres d'ailleurs sont fort nombreux en Arabie. Non-seulement d'importantes colonies africaines, venues de Zanzibar et des îles voisines, peuplent les côtes arabiques que baigne la Mer des Indes, mais l'esclavage a importé une grande quantité de nègres dans la péninsule. Ils sont déjà nombreux à Riad. Beaucoup sont affranchis et le préjugé de la couleur ne les repousse pas comme chez les Ismaélites purs, ni surtout comme en Amérique. Sans doute une famille noble ne donnerait pas sa fille à un nègre ni même à un mulâtre; mais les classes moyennes ou pauvres seraient loin de le repousser. Le quarteron n'aurait peut-être pas meilleur accueil que le mulâtre, mais le préjugé s'efface bientôt. J'ai vu des fils de mulâtres, décorés du titre de cheiks et d'émirs, porter fièrement l'épée à poignée d'argent et compter parmi leurs serviteurs des hommes du sang ismaélite ou kâtanite le plus pur. J'ai vu des noirs ministres d'État et gouverneurs de villes. Enfin, à Mascate, le cinquième de la population est noire ou mulâtre.

Nécessairement il y a là un élément considérable et

qui ne peut pas être négligé, si l'on cherche à se rendre compte de l'avenir de l'Arabie. Non-seulement, en fait de religion, les nègres poussent l'indifférence aussi loin que les bédouins, mais les gens de couleur ont généralement une antipathie prononcée pour la doctrine fataliste. A un point de vue, ils valent mieux que leurs concitoyens à peau blanche, car ils ne ressentent pas cette envie qui est une des lèpres morales de l'Arabie. Inférieurs aux Arabes sous le rapport de la force, de la volonté ou de l'intelligence, ils sont du moins exempts de leur défiance et de leur jalousie. Voilà leurs bons côtés; leurs mauvais, c'est la croyance à la sorcellerie, c'est la paresse, c'est le dérèglement de leurs mœurs. Ainsi, à Mascate, si les nègres libres restent aux derniers degrés de l'échelle sociale, ils n'en doivent accuser que leurs propres vices; car ceux de leurs frères qui ont l'avantage d'avoir un maître s'y montrent bien supérieurs aux affranchis.

Mon voyage m'a mis à même de résoudre une question qu'on m'a souvent posée : la langue du Coran a-t-elle jamais été usitée?

Dans le Chomeur, le Cacim, le Sedeyr, le Wochem et le nord de l'Ared, c'est-à-dire dans les districts peuplés de tribus ismaélites, on parle l'arabe classique, la vraie langue du coran, avec toutes ses inflexions, ses délicatesses et la grâce de son incomparable élégance. Le plus petit et le plus misérable des enfants s'en sert avec une admirable pureté. Les paysans et les chameliers y déploient à leur insu toute la science exigée par les grammairiens de Coufa et de Bassora, parce qu'ils s'expriment comme s'exprimaient leurs pères.

Dès Riad, la recherche du bon ton et des belles manières a introduit dans l'arabe coranique l'emploi abusif des diminutifs, et la transformation des voyelles longues en voyelles brèves; enfin les basses classes n'accentuent pas, comme dans le Cacim et le Sedeyr, l'inflexion qui indique la diversité des cas ; parfois elles substituent une terminaison à une autre et parfois même elles l'omettent. Ces altérations ne se font pourtant que dans les substantifs et suivant certaines règles, attendu qu'elles y sont introduites par une langue sœur, et plus ancienne peut-être que l'ismaélite, par une langue aussi essentiellement arabe, c'est-à-dire par la langue des descendants de Kâtan.

En effet, dès l'Ared, l'idiome kâtanique se mêle peu à peu à celui des Ismaélites ; en allant vers le midi, il le supplante tout à fait. Dans l'ouadi Nedjran et dans le Haça, l'idiome de Riad se mêle à celui de l'Oman ; mais les poètes de l'Oman parlent une langue qui, bien qu'elle ait disparu des côtes de l'Yémen, est sans doute celle des anciens Yémanites, et fort semblable à ce dialecte, probablement antérieur à l'invasion des tribus d'Ismaël, que parlent encore les Al-Morra dans le néfoud oriental et dans le Dâna, les Himyarites dans l'Hadramaout et dans le Mârâ.

On le voit, non-seulement les divisions politiques de l'Arabie sont fondées sur les divisions physiques, mais encore elles sont en rapport avec les conclusions générales auxquelles on arrive en étudiant les origines, les familles et les dialectes des habitants de la péninsule.

Je ne crois pas devoir finir ce chapitre sans dire quelques mots des productions naturelles qu'on trouve en Arabie.

Je n'indiquerai qu'en passant les vignes et l'excellent vin du Batina, et je me bornerai à rappeler le sam et le mésa des déserts, ainsi que le cotonnier assez abondant dans le centre ; mais je donnerai plus de détails sur les dattes et sur le café, parce qu'ils forment, comme on l'a vu, des articles principaux de consommation dans la presqu'île.

Quant aux dattes, j'en ai compté douze espèces différentes durant mon voyage, et j'en aurais sans doute découvert davantage si mon séjour avait été plus prolongé. Les meilleures sont récoltées dans le Haça, où celles dont la qualité l'emporte sur toutes les autres sont les khalas, dont rien de ce que nous connaissons en Europe en ce genre ne peut donner une idée.

Le café, dont la préparation et l'absorption prennent une si grande importance dans la vie des Arabes, présente des espèces fort différentes. La meilleure est celle qui se récolte dans l'Yémen et qu'on connaît dans le commerce sous le nom de moka; mais je me hâte d'ajouter qu'il n'en parvient pas une seule graine sur nos marchés.

Ce café est exporté par trois routes différentes : la Mer Rouge, le Hedjaz et le Cacim, qui aboutissent, la première à l'Egypte, la seconde à la Syrie et la troisième au Nedjed et au Chomeur. Il en résulte que l'Egypte et la Syrie sont, après la péninsule arabe, les pays les mieux approvisionnés de la précieuse denrée; Alexandrie et les ports syriens en envoient à Constantinople une faible portion. Mais, à cette dernière étape, les balles contiennent bien rarement le produit authentique : il faut pour cela une circonstance exceptionnelle, telle que des relations d'amitié. En effet, avant d'arriver aux ports d'Alexandrie, de Jaffa ou de Beyrouth, d'où elles sont expédiées plus loin, les balles de moka ont été examinées grain à grain, et des doigts expérimentés en ont retiré soigneusement tout ce qu'elles renfermaient de fèves à demi transparentes et d'un brun verdâtre, les seules qui donnent une liqueur véritablement saine et agréable. Ce système est si régulièrement appliqué qu'un observateur attentif remarquerait sans peine les altérations continues du café depuis son point de départ jusqu'à son arrivée en Europe. Même dans l'Arabie, la qualité est fort différente selon qu'on s'éloigne ou qu'on se rapproche de l'Yémen. Il m'est arrivé nombre de fois d'être témoin oculaire du triage auquel la fève arabique est soumise, et je puis affirmer que l'on procède à cette opération avec l'attention scrupuleuse des chercheurs de diamant, quand ils examinent le sable qui renferme les précieuses pierres. Lors donc que la spéculation agit seule, la substitution d'une qualité inférieure se répète plusieurs fois dans les différents entrepôts de la côte, et enfin le café décoré du titre de moka qui s'expédie en Europe ou en Amérique ne ressemble pas plus au véritable café de l'Yémen que l'infusion de bois de campêche, débitée sur le comptoir d'un marchand de vin, à la généreuse liqueur d'un vignoble de Porto.

Pour la production animale, nous remarquerons d'abord que, dans cet heureux pays, le voyageur n'est jamais tourmenté par la morsure des moustiques ni des cousins; il n'a pas davantage à redouter certains petits insectes trop familiers qui abondent dans l'Europe méridionale (quatre lettres suffisent pour former leur nom). L'absence de mouches, grandes ou petites, n'est pas moins remarquable ; je ne connais pas de pays au monde qui soit plus totalement préservé de cette engeance importune. Enfin, les serpents sont aussi rares dans le Nedjed qu'en Irlande, ou dans l'île de Malte. Les sauterelles s'y abattent quelquefois, nombreuses comme les gouttes d'eau qui forment les nuées; cependant loin, de s'en plaindre, les Arabes s'en réjouissent : c'est une espèce de manne dont ils sont très-friands et, sur les marchés, j'ai vu vendre des sauterelles séchées.

Le gibier, petit et grand, à plumes et à poil, abonde dans le pays, mais les habitants s'en occupent peu. La perdrix, la caille, particulièrement la *kata*, ainsi que le pigeon, se voient partout; j'ai entendu parler aussi de la *kalam*, sorte d'outarde, qui n'est autre, je suppose, que l'*hobara* des ornithologistes; j'en ai tiré plusieurs dans les environs de Radjcote; mais les chasseurs nedjéens ignorent l'usage de la cendrée, et blesser un oiseau à l'aile est au-dessus du talent de la plupart des tireurs arabes; en outre, des fusils à mèche et des balles ne conviennent guère pour chasser la caille ou la perdrix. On ne trouve pas d'autruches sur les plateaux du Toweyk. Les gazelles, encore plus nombreuses que dans les autres provinces de l'Arabie centrale, jouissent ici d'une grande sécurité; les bédouins Solibas sont les seuls chasseurs qui leur fassent quelquefois la guerre. Enfin les montagnes renferment beaucoup de porcs et de sangliers, dont les défenses servent à fabriquer des tabatières de forme bizarre, quelquefois même des pipes. Inutile d'ajouter que cette industrie deux fois maudite (1) ne s'exerce pas sur le territoire nedjéen; les Solibas eux-mêmes ne voudraient pas toucher du bout du doigt la chair de l'animal immonde, et les chrétiens d'Orient partagent en partie la prévention des disciples de Mahomet, excepté dans les pays où l'exemple des Européens a détruit les préjugés héréditaires.

Les moutons du Nedjed ont une réputation méritée; cependant je les crois inférieurs à ceux du Diar-Békir. Au marché de Damas, où les pasteurs de l'Arabie centrale amènent quelquefois leurs moutons, ces animaux, quoique très-recherchés, n'occupent pas la première place. Leur laine, d'une finesse remarquable, égale presque celle de Cachemire. Inutile d'ajouter qu'ils ont une large queue, caractère commun à toutes

(1) Cette industrie est deux fois maudite à cause de l'impureté du sanglier et de la damnation du tabac. — J. B.

les espèces arabiques. Si la péninsule était placée dans des conditions propres à favoriser le développement du commerce, elle pourrait approvisionner de laine la moitié de l'empire turc, car ses pâturages ont une superficie presque aussi grande que celle des terres arables ou du désert irrémédiablement stérile.

Les bœufs et les vaches sont plus communs dans le centre de l'Arabie, à l'est et au sud, que dans le nord. En général, ils ont de petits membres, mais ils sont toujours pourvus de la même bosse que leurs frères de l'Inde ou de l'Afrique, bien qu'ils n'aient pas comme eux le privilége du respect ou de l'adoration. Leur couleur dominante est le brun foncé. Quant aux buffles, on ne les connaît pas dans l'Arabie centrale.

Une des productions les plus particulières à cette région, c'est la perle, dont la pêche se fait sur les côtes du Golfe Persique, depuis Bahraïn jusqu'à Abou-Debi; j'en reparlerai en racontant la tournée que j'ai faite dans l'Oman.

Les chameaux du Chomeur sont bruns ou jaunâtres; ceux du Nedjed sont plutôt blancs ou gris, moins grands que les autres, mais avec un poil plus fin. Cet animal est plus stupide que docile. Sauvage, incapable d'attachement et d'éducation, il n'est jamais soumis à l'homme que parce qu'il est trop bête pour résister. Il n'a d'autres passions que la haine et la vengeance; mais, pour les assouvir, il déploie une méchanceté calculée (1).

Entre le chameau et le dromadaire, je ne vois d'autre différence que celle qui sépare le cheval pur sang du lourd cheval de roulage. Le dromadaire est la bête de haute race. Elégant et léger, par comparaison au cha-

(1) Le jugement de sir S. Baker sur les chameaux est en parfaite conformité avec celui de Palgrave. Voyez le 3e chap. de notre édition de l'*Albert Nyanza*. — J. B.

meau épais et maussade, il supporte la soif mieux que lui. Tous deux ont une seule bosse, placée auprès des épaules et qui sert à fixer la selle ou le fardeau. Les plus beaux dromadaires existent dans l'Oman, qui est pour ces animaux ce que la vallée de Cachemire est pour les chèvres, et le Nedjed pour les chevaux.

En effet, le cheval du Nedjed l'emporte non-seulement sur les races persanes ou indiennes, mais sur toutes celles de l'Arabie; il est le type pur et sans mélange du vrai cheval arabe. Celui qui a vu les haras de Feysoul a vu les chevaux les plus parfaits sans doute du monde entier. Jamais je n'avais imaginé une si admirable réunion. Cette race pure n'existe qu'au Nedjed et encore elle n'y est pas commune. Les chefs seuls ou les riches possèdent ces magnifiques animaux, qui ne sont jamais vendus. Quand je demandai comment il était possible de les acquérir, on me répondit : « Il faut les recevoir à titre de don, les obtenir par héritage ou bien les enlever dans un combat. » Il en est donc du pur cheval nedjéen comme du bonheur et de la santé : c'est un bien trop précieux pour être acquis à prix d'argent.

CHAPITRE III

LE CACIM INFÉRIEUR ET LE NEDJED

Notre caravane et ses aventures. — Le Cacim inférieur. — Les pierres de Darim. — Bereyda. — Camp de pèlerins chiites. — Demeure payée 2 fr. par mois. — Entrevue avec le gouverneur Mohanna. — Le guide Abou-Eysa. — Il consent à nous conduire à Riad. — Combat, au faubourg, entre les Vouahabites et les défenseurs d'Oneyza. — Le Naïb Mohammed-Ali. — Comment acheter du tabac dans le Nedjed? — Toweym. — Un Européen faux derviche tué à Déreya. — Vue de Riad et de sa vallée. — Le palais des rois vouahabites. — Le vizir Abdel-Aziz. — Notre arrivée remplit Feysoul de frayeur et le force à se cacher. — Le théologien Abdel-Hamid. — Abboub le zélateur. — Des cadeaux nous obtiennent le droit d'exercer la médecine à Riad. — Abou-Eysa s'allie à nous. — Notre installation dans le quartier le moins dévôt. — Les quatre quartiers. — Le trésorier Djôhar. — L'ex-zélateur Abdel-Kérim me paye malgré lui. — Le chapelain Abder-Raman. — Le cadi Abdel-Latif. — Abdalla, fils aîné de Feysoul, veut apprendre la médecine. — Le premier ministre Mâboud nous croit des envoyés égyptiens. — Les zélateurs joués et mis en fuite. — Comment le Naïb obtint réparation. — Abou-Eysa est nommé chef unique des caravanes persanes. — Saoud, second fils de Feysoul. — Mésintelligence fraternelle. — Abdalla veut m'établir à Riad. — Je refuse de lui laisser du poison. — Il me menace de mort. — Nous nous évadons de Riad pendant l'heure de la prière.

Nous avions déjà franchi trois étapes de notre voyage, de Gaza à Maan, de Maan au Djôf, du Djôf à Hayel, et, si nous avions éprouvé des fatigues et des souffrances, du moins nous avions échappé à tous les périls. Nous venions de parcourir le désert septentrional, de traverser le néfoud pendant les chaleurs brûlantes de l'été, d'affronter la soif qui, dans ces solitudes, tue plus sûrement encore que la lance ou la balle d'un ennemi. Si la nature s'était montrée inclémente, nous n'avions eu guère à nous plaindre des hommes : les bédouins que nous avions rencontrés, quoique grossiers et rudes, nous avaient reçus avec cordialité; quant aux habitants des villes, leur courtoisie, leur hospitalité généreuse avaient dépassé toutes nos espérances. Dans les États de Télal, nous avions joui d'une sécurité inconnue aux voyageurs qui parcourent les routes, même les plus fréquentées, de la Syrie; enfin, grâce à la protection divine, un succès inespéré avait récompensé nos efforts. « On juge par le matin de ce que sera la journée, » disent les Arabes. Aussi, malgré les inquiétudes et les pressentiments sinistres de nos amis, nous prenions avec confiance la route du Nedjed : le passé nous semblait de bon augure pour l'avenir.

Notre voyage offrait peu de difficultés matérielles. Les grandes chaleurs étaient passées; nous entrions dans une saison favorable, et d'ailleurs notre chemin traversait le plateau élevé de l'Arabie intérieure. Aucun désert semblable au terrible néfoud du Djôf ne sépare Hayel du Nedjed; nous devions, au contraire, rencontrer des pâturages et des cultures, des maisons et des hameaux, respirer l'air pur de la montagne, avoir de l'eau en quantité suffisante pour nous désaltérer. De plus, nos nouveaux compagnons, au lieu d'être des bédouins sauvages, avaient les manières gracieuses et polies que l'on dans les villes. Quand nous eûmes marché quelques heures dans la montagne, nous fîmes halte avec Moubarek et Dahech au milieu d'une petite plaine couverte d'arbrisseaux, et tandis que nos chameaux cherchaient en liberté leur pâture, nous nous assîmes à l'ombre pour attendre le reste de la troupe, qui ne tarda pas à nous rejoindre. Jamais on ne vit réunion plus disparate. On comptait parmi les voyageurs une dizaine de Cacimites, les uns natifs de Bereyda, les autres des villes voisines; trois bédouins du clan de Chomeur, deux étrangers qui se prétendaient originaires de La Mecque, un nègre fugitif conduisant quatre chevaux qu'il comptait vendre dans l'Inde, deux marchands de Bassora, enfin deux femmes et quelques petits enfants, ce qui, nous compris, faisait au moins vingt-sept ou vingt-huit personnes.

« Plus on est de fous plus on rit. » Nos compagnons paraissaient disposés à justifier le proverbe, sauf les deux soi-disant citoyens de La Mecque, Mohammed et Ibrahim. Ils se donnaient pour des négociants en grains, ruinés par la fameuse inondation qui détruisit près d'un tiers de la cité du Prophète dans l'automne de 1861 ; depuis cette époque, ils avaient, disaient-ils, erré de province en province, implorant, de la libéralité des fidèles, l'argent nécessaire pour payer leurs dettes et revenir dans leur pays. Au résumé, c'étaient des mendiants qui cherchaient à exciter la pitié publique par de vils mensonges. Mohammed, comme nous le sûmes plus tard, était un ancien cuisinier du Caire, et Ibrahim, un marchand banqueroutier de Gaza.

Le personnage le plus éminent de la caravane était un Cacimite nommé Foleyh. Cet homme, richement vêtu et monté sur un magnifique cheval, appartenait à une noble famille d'Eyoun et possédait, disait-on, une fortune considérable.

Nos autres compagnons de route n'avaient rien qui attirât particulièrement l'attention ; c'étaient des gens tranquilles, uniquement occupés des affaires de leur commerce, ou absorbés par les incidents du voyage; de ces gens enfin que l'on rencontre partout et que l'on oublie vite. J'en excepterai cependant le nègre Ghorra, Africain de corps et d'âme, hâbleur et fanfaron, qui, s'étant enfui de chez son maître, avait sollicité la protection de Télal et obtenu son affranchissement. Un riche négociant du Chomeur l'avait chargé de vendre quatre beaux chevaux, et Ghorra, tout joyeux de sa nouvelle dignité d'homme libre et de maquignon, dansait, chantait, faisait tant de folies, débitait tant d'absurdes mensonges qu'il excita plus d'une fois l'indignation de nos graves Arabes. Il quitta la caravane à Bereyda; mais nous le retrouvâmes à Riad, où il nous avait précédés de quelques jours. Il avait, du reste, bien employé son temps, et passait déjà pour le plus grand menteur qu'on eût jamais vu dans la capitale du Nedjed, ce qui, à tout prendre, n'était pas une mince distinction.

En traversant la large vallée qui sépare les monts Adja et Solma, nous pressions le pas pour nous mettre hors de la portée des bédouins de la tribu des Harbs, qui y détroussent parfois des caravanes entières. L'événement justifia notre précaution, car, vers trois heures de l'après-midi, nous aperçûmes une bande de bédouins qui venait à nous du côté de Médine. Comme ils étaient encore éloignés et cachés en partie par les buissons ou les acacias rabougris de la plaine, nous ne pouvions préciser exactement leur nombre; mais ils étaient évidemment d'une force supérieure à celle de notre petite caravane, qui n'avait à leur opposer qu'une douzaine de fusils, quelques lances et quelques sabres. Les bédouins nous avaient aperçus; ils s'avançaient de la façon capricieuse et indécise qui leur est habituelle quand ils ne sont pas bien sûrs de l'infériorité de leurs adversaires; toujours est-il qu'ils se rapprochaient d'une manière peu rassurante.

Douze voyageurs armés sont en état de tenir tête à un nombre double de bédouins : cette réflexion consolante ranima notre courage, et, dans tous les cas, nous n'avions pas de meilleur parti à prendre que de faire bonne contenance. Le chef Foleyh, deux de ses compatriotes et un bédouin nommé Gachi s'élancèrent à la rencontre de l'ennemi, en brandissant leurs armes d'un air de menace. Cette manœuvre permit au reste de la caravane de préparer ses moyens de défense. Je fus alors témoin d'une scène amusante, qui était bien dans le caractère arabe : beaucoup de bruit, peu de besogne. Si l'attitude martiale de nos quatre défenseurs n'avait pas suffi pour effrayer les bédouins, nous nous serions trouvés dans une mauvaise passe ; mais la Providence veillait sur nous : les bandits intimidés battirent en retraite, non sans échanger avec Foleyh et ses compagnons quelques balles inoffensives, dans le seul but de sauver l'honneur des armes.

Nos vaillants champions revinrent fort enorgueillis de leurs succès, et nous continuâmes ensemble notre voyage, en longeant la pointe rocheuse du Solma, près de l'endroit où se trouve, dit-on, la tombe d'Hatim-Taï, personnage moitié légendaire, moitié historique, modèle d'hospitalité et d'abnégation.

Le troisième jour de marche, nous arrivâmes à Covouara. Ce gros bourg, qu'on pourrait appeler une ville et qui marque au sud la limite des États de Télal, obéit à un gouverneur indigène et ne s'aperçoit de son annexion au Chomeur que par l'ordre et la sécurité dont il jouit. Quand je parle de sécurité, je veux dire qu'elle n'est pas troublée par les bipèdes, car les énormes bouledogues qui gardent le village sont certainement les plus hargneux que ma mauvaise étoile m'ait jamais fait rencontrer. Ils rôdent partout pendant la nuit, et l'on ne peut sortir sans avoir sur les talons une demi-douzaine de ces bêtes affamées qui grondent d'une manière furieuse et causent un dommage considérable aux provisions des voyageurs. Instruit par l'expérience de mes compagnons, je plaçai sous ma tête, en guise d'oreiller, un grand sac de cuir, à moitié rempli encore des excellentes dattes de Hayel, qui avaient été notre seule consolation au milieu des épreuves de la route; j'espérais ainsi les mettre à l'abri des attaques de la bande rapace; et d'ailleurs, qui se serait imaginé que des chiens eussent un goût particulier pour les dattes et le vieux cuir? Vaines précautions! trompeuses espérances! Vers minuit, je fus éveillé par d'affreux aboiements qui résonnaient à mon oreille, et je sentis que ma tête reposait sur le sable : le sac avait été enlevé, et je me trouvais entouré d'un cercle de gueules avides qui s'en disputaient le contenu, prouvant ainsi que l'espèce canine peut, tout comme les chevaux et les moutons, s'accommoder d'un régime végétal. Je n'éprouvais pas grand désir de leur disputer les misérables restes de ma provision, mais je voulus au moins tirer des voleurs une légitime vengeance; rappelant à mon esprit l'ordre donné à la bataille de Marston-Moor : « Tirez aux jambes! » je lançai un lourd gourdin au milieu des rôdeurs à quatre pieds, et j'eus la satisfaction d'en voir un s'éloigner clopin-clopant, hurlant comme un démon et tenant en l'air sa patte endolorie. Les autres chiens s'enfuirent et me laissèrent maître du champ de bataille. Cependant ils revinrent peu de temps après, emportèrent leur proie à quelque distance et achevèrent de la dévorer à loisir.

Ceci se passait dans la nuit du 14 septembre. Nous

partîmes de Covouâra le lendemain matin, et nous avions déjà marché plusieurs heures, quand, après avoir dépassé un rideau de basses collines, nous nous trouvâmes devant une soudaine déclivité du sol qui nous permit d'apercevoir dans toute son étendue le Cacim inférieur ou méridional.

Pour la première fois, nous comprîmes quelle devait être la force des vouahabites qui avaient soumis un tel pays à leur domination. Devant nous se déployait une riche campagne, couverte jusqu'à l'horizon le plus reculé de villes et de villages, de tours, de bosquets et de cultures, dont l'aspect annonçait la vie, l'abondance et le travail. La largeur moyenne de ce district populeux est, du nord au sud, d'une centaine de kilomètres; et, sa longueur, au moins du double.

A peine avions-nous commencé à descendre l'étroit et sinueux sentier qui conduit du plateau dans la plaine, que nous aperçûmes d'énormes pierres brutes placées debout sur le sol, les unes isolées, les autres surmontées de masses semblables, posées transversalement. Leur disposition semblait annoncer qu'elles avaient fait partie d'un vaste cercle dont, au reste, on voyait encore non loin de là quelques fragments. Nous en comptâmes huit ou neuf; deux d'entre elles, séparées par une distance de trois à quatre mètres, et couronnées encore du quartier de rocher qui leur servait de linteau, devaient avoir figuré un gigantesque portail. Les pierres transversales semblaient ne former qu'un seul bloc avec celles qui les soutenaient. Je poussai mon chameau près de l'une d'elles, j'allongeai le bras et j'essayai de l'ébranler avec mon bâton, mais je n'y pus parvenir. Elle était élevée d'environ quatre mètres cinquante au-dessus du sol.

La nature de ces pierres fait supposer qu'elles ont été extraites des montagnes calcaires voisines; elles sont grossièrement taillées, mais sans la moindre prétention à l'élégance et à la symétrie ; on n'y retrouve non plus aucune cavité qui fasse supposer qu'elles aient pu servir pour des sacrifices. Les gens du pays attribuent leur érection à Darim, qui, dit-on, les aurait posées de ses mains, afin de les employer à quelque œuvre de sorcellerie, car c'était un magicien. Nos compagnons nous assurèrent qu'il existait du côté de Rass un autre cercle de menhirs, de pareilles dimensions ; un troisième se trouve aussi vers Henakia, sur les frontières du Hedjaz.

Il n'est pas douteux, selon moi, que ces étranges constructions n'aient eu un but religieux ; si les savants ne se trompent pas en regardant les cromlechs de Stonehenge et de Carnac comme les symboles d'un culte sidéral, on peut émettre les mêmes suppositions sur ces pierres arabes élevées dans un pays où les corps célestes étaient adorés par les habitants. En réalité, il n'y a pas de différence essentielle entre les monuments du Cacim et ceux de la Bretagne, ou du comté de Somerset.

Le soleil étant parvenu au plus haut point de sa course, nous fîmes halte à l'ombre d'un de ces gigantesques piliers pour nous reposer des fatigues d'une longue marche, en écoutant les récits fabuleux consacrés à Darim et à ses exploits. Foleyh invita gracieusement toute la caravane à souper dans sa demeure voisine d'Eyoun. L'invitation ayant été acceptée avec joie, notre hôte et ses deux compagnons partirent en avant pour aller préparer le repas. Quant à nous, nous ne reprîmes notre marche que quand, le soleil étant déjà sur son déclin, la grande chaleur du jour était passée.

Eyoun renferme au moins dix mille habitants et est fortifiée avec soin, parce qu'elle est à la jonction des grandes routes du nord et du sud. Nous déposâmes notre bagage auprès de la porte septentrionale, et, le laissant à la garde de trois de nos compagnons, nous nous dirigeâmes vers la demeure de Foleyh.

Après avoir dépassé une large citerne située au centre de la ville, nous longeâmes pendant quelques minutes les murs de la cidatelle, monument d'apparence fort ancienne, et nous aperçûmes un magnifique jardin, rempli des plus beaux palmiers que j'aie jamais vus. Sous leur ombrage avait été préparé un abri commode, capable de recevoir au moins quarante personnes; des nattes et des tapis étaient disposés pour les hôtes, qui prirent place, selon leur rang, dans ce khavoua improvisé, puis le café fut servi par les jeunes garçons de la famille. Foleyh se tenait à l'entrée pour surveiller la distribution de la précieuse liqueur; il avait échangé son poudreux costume de voyage contre de blanches chemises, car on en met ici deux et trois l'une sur l'autre; une magnifique robe écarlate l'habillait, et en somme il avait véritablement très-bon air. Le souper, composé comme toujours de riz, de mouton, de légumes hachés, d'épices et de dattes, fut servi en temps convenable; jamais plats ne furent plus rapidement déchargés de leur contenu, jamais louanges plus chaleureuses ne récompensèrent les efforts d'un cuisinier et d'un amphytrion.

Au déclin de la lune, nous nous remîmes en marche et, après nous être traînés douze heures à travers une plaine basse et sous une lourde atmosphère, nous poussâmes une exclamation de joie à la vue de Bereyda. C'était un paysage qui aurait tenté le pinceau de notre Turner. Une énorme tour, haute de trente mètres au moins, un minaret presque aussi élevé, des fortifications comme nous n'en avions pas encore rencontré en Arabie, et des bois de palmiers et d'ithels, le tout éclairé par la magique lumière de l'Orient, formaient un tableau dont la magnificence surpassait ce que j'avais rêvé. Une lieue seulement nous séparait de la ville et nous étions impatients d'y pénétrer, lorsque Moubarek quitta la grande route pour nous mener à sa demeure. Il nous fit marcher deux heures encore, gravir, puis redescendre des collines de sable fort escarpées, sur lesquelles le soleil dardait ses rayons brûlants. Jamais je n'avais été si fatigué que quand j'arrivai, couvert de sueur et de poussière, à la porte de sa maison.

Là, dans une agréable et commode habitation, assez semblable à celle des paysans de l'Italie méridionale, vivait Moubarek avec ses frères et le reste de sa famille. Le bâtiment était entouré d'un joli jardin, rafraîchi par une citerne et rempli de cotonniers, d'arbustes en fleurs et de dattiers chargés de fruits. Auprès de la citerne s'élevait un berceau, protégé contre le soleil par l'épais feuillage d'une belle vigne. Notre hôte apporta des nattes et des coussins, et plaça devant nous un plat de dattes succulentes, produit de son verger. Puis tous les membres de la famille, jeunes et vieux, vinrent nous souhaiter la bienvenue, à l'exception cependant des femmes, auxquelles l'étiquette ne permet pas une telle hardiesse.

Le lendemain, par une matinée brillante mais froide, nous traversions les jardins qui entourent Bereyda, lorsqu'à la porte de la ville nous eûmes la surprise d'apercevoir un camp de pèlerins chiites revenant de Médine, et que commandait un haut dignitaire de Chiraz nommé Mohammed-Ali. Sous un pavillon à boule dorée était cachée Tadj-Djihan, princesse indienne, veuve d'Asaph-Daoula, dont le nom a de la célébrité au Bengale. Nous eûmes soin d'éviter ces chiites et nous nous hâtâmes d'entrer dans la ville.

Toutes les anciennes cités arabes ont une enceinte fortifiée qui entoure seulement les habitations; les jardins, situés hors des murs, sont quelquefois protégés par une seconde ceinture de remparts et de tourelles; le plus souvent, comme à Bereyda, ils s'avancent librement dans la campagne. Cette antique ville a une apparence plus régulière que Djôf et Hayel. Après avoir traversé plusieurs rues assez larges, nous arrivâmes sur une petite place, où, mon bâton à la main, je m'assis auprès des chameaux, tandis que Baracat et Moubarek se mettaient en quête d'un logement.

Je restai ainsi en sentinelle pendant une demi-heure qui me parut bien longue. Enfin mes compagnons revinrent; ils avaient trouvé ce qu'ils cherchaient, et nous partîmes aussitôt pour prendre possession de notre nouvelle résidence.

C'était le guide qui nous l'avait choisie. Elle était parfaitement située : cinq minutes au plus la séparaient, au nord, des remparts de la ville, au midi, du marché principal. Elle renfermait deux grandes chambres et trois petites, qui ouvraient sur une vaste cour entourée de hautes murailles. Un escalier tournant, mal éclairé, composé de marches irrégulières, conduisait à une terrasse séparée en deux compartiments par une cloison.

Le propriétaire attendait, les clés à la main, notre arrivée. Cet homme, appelé Amed, semblait d'humeur bienveillante; mais, avare et astucieux comme ses compatriotes, il espérait mettre à profit notre qualité d'étrangers pour conclure avec nous un marché profitable. Mes compagnons, aussi rusés que lui, le mirent à la raison; et aucun Parisien, je pense, ne trouvera que deux francs par mois fussent un prix trop élevé pour une maison spacieuse et commode.

Toutes les réparations, si besoin était d'en faire, tombaient à la charge d'Amed, qui devait en outre nous fournir notre provision d'eau. Nous eûmes cependant la générosité de reconnaître les laborieux services de la nymphe au teint bronzé, qui était chargée de la quérir au puits voisin.

Dès que nous eûmes installé nos bagages, nous partageâmes, avec Moubarek et notre propriétaire, le repas du matin; puis le guide nous quitta pour retourner à sa demeure.

Comme nous nous étions promis de séjourner peu de temps à Bereyda, nous crûmes inutile de déballer nos médicaments et de commencer à donner des consultations. Nous eûmes lieu de regretter notre erreur, car notre départ se trouva différé d'une vingtaine de jours, pendant lesquels, dépourvus de toute occupation, de tout moyen d'entrer en rapport avec les habitants, nous trouvâmes les heures bien longues et bien monotones.

Nous espérions que Moubarek se chargerait de nous conduire à Riad. Trop poli pour répondre par un refus positif, il nous avait laissé croire qu'il céderait à nos instances, mais il était bien résolu à n'en rien faire. Nous dûmes donc chercher un autre guide, et nous étions à peine entrés dans notre demeure que nous avisions aux moyens de la quitter; mais personne ne se présentait. Dans notre embarras, nous résolûmes de nous adresser au gouverneur.

En conséquence, nous nous informâmes des heures d'audience de Mohanna, et nous apprîmes que, contrairement à l'usage de Coriolan, il recevait les visiteurs de grand matin, à l'heure où le soleil se lève. Trois jours après notre arrivée, nous nous rendîmes à son palais pour solliciter son appui et le prier de nous choisir un guide.

Quand nous arrivâmes au palais, Mohanna était sorti ; il avait quitté sa demeure dès l'aube afin de se rendre aux tentes des pèlerins persans, dans le but d'extorquer à la princesse Tadj-Djihan une somme de près de quinze mille francs, outre vingt-cinq mille qu'il avait précédemment arrachés, à elle et à ses compagnons d'infortune. Après avoir attendu quelque temps à la porte avec d'autres visiteurs, nous vîmes arriver le digne Nedjéen. Il causait d'une manière très-animée avec ses satellites et, dès qu'il eut échangé avec nous quelques questions et quelques réponses, il ne fit plus attention à nous.

Une telle indifférence de la part de celui dont nous attendions de l'aide, nous causait alors un certain dépit, tandis qu'en réalité nous aurions dû nous en féliciter comme d'une protection providentielle. Car, si nous avions éveillé la convoitise de Mohanna (ce qui en temps ordinaire eût été inévitable), il est peu probable que nous fussions jamais arrivés à Riad. Il ne nous restait qu'à retourner à notre demeure, en compagnie de quelques respectables habitants, dont la conversation nous amena bientôt à reconnaître que le dédain du gouverneur avait été pour nous une faveur insigne.

Cependant la principale difficulté restait à résoudre. Tous nos efforts pour trouver des guides avaient échoué.

Enfin, six jours après notre arrivée, j'étais tristement assis dans le khavoua, cherchant à tromper mon ennui par la lecture du *Divan* d'Ebn-el-Farid, admirable auteur, compagnon favori de mes voyages. A ma prière, Baracat s'était rendu hors de la ville, moins dans l'espoir de trouver enfin un guide que « pour marcher sans but dans le vaste monde. » Je n'attendais aucun résultat de sa promenade. Que l'on juge donc de ma surprise quand, vers midi, je le vis revenir avec un visage rayonnant, présage certain de bonnes nouvelles.

Elles étaient bonnes en effet, et même ne pouvaient être meilleures. Baracat avait d'abord erré à l'aventure dans les rues et sur la place du marché, puis l'idée lui était venue de visiter le campement des pèlerins. Pendant qu'il allait d'une tente à l'autre, « comme le chien du blanchisseur, » disent les Hindous, il remarqua un groupe de Persans assis sur le sable auprès de leurs bagages. Une légère colonne de fumée s'élevait en spirale au milieu du cercle ; or, se dit judicieusement mon compagnon, pourquoi allumerait-on du feu à cette heure du jour, si ce n'était pour préparer le café? Bien que chrétien et civilisé, Baracat avait du sang arabe dans les veines, et quel Arabe s'imposera la mortification de voir faire le café sans en prendre sa part? Il s'approcha donc des pèlerins, qui naturellement l'invitèrent à boire avec eux une tasse de la savoureuse liqueur. Le groupe au milieu duquel il prit place se composait de deux riches Persans, accompagnés de trois ou quatre Syriens, moitié serviteurs, moitié compagnons de voyage, comme l'on en trouve aux environs de Bagdad ; enfin, d'un mulâtre et de son maître, qui paraissait jouer le rôle d'amphitryon.

Les traits nobles et réguliers de cet homme, qui évidemment n'était pas d'origine arabe, ses longs cheveux tombant en boucles sur ses épaules, son manteau de soie, son turban de manufacture syrienne, l'aisance de ses manières, tout en lui indiquait un homme appartenant aux classes supérieures de la société. Cependant c'était un simple conducteur de chameaux, ce qui excita au plus haut degré l'étonnement de Baracat. Mais, lorsqu'en échangeant les saluts d'usage, le pèlerin y mêla les cérémonieuses formules de politesse pour lesquelles sont renommés les habitants d'Alep et de Bagdad, mon compagnon ne douta plus qu'il ne se trouvât en face d'un compatriote, et il avait pleinement raison.

Abou-Eysa, pour lui donner le nom sous lequel on le connaissait en Arabie, était fils d'un personnage considérable d'Alep. Sa famille cependant tirait son origine d'une tribu kâtanite de bédouins, les Benou-Khalid, qui, originaires du Haça sur les côtes du Golfe Persique, avaient pour la plupart émigré en Syrie vers le ve siècle de notre ère. L'éducation d'Abou-Eysa l'avait rendu également familier avec les nomades, les habitants des villes, et même les Européens; mais, bien qu'issu d'une tribu arabique, il était au fond du cœur un vrai fils d'Alep.

Trois fois réduit à la misère, notre héros infortuné avait été bien près de perdre courage. Pourtant, à force d'économies, il parvint à épargner une petite somme, avec laquelle il acheta une épée et quelques tapis de Perse. Puis il se rendit à Riad, et offrit ces objets en présents au premier ministre Mâboud et au roi lui-même. S'étant ainsi assuré la bienveillance de ces hauts personnages, il demanda et obtint une patente qui lui donnait le droit de servir de guide aux pèlerins persans, pendant le voyage qu'ils entreprennent chaque année pour se rendre aux villes saintes.

Depuis trois ans déjà qu'il occupait ce poste, sa politesse, son obligeance et sa probité à toute épreuve lui avaient valu une excellente réputation parmi les pèlerins accoutumés à la rapacité insatiable et aux rudes manières des guides vouahabites.

Abou-Eysa possédait de plus une qualité que les chiites apprécient hautement : dégagé de toute doctrine exclusive, il ne s'assujettissait à aucune pratique.

Aussi tous ceux qui étaient en rapport avec lui, sans distinction de secte, d'opinion religieuse ou de parti, avaient pour lui une égale estime. Dans sa jeunesse, il s'était plus volontiers lié avec les juifs et les chrétiens qu'avec les mahométans d'Alep, et la nature de son esprit le portait à préférer la croyance des premiers à celle des disciples de l'islamisme. Il n'avait aucun souci des sectes musulmanes : chiites et sunnites lui étaient indifférents; les uns et les autres avaient raison, les uns et les autres avaient tort. Cette disposition se rencontre assez souvent parmi les Arabes. Mais la tolérance d'Abou-Eysa allait plus loin encore, et ne s'arrêtait même pas devant les antipathies de races ni les préjugés nationaux. Persans et Arabes, Orientaux et Européens, recevaient de lui un accueil égal; il reconnaissait avec la plus grande impartialité les qualités respectives de chacun d'eux.

Sa résidence ordinaire, pendant les courts intervalles que lui laissaient les voyages, était Hofhouf, capitale du Haça. Il aimait ce séjour, placé à une certaine distance des vouahabites : outre l'avantage de pouvoir tout à son aise tourner en ridicule leur esprit exclusif et rigide, il y trouvait celui de ne pas les scandaliser en fumant, en portant de la soie, comme il l'aurait fait infailliblement, s'il était resté trop souvent sous leur surveillance directe. Les chefs du grand parti orthodoxe de Riad avertirent, il est vrai, plus d'une fois, Feysoul qu'il y avait imprudence à employer, comme serviteur du gouvernement, et à couvrir de la protection royale un homme qui, s'il n'était pas tout à fait un infidèle, ne valait guère mieux. Abou-Eysa connaissait leurs sourdes menées et, pour ne pas irriter inutilement ceux qui le pouvaient desservir, il se montrait peu dans la métropole nedjéenne. Quand il était forcé d'y paraître, il avait l'adresse de ne se présenter jamais que les mains chargées de présents, afin d'aplanir les difficultés. Par cette conduite habile, il était parvenu, en dépit de nombreuses cabales, à garder, depuis trois ans, sa position lucrative; et, bien qu'il les côtoyât de très-près, jamais il n'avait heurté les écueils.

Plusieurs circonstances se réunirent pour le disposer en notre faveur. Familier, comme il l'était, avec les Syriens de Gaza et d'Alep, il n'eut pas plus tôt levé les yeux sur Baracat qu'il reconnut en lui un homme d'une condition supérieure à celle d'un docteur ambulant. Il lui témoigna donc des égards particuliers et s'enquit avec intérêt du but de notre voyage. Mon compagnon, charmé de cette ouverture, répondit que nous allions à Riad et, sans autre préambule, lui demanda s'il ne voudrait pas nous y conduire. Abou-Eysa, grâce au départ de ses amis les Persans, allait avoir deux chameaux disponibles. Il accueillit volontiers la proposition de Baracat, et l'assura que nous n'aurions rien à redouter de l'ombrageuse défiance des vouahabites, ses relations avec les ministres nedjéens lui permettant de nous préserver des vexations auxquelles les étrangers sont d'ordinaire en butte. Baracat s'étant informé du prix qu'exigerait notre futur guide, celui-ci fixa une somme si modique qu'il témoigna clairement ainsi combien il désirait nous avoir pour compagnons.

Après une longue attente, nous trouvions donc tout à coup des conditions meilleures que nous ne l'avions jamais espéré. Pour sceller l'engagement et donner aux deux parties l'occasion de faire plus ample connaissance, Baracat avait cru devoir prendre sur lui d'inviter son nouvel ami à souper avec nous, le soir même.

Nous nous empressâmes de tout disposer pour le

repas. Un beau morceau de viande, mets qui figurait rarement sur notre table, fut préparé par Baracat, à la mode syrienne; nous plaçâmes, dans notre plat le plus élégant, du beurre et des dattes, et nous nous donnâmes le luxe inouï d'acheter du pain de pâte fermentée, que les femmes de Bereyda font pour les riches pèlerins. Les deux Persans, compagnons d'Abou-Eysa, avaient été également priés; car inviter un membre d'une société et ne pas faire aux autres la même politesse, c'eût été un manque complet de savoir-vivre. Nous engageâmes aussi notre hôte Amed, qui nous avait prêté des ustensiles culinaires et des plats. Enfin, deux honorables habitants de la ville complétaient la réunion. Notre khavoua était assez grand pour tous ces convives, et la joie nous disposait à la générosité.

Abou-Eysa se présenta vers le soir avec l'aisance d'un homme du monde, et, sans le moindre embarras, se joignit aussitôt à la conversation. Il me semblait une énigme vivante dont j'avais beaucoup de peine à trouver le mot : ses manières n'étaient celles ni d'un habitant des villes, ni d'un bédouin, ni d'un chrétien, ni d'un mahométan ; il tenait de chacun de ces types et pourtant n'appartenait à aucun. Il avait des traits virils, mais empreints de cette délicatesse demi féminine d'expression que l'on remarque dans les portraits de Nelson et de Rodney ; sa conversation était celle d'un homme intelligent, et cependant elle trahissait une grande ignorance. Son dialecte me rappelait parfois la Syrie, parfois le désert ; j'y remarquais surtout l'absence de ces phrases stéréotypées que les mahométans, même les moins religieux, mêlent à tous leurs discours. Sur beaucoup de points, il était original : son caractère résultait plus encore de ses dispositions natives que des circonstances dans lesquelles il s'était trouvé. Une vie errante n'est pas assurément une école de morale dans la conduite privée, ni de probité dans les transactions ; cependant Abou-Eysa possédait ces deux qualités à un degré qui excitait l'admiration de beaucoup de personnes, la moquerie de quelques-unes et l'étonnement de tous.

Abou-Eysa nous observait aussi avec attention. Connaissant les mœurs et les usages des nations occidentales, il avait découvert promptement une partie de la vérité et s'était douté que j'étais un explorateur européen, sans pouvoir préciser toutefois à quel pays j'appartenais. Pour confirmer ses conjectures, il tenta de sonder adroitement le terrain, amenant l'entretien sur la Syrie et sur l'Égypte; puis il émit son opinion sur l'influence des puissances occidentales et sur la politique de Paris et de Londres. Je m'efforçai de paraître d'une parfaite indifférence sur toutes ces questions. Enfin il se rejeta sur la médecine, science que nous possédions assez, Baracat et moi, pour ne pas craindre son examen. Cette manœuvre ne nous avait réussi qu'en partie auprès de Télal; mais Abou-Eysa, plus simple de cœur que le prince chomeurite, abandonna sans peine sa première supposition pour nous croire sincèrement les plus habiles docteurs qui eussent jamais existé.

Son esprit enthousiaste et aventureux lui suggéra aussitôt l'idée d'un plan que nous ne crûmes pas à propos de rejeter prématurément. Nous nous établirions, disait-il, auprès de lui, dans la province de Haça, où, grâce à son crédit et à notre savoir, nous réunirions une clientèle nombreuse; il mettrait sa fortune à notre disposition pour l'achat des médicaments, abandonnerait sa profession de guide et deviendrait notre associé. Nous exprimâmes vivement la reconnaissance que nous inspiraient ses offres, faites avec une franchise touchante. Tous les arrangements pris avec Baracat furent définitivement ratifiés, et notre départ fixé à quelques jours de là.

Un matin, nous avons fait nos approvisionnements au campement des pèlerins. Comme le soleil est levé depuis une heure, nous pensons qu'il est temps de visiter le marché, qui ne s'ouvre guère plus tôt. En passant, nous déposons chez nous les comestibles que nous venons d'acheter. Longeant ensuite la grande rue de Bereyda, nous traversons une porte en forme d'arche qui sépare la halle du quartier voisin. Les premières boutiques que nous rencontrons sont celles des bouchers, où l'on voit entassés des quartiers énormes de chameau et de mouton. Tenues fort salement, elles seraient un véritable foyer d'infection, si l'air de l'Arabie était moins pur, le climat moins salubre. Nous pressons le pas pour sortir de ce cloaque et nous arrivons devant les magasins de vêtements; les pantoufles d'Égypte, les manteaux de Bagdad, les châles de Syrie, y sont étalés au milieu des étoffes de fabrication indigène. Ici, comme dans toutes les villes d'Orient, les marchands qui vendent les mêmes objets sont groupés les uns auprès des autres (1); système dont les avantages, en somme, surpassent les inconvénients, au moins pour les petites localités.

Néanmoins, dans une foule, ce groupement des industries ne sert pas à grand'chose; les rues, à cette heure du jour, sont encombrées au point que l'on étouffe, et, par surcroît, un gigantesque chameau s'avance lourdement comme un vaisseau mal gouverné; il porte sur son dos une planche qui menace les têtes des passants, ou deux énormes charges de bois à brûler

(1) C'était la même coutume en Europe, au moyen âge, dans toutes les villes où existaient des corporations d'artisans et d'industriels. — J. B.

aussi grosses que son corps, et il balaye devant lui hommes, femmes et enfants, tandis que le conducteur perché sur la bosse regarde avec une suprême indifférence ce tumulte dont il est cause. De temps en temps, la rue est encombrée par une file entière de ces animaux, attachés les uns aux autres, et fort incommodes quand on les rencontre dans un passage étroit.

Nous nous sommes frayé une route au milieu de ces obstacles, et nous nous trouvons maintenant devant les boutiques des selliers et des cordonniers; nous arrivons ensuite à celles des chaudronniers et des forgerons, dont le vacarme pourrait réveiller les morts ou tuer les vivants. Enfin nous débouchons sur la place centrale, qui n'est ni laide ni irrégulière, au moins pour le Cacim. Sur l'un des côtés s'élève la *djamia* (grande mosquée), édifice qui date de deux siècles environ, autant que l'on en peut juger par l'aspect extérieur, car il ne porte nulle part de millésime ni d'inscription.

En face s'étend une galerie ouverte qui a quelque analogie avec celles de Bologne. Des habitants assis à son ombre s'entretiennent des nouvelles du jour ou causent de leurs affaires. Au centre de la place, des chameaux sont accroupis à côté de ballots de marchandises amoncelées, dont le café, le henné et le safran forment une large part. Cependant, à l'époque de notre arrivée, le commerce était fort languissant, car le siége d'Oneyza, fait par les vouahabites, absorbait une partie de la population, et les escarmouches continuelles rendaient les routes peu sûres.

Plusieurs rues partant de la place rayonnent dans toutes les directions; chacune d'elles contient un marché destiné à telle ou telle denrée particulière; les fruits, les légumes et les épices sont vendus par les femmes, et nous devons dire, à la louange du beau sexe de Bereyda, qu'il ne se montre nullement inférieur aux hommes pour l'entente des affaires.

Un autre jour, dans l'après-midi, la ville fut mise en émoi par un cri d'alarme. Parti de la haute tour de garde, il trouva de nombreux échos dans les avant-postes de la plaine. Des cavaliers d'Oneyza s'étaient avancés jusqu'à la ville, et se ravitaillaient aux dépens des faubourgs. Mohanna, forcé de quitter ses trésors, sortit du palais pour enjoindre aux habitants de prendre les armes et d'aller où la gloire les appelait. En un clin d'œil, les rues et les places furent désertes; chacun partait au plus vite, non pour marcher au champ d'honneur, mais pour se cacher dans sa maison, dont il refermait la porte au verrou, aimant mieux feindre l'absence que de s'exposer à la désagréable alternative de désobéir ouvertement au gouverneur, ou de combattre ceux-là mêmes dont il souhaitait ardemment le succès. Les satellites de Mohanna recrutèrent pourtant une quarantaine de ces guerriers récalcitrants, qui, une fois pris, firent contre fortune bon cœur, saisirent leurs lances et leurs mousquets, et sortirent de Bereyda avec l'héroïque détermination de *ne pas* combattre l'ennemi. Leur bande se grossit d'une troupe beaucoup plus considérable de soldats nedjéens, qui, guidés par leurs chefs, avaient quitté leurs tentes avec une résolution tout opposée. Quelques-uns, outre les armes ordinaires, portaient la courte dague de l'Yémama, et à défaut d'un tranchant bien aiguisé leurs sabres avaient une rare solidité. Baracat et moi nous grimpâmes sur un monticule en dehors des fortifications, d'où nos regards s'étendaient sur la plaine qui allait devenir le théâtre de la lutte.

Les défenseurs d'Oneyza, tous à cheval, et moins nombreux de moitié que leurs ennemis, s'étaient disséminés au milieu des maisons et des jardins ; ils ne faisaient aucun mal aux habitants des faubourgs, se contentant de s'emparer du butin qui se trouvait à leur portée. Ils se rangèrent le long des habitations et une vingtaine d'entre eux se détachèrent pour aller au-devant des agresseurs. De leur côté, les Nedjéens s'arrêtèrent et se formèrent en ligne. La tactique d'une bataille arabe est fort simple. La cavalerie se place en tête et provoque l'engagement, tandis que les hommes montés sur des chameaux, qui constituent le corps principal, restent en arrière comme réserve. Quand l'action devient sérieuse, c'est-à-dire quand le sang a coulé, on fait agenouiller les chameaux qui deviennent chacun une sorte de rempart, derrière lequel s'abritent deux hommes armés de fusils; la cavalerie s'écarte, et la fusillade continue, jusqu'à ce qu'une attaque de flanc détermine un engagement général. Les Nedjéens, différents en cela de la plupart de leurs compatriotes, préfèrent le carnage au butin; ils ne font ni ne demandent quartier et, tant qu'il reste des hommes à tuer, ils ne pensent pas au pillage. Aussi, quand une armée se compose de vouahabites, on peut s'attendre à une chaude affaire, et, bien qu'une hécatombe de six ou sept cents hommes sur un champ de bataille soit une bagatelle pour l'Européen, elle paraît aux Arabes un sanglant massacre, et de pareilles affaires sont réservées aux seuls vouahabites. Je reviens à l'escarmouche qui a eu lieu devant nous.

Les cavaliers de Bereyda répondent à la provocation de l'ennemi en s'avançant au galop les uns dans un sens, les autres dans un autre, tandis que les Nedjéens, montés la plupart sur des chameaux, sont obligés d'attendre. Trois ou quatre d'entre eux cependant ont un cheval et s'avancent les premiers. Il en résulte des manœuvres équestres fort curieuses, et une bruyante fusillade ; mais les habitants de Bereyda, d'accord avec ceux d'Oneyza, se sont promis que jamais leurs balles ne blesseraient un compatriote. Ils décrivent des cercles semblables à ceux des hirondelles qui tournoient sur un lac, jusqu'à ce qu'enfin les vouahabites, perdant patience, se décident à mettre en ligne un de leurs détachements pour finir cette bataille pour rire. Les Nedjéens, maintenant dix fois plus nombreux que les guerriers d'Oneyza, doivent les accabler sans peine ; aussi ces derniers jugent-ils à propos de ne pas les attendre : ils se retirent en bon ordre au milieu des bosquets, et longtemps avant que leurs ennemis, armés de l'antique fusil à mèche, aient eu le temps de tirer, ils sont à l'abri derrière un rideau d'arbres. Le combat cesse donc, faute de combattants ; mais les héros de Bereyda pensent le moment venu de faire éclater leur bravoure : ils lancent leur cheval à fond de train, poussent des cris, déchargent leurs mousquets et rentrent enfin triomphalement dans la ville après quatre heures d'absence. « Les deux partis n'avaient eu heureusement aucune perte à déplorer, » pour me servir des expressions qu'auraient certainement employées les journaux du lendemain, si le Cacim en avait eu. Aussitôt après le retour des vainqueurs, les habitants qui s'étaient cachés dans leurs maisons, sortent pour s'occuper de leurs affaires, et les rues reprennent comme par enchantement leur aspect accoutumé.

Le naïb Mohammed-Ali, qui venait avec nous à Riad en qualité de chef officiel des pèlerins persans, pour s'y plaindre des pertes et des exactions qu'avaient supportées ses compatriotes, cherchait naturellement l'occasion de faire avec nous plus ample connaissance. C'était de tous points un vrai Persan. Agé d'une soixantaine d'années pour le moins, il conservait encore sa vigueur corporelle, et la vivacité de son esprit serait demeurée intacte, s'il ne s'était adonné à l'opium. Sa barbe et ses favoris, teints soigneusement avec une couleur noire mélangée de henné, lui donnaient de loin l'apparence d'un homme de quarante ans. Il parlait l'arabe fort mal, le turc un peu mieux, et l'indoustani avec une pureté parfaite, car il avait été longtemps l'agent de la Perse à Haïderabad. Il était gai, spirituel, grand parleur, rusé en affaires, quoique facile à tromper comme la plupart de ses compatriotes. Son humeur enjouée ne l'empêchait pas de se livrer parfois à de violents accès de colère; enfin, c'était un dévot chiite, un adorateur fervent d'Ali et de Mâdi, dont il suffisait de prononcer les noms devant lui pour qu'il se prosternât le visage contre terre.

Septembre touchait à sa fin. Mohanna désigna le guide qui devait conduire aux rives de l'Euphrate Tadj-Djihan et ses compagnons de pèlerinage. Les Persans payèrent le prix fixé pour leur délivrance et prirent la route du nord-ouest; vingt-cinq jours de marche, pour lesquels ils n'avaient que des provisions insuffisantes, les séparaient de leur pays; néanmoins, quand je passai à Bagdad au printemps suivant, j'appris avec satisfaction qu'ils étaient tous arrivés sains et saufs.

Enfin, les préparatifs étant terminés pour notre départ, Abou-Eysa le fixa définitivement au 3 octobre; c'était un vendredi, autant qu'il m'en souvient. Comme nous n'avions pas revu Mohanna depuis notre première audience, nous ne crûmes pas devoir prendre congé de lui en quittant la ville.

Notre petite caravane se réunit près de la porte orientale, un peu au nord de la tour de garde et à une faible distance des tentes de Mohammed, fils de Feysoul.

Comme nous étions exposés, dans les premières étapes, à rencontrer des bandes de pillards, le gouverneur avait fourni au Naïb, non sans beaucoup de répugnance, une garde de trois ou quatre hommes armés de mousquets, qui ne nous accompagna que jusqu'aux frontières du Cacim.

Une aventure bien caractéristique du pays nedjéen où nous avions pénétré nous arriva à Medjmaa. La provision de tabac du Naïb commençait à s'épuiser; il ne savait comment réussir à la renouveler dans un pays où cette plante est connue seulement sous le nom de *la honte*, quelquefois même sous une qualification pire encore et tout à fait intraduisible, qui impliquerait qu'elle est un produit du diable. Qui donc alors pourrait songer, je ne dis pas à consommer, mais à vendre ou même à posséder une substance aussi vile? En ce monde cependant, et dans le Nedjed aussi bien qu'ailleurs, il n'y a pas de loi qui ne soit éludée, pas de défenses douanières que la contrebande n'enfreigne. Un espoir, fondé sur la faiblesse de la nature humaine, poussa Hosseyn, l'un des serviteurs du Naïb, à faire une battue, argent en main, dans les boutiques de Medjmaa; ses questions pour obtenir *la honte* n'eurent d'autre résultat que de causer un immense scandale. Il finit par s'adresser à Abou-Eysa, qui, familiarisé de longue date avec le pays, connaissait des manœuvres que la grossière cervelle d'un enfant de Bagdad ne pouvait deviner. Notre ami, s'étant souvent trouvé dans le même embarras que le Naïb, avait appris à distinguer les faux semblants de la réalité. Les fumeurs ne sont pas rares au Nedjed, et l'on compte parmi eux plus d'un nom illustre. Pourvu de la somme nécessaire, le guide sortit pour se livrer à une recherche moins bruyante, mais plus fructueuse que celle du Persan, et il reparut bientôt avec un sac contenant au moins un kilogramme de la feuille diabolique ; il le tendit au Naïb, non sans avoir prélevé une commission en nature, assurément bien gagnée, qu'il ne manqua pas de partager avec nous.

Nous arrivâmes deux jours après à Toweym, grande ville qui renferme environ quinze mille habitants. Elle n'est pas aussi avantageusement située que Medjmaa ; de plus, bâtie au niveau du second plateau de la montagne, elle a un climat beaucoup moins agréable. Les maisons, pressées les unes contre les autres, ont en général deux étages, quelquefois même trois ; les chambres du rez-de-chaussée atteignent jusqu'à quatre mètres cinquante d'élévation ; les autres, à trois mètres ou trois mètres soixante centimètres ; enfin le toit est entouré d'un mur haut d'un mètre quatre-vingts. Les habitations présentent donc un aspect assez imposant, mais leurs propriétaires n'ont fait aucune tentative pour les orner, ni même pour établir entre elles quelque symétrie. Les rues, étroites et tortueuses, feraient désirer l'établissement d'un système de ventilation qui permît d'y respirer plus librement. Inutile d'ajouter que, dans un pays où la sécheresse est extrême, les voies sont rarement pavées et n'ont véritablement pas besoin de l'être.

Le marché, remarquable par sa grandeur, est situé près des remparts, au lieu d'occuper, comme il arrive d'ordinaire, le centre de la ville. Sur un des côtés de la place s'élève une mosquée vouahabite. La *mesdjid* (littéralement, *lieu où l'on se prosterne*) de Toweym ressemble, d'une manière frappante, à une gare de chemin de fer ; la seule chose qui l'en distingue, c'est que les voyageurs ne peuvent y trouver aucune espèce de rafraîchissements, à moins que l'on ne veuille appeler ainsi l'eau destinée aux ablutions des fidèles. Les portes de la ville ont une épaisseur extrême, elles sont gardées le jour et fermées pendant la nuit; un fossé profond, mais dépourvu d'eau, défend l'abord des fortifications, que le gouverneur a soin d'entretenir en bon état.

En passant à Dereya, je me rappelai un de mes infortunés prédécesseurs, un Européen qui, pour explorer l'Arabie centrale, avait jugé à propos de prendre le costume d'un derviche, et qui avait teint de son sang les murs de cette ancienne capitale des vouahabites.

Le lendemain matin, notre petite caravane se partageait en deux. Le Naïb avec ses serviteurs et les prétendus Mecquains demeuraient en arrière, tandis que Baracat et moi nous prenions les devants avec Abou-Eysa, qui devait avertir Feysoul de l'arrivée du dignitaire persan. Au bout d'une heure de marche à travers une plaine aride, couverte de monticules qui bornaient l'horizon, nous parvînmes au sommet d'une colline d'où nous eûmes la vue de Riad.

Devant nous s'ouvrait une vallée sauvage; au pied de la colline sur laquelle nous nous tenions, se déployait la ville spacieuse et carrée, que protégent des murs épais et que couronnent de hautes tours. Un grand nombre d'édifices remarquables annoncent son importance et sa richesse; ceux qui se détachent de la masse confuse des toits et des terrasses sont la grande mosquée, le palais de Feysoul et celui de son fils Abdalla, constructions irrégulières et d'une forme gigantesque. Tout autour de la capitale du Nedjed, sur un espace de plus de quatre kilomètres, nous apercevions des champs fertiles, de frais jardins, des palmiers touffus; le bruit des roues et des poulies, si harmonieux à l'oreille des Arabes, arrivait jusqu'à nous et révélait la présence des puits nombreux qui arrosent cette riche campagne. Vers le sud s'étendent des plaines fécondes couvertes de plantations et de villages, au milieu desquels, grâce à la transparence de l'air, nous distinguions clairement la ville de Manfouha, grande cité presque aussi populeuse que Riad. Plus loin à l'horizon, se dressent les montagnes pittoresques de l'Yémama, comparées par un poète arabe à des épées levées un jour de bataille; leurs cimes bleuâtres cachaient à nos regards l'immense désert du sud ou Dâna. La vallée se rétrécit à l'ouest et se dirige vers Dereya, en décrivant de capricieux méandres : au sud-ouest, la basse chaine de l'Affadj la sépare de la ouadi Dowasir; mais, du côté de l'est, elle se relie à la longue vallée de Soley, dont un bras s'avance vers le nord, plus loin que la chaîne centrale du Toweyk, tandis que l'extrémité méridionale, traversant une plaine sablonneuse, semée çà et là de quelques bois et de rares villages, se termine à la ville de Houta, rivale autrefois de Riad, dont elle est aujourd'hui la vassale mécontente. En cet endroit, la province de Harik borde le désert, y pénètre même au nord et à l'est, de manière à donner, pour ainsi dire, la main aux districts omanites. Enfin, dans cette même direction, une longue ligne grisâtre ferme la perspective; ce sont les sommets du Toweyk oriental qui dérobent à notre vue les champs du Haça et les plages du Golfe Persique. Rarement, dans mes longs voyages, il m'a été donné de contempler un aussi admirable panorama, une contrée aussi riche en beautés et en souvenirs historiques.

A chaque pas que nous faisions, des Arabes saluaient notre guide du ton cordial de vieilles connaissances. Je remarquai entre autres un jeune garçon qui accourut vers lui et baisa sa main avec un empressement et une joie qui me touchèrent profondément. C'était un pauvre orphelin des environs dont Abou-Eysa, par une générosité moins rare peut-être en Arabie qu'ailleurs, avait assuré l'existence et dirigé l'éducation jusqu'à ce qu'il fût en âge de se suffire à lui-même.

Plusieurs chemins, traversant le cimetière, conduisent aux différentes portes de Riad; nous nous dirigeâmes vers celle du nord-est, vaste monument flanqué de tours massives et gardé par une troupe d'hommes armés de sabres. Le guide, ayant répondu à leurs questions, nous prîmes une large rue bordée de maisons hautes de deux étages et séparées les unes des autres par des mosquées, des puits destinés aux ablutions et des cours plantées d'arbres à fruits. Après avoir parcouru deux cents mètres environ, nous arrivâmes devant le palais d'Abdalla, construction récente, presque symétrique, qui se distingue des autres édifices par ses portes ornées de sculptures et ses trois rangs de larges fenêtres superposées. Des groupes de nègres et de serviteurs, assis sur les bancs qui garnissent les murs, ouvraient en nous apercevant des yeux étonnés. Un peu plus loin s'élève la résidence de Djelouvoui, frère de Feysoul. Enfin nous atteignîmes une grande place, bornée, à gauche, par le spacieux palais des monarques vouahabites, à droite, par une rangée de boutiques et de magasins. Devant nous, c'est-à-dire à l'ouest, une longue galerie couverte, soutenue par une colonnade grossière, traversait la place dans toute sa largeur et reliait le château à la grande mosquée; le vieux roi l'a fait construire afin d'aller entendre les prières du vendredi sans exposer son auguste personne à la curiosité du vulgaire, peut-être à la perfidie d'un traître, car le sort de son père et de son grand oncle, assassinés dans le temple même, a rendu Feysoul fort timide. A l'extrémité de la galerie, des magasins terminent la place, dont la longueur totale est d'environ cent soixante mètres; la largeur est moitié moindre. A l'ombre des murailles du palais, cinquante ou soixante femmes étaient assises devant des vases de lait, des paniers remplis de pain, de dattes, de fruits ou de légumes ; autour d'elles se réunissaient une foule d'acheteurs, et de tous côtés arrivaient des chameaux et des dromadaires pesamment chargés.

En suivant la longue muraille du palais qui, pareil à une forteresse, ne laisse apercevoir aucune ouverture, nous arrivâmes devant une porte étroite, basse, enfouie entre deux bastions. Elle donnait accès dans un sombre passage, que l'on aurait pris pour le vestibule d'une prison. Des gardes armés, les uns Arabes, les autres nègres, obstruaient le chemin, et leur mine sévère n'était pas de nature à encourager un étranger. Nous nous assîmes sur les bancs qui étaient adossés à la muraille en dehors du palais, pendant qu'Abou-Eysa entrait seul pour annoncer notre arrivée et celle du Naïb.

Bien qu'il fût tout au plus huit heures du matin, une foule nombreuse encombrait la place, car le marché était ouvert et chacun s'empressait de faire ses achats. Beaucoup de gens se retournaient pour nous regarder, cependant personne ne s'approchait de nous, réserve qui nous étonnait fort.

Enfin, au bout d'une demi-heure, un individu grand, maigre, à la physionomie intelligente, mais cauteleuse et peu sympathique, s'avança vers nous ; ses vêtements, que ne profanait pas le moindre fil de soie, étaient néanmoins fort riches et annonçaient un rang élevé. Ce personnage, nommé Abdel-Aziz, prenait le titre de *Vizir-el-Kharidjyâ*, c'est-à-dire qu'il remplissait dans le Nedjed des fonctions analogues à celles de notre ministre des affaires étrangères. Son caractère est celui qui distingue la majorité des anciennes familles de Riad. Il a un extérieur réservé, une langue doucereuse, des manières graves et courtoises, servant à cacher un fonds de perversité qui rend son intimité dangereuse, son inimitié mortelle, son amitié suspecte.

Accompagné de quelques officiers du palais, Abdel-Aziz s'avança majestueusement vers nous et s'assit à nos côtés ; puis, de l'air le plus affable, il nous souhaita la bienvenue et nous adressa les questions ordinaires : « Qui étions-nous? — D'où venions-nous? » etc. Après avoir écouté nos réponses, qui étaient exactement celles que nous avions faites partout sur notre route, il nous offrit d'entrer dans le khavoua et nous promit une audience de Feysoul pour le jour même. Nous le suivîmes à travers un corridor long et obscur qui donnait accès dans la cour intérieure. D'un côté se trouvent les appartements du roi, sa salle d'audience, son oratoire, les chambres de ses nombreuses épouses, enfin le pavillon occupé par sa fille, princesse sur le retour, qui sert de secrétaire intime au monarque nedjéen et que, pour cette raison, il n'a voulu marier à aucun de ses adorateurs. Cette partie des édifices a une très-grande élévation, quinze ou dix-huit mètres depuis le sol jusqu'à la terrasse, qui surmonte le troisième étage.

Le palais de Riad occupe un espace presque aussi grand que les Tuileries, et sa hauteur ne le cède en rien au monument français; mais là s'arrête l'analogie, car rien ne ressemble moins à l'admirable construction élevée par Philibert Delorme que le massif et irrégulier Louvre vouahabite. Les Nedjéens ont sacrifié toute considération à la sûreté de la défense, et le château de Feysoul offre extérieurement une ressemblance frappante avec Newgate, quoique vraisemblablement cette prison anglaise ne renferme pas à l'intérieur le même luxe et le même confort que le repaire des voleurs vouahabites. Les appartements de la famille royale, ceux des ministres Mâboub et Djôhar surtout, se distinguent par une richesse remarquable. Les étages supérieurs sont disposés commodément et reçoivent une lumière abondante; on n'en peut pas dire autant du rez-de-chaussée, qui gagnerait beaucoup à être éclairé au gaz, si l'on en connaissait ici l'usage.

Le premier jour, je me bornai à visiter le khavoua. Le fonctionnaire chargé de l'emploi important de surveiller la préparation du café n'était pas un nègre ni même un fils de l'Ared, il venait du Harik et paraissait un joyeux compagnon. Néanmoins, en dépit de sa bienveillance, les hôtes réunis autour du fourneau ne laissaient échapper que des paroles rares et contraintes; car chacun, à Riad et surtout dans le palais du roi, doit maîtriser soigneusement sa langue, s'il veut conserver la tête sur ses épaules. Les assistants ressemblaient donc à des écoliers en présence d'un pédagogue sévère. Pourtant le café était délicieux : la capitale du Nedjed n'a pas de rivale sous ce rapport; aussi, oubliant nos appréhensions, nous nous livrâmes au plaisir de savourer l'aromatique breuvage.

Durant cette après-midi, Abou-Eysa, escorté de plusieurs officiers du palais, était allé au-devant du Naïb afin de lui annoncer qu'un appartement avait été préparé pour le recevoir. Le dignitaire persan fut très-humilié de ne distinguer, parmi ceux qui étaient envoyés à sa rencontre, aucun membre de la famille royale, ni même aucun ministre nedjéen; sa surprise et sa colère ne connurent plus de bornes quand, arrivé au château, il se vit conduit sans le moindre cérémonial, dans la pièce où nous prenions alors notre repas, au lieu d'être immédiatement admis en présence de Feysoul. Enfin, après le souper, on lui recommanda froidement de prier pour le monarque vouahabite, et on le laissa libre de gagner son logis, en lui disant que le roi fixerait plus tard le jour et l'heure où il lui plairait d'accorder une audience particulière.

Je n'ai jamais vu indignation pareille à celle de notre Persan. Quand l'émotion qu'elle avait causée se fut calmée, nous rappelâmes au guide que, si nous avions dîné, il n'en était pas de même de nos dromadaires et qu'un logement pour nos bêtes et pour nous était chose désirable. Notre ami connaissait parfaitement les êtres du palais; en un instant, il sut trouver Abdel-Aziz et régler avec lui tous ces détails. Le ministre poussa même la condescendance jusqu'à venir en personne nous apprendre, avec un gracieux sourire, que notre résidence temporaire était prête et que nous y allions être conduits sans délai. Nous le priâmes alors de nous faire connaître le bon plaisir du roi au sujet de l'affaire qui nous amenait; car, aussitôt arrivés, nous avions, en employant la phraséologie vouahabite la plus correcte, déclaré que nous étions venus au Nedjed, avec l'espoir « d'obtenir, de Dieu d'abord et ensuite de Feysoul, la permission d'exercer à Riad la profession médicale, sous la protection de Dieu d'abord et ensuite sous celle de Feysoul. »

Notre logis était situé dans le palais de Djélouvoui, frère de Feysoul. Un khavoua spacieux et deux grandes chambres au rez-de-chaussée, une troisième au premier étage, avaient été disposés pour nous recevoir. Nous installâmes les dromadaires dans la cour et nous nous occupâmes de mettre en ordre nos bagages.

Mais ce qu'il y a de plus curieux que nos vulgaires aventures, c'est l'incroyable comédie de mœurs, à laquelle notre arrivée venait de servir d'occasion.

Quand Feysoul avait appris l'entrée de cette bande d'étrangers maudits, de ce chargé d'affaires persan avec ses griefs et ses réclamations, de ces Mecquains avec leur impudente mendicité, de ces deux étrangers syriens avec leurs prétentions médicales, il avait failli perdre complétement l'esprit. Vieux et aveugle, superstitieux et timide, il ne pouvait former, sur la caravane qui envahissait son palais sans presque s'être fait annoncer, que des conjectures qui augmentaient ses soupçons et ses angoisses. La ville sainte de l'orthodoxie vouahabite était profanée par une triple abomination : Persans, Mecquains, Syriens, c'est-à-dire hérétiques, infidèles et chrétiens l'avaient à la fois souillée de leur contact : c'en était assez pour que le ciel lançât ses foudres, pour que la terre s'ouvrît et abîmât le pays entier. Une nouvelle invasion du choléra était le moindre des maux que l'on pût en craindre.

Je ne saurais dire si Abdel-Aziz et les autres courtisans partageaient les terreurs de Feysoul; toutefois, ne jugeant pas à propos de contredire leur maître, ils déclarèrent d'une voix unanime le péril fort grave. Quelle mesure prendre pour l'écarter ? Comment déjouer à la fois les complots de tant d'ennemis ? Le conseil déclara que, la prudence étant le premier attribut du vrai courage, Sa Majesté très-sainte devait sans délai quitter la capitale, s'éloigner du voisinage des espions et des meurtriers, des infidèles et des magiciens; se cacher dans une retraite sûre, tandis que des serviteurs dévoués sonderaient les intentions de ces étrangers suspects et les empêcheraient de mettre à exécution leurs perfides desseins.

En conséquence, dès que tous les membres de la caravane eurent été conduits à leurs demeures respectives, Feysoul, accompagné d'Abdel-Aziz et de quelques officiers, sortit à la dérobée du château par une porte secrète, traversa la ville sans bruit et alla se réfugier dans une maison de campagne qui appartenait à Abder-Râman le vouahabite. Des gardes furent placés autour du jardin et les pieux courtisans commencèrent à croire que, grâce à l'éloignement de cette retraite, à l'épaisseur de ses feuillages, à la pure orthodoxie de son propriétaire, aux sabres nus des nègres, Feysoul échapperait à la souillure du polythéisme, aux périls de l'assassinat, des sortiléges et du mauvais œil. On s'assurait ainsi le loisir nécessaire pour découvrir le mystère d'iniquité, pour déjouer le plan des ennemis.

Pendant qu'on prenait toutes ces précautions pour la sûreté de Sa Majesté très-sainte, les redoutés magiciens et conspirateurs étaient tranquillement étendus dans leur khavoua, aspirant avec délices les vapeurs narcotiques dont ils avaient dû s'abstenir tout le jour. Toutefois ils avaient eu la précaution de clore soigneusement portes et fenêtres pour que les fumées de « la honte » ne troublassent pas l'atmosphère sanctifiée de la capitale. Un coup timide est frappé à la porte. Vite, les pipes sont mises de côté, tandis que Baracat parlemente avec le nouveau venu, afin de laisser à l'odeur accusatrice le temps de s'échapper.

Le premier regard jeté sur l'inconnu, qui troublait ainsi notre repos, nous causa une vive surprise. Vêtu du costume afghan, il portait un riche turban d'une blancheur éclatante, et ses traits offraient le type caractéristique des frontières du Pundjab ; c'était Abdel-Hamid, le théologien du palais. On ne pouvait choisir plus habilement l'espion chargé de surprendre nos desseins. Sa qualité d'étranger devait nous ôter toute défiance, et son apparente franchise, la grâce de ses manières, gagnerait notre sympathie. Passé maître dans l'art de la dissimulation, il avait su tromper les vouahabites eux-mêmes, qui le jugeaient tout autre qu'il n'était en effet; il se croyait donc assuré de nous démasquer facilement, malgré nos sortiléges et notre art divinatoire.

Cet homme se prétendait fils du gouverneur de Balk,

orthodoxe sunnite de la secte des hanifis. En réalité, il était le fils d'un misérable artisan chiite, était né à Péchavour, et avait été élevé dans les principes d'une morale plus que douteuse. Ayant tué un homme dans une querelle, il s'était soustrait par la fuite à la justice de son pays. Comme la prudence lui ordonnait de prolonger son exil pendant plusieurs années, il était venu s'établir à Riad pour attendre que le danger eût disparu, et il y avait habilement exploité le fanatisme des crédules Nedjéens. Toutefois, chiite ardent au fond du cœur, il ne lui arrivait jamais de louer pieusement la mémoire des califes ou de leurs dévots serviteurs, ni d'admirer ceux qui autour de lui en étaient la vivante image, sans les maudire intérieurement, sans les traiter *in petto* de fous et d'infidèles. Mais une bonne table, un logement somptueux, de fins vêtement, des épouses belles et nombreuses lui semblaient d'assez agréables compensations pour adoucir l'amertume de l'exil, et il attendait fort patiemment que les circonstances lui permissent de rentrer dans son pays.

Notre Péchavourite s'assit et, après quelques phrases insignifiantes, me consulta sur une affection dont il se prétendait atteint. Tel cependant n'était pas le but de sa visite. Abandonnant donc la médecine, il jeta d'un air plein de franchise et de bonhomie plusieurs remarques insidieuses qui, semblables à autant d'hameçons, devaient pêcher la vérité au fond du puits où elle se cache. Les deux Mecquains étant survenus sur ces entrefaites, il les soumit au même système d'interrogatoire. Cette enquête fut bientôt terminée : les pèlerins n'ayant aucun motif pour cacher le but réel de leur voyage, qui était d'obtenir des aumônes, Abdel-Hamid abandonna ce maigre gibier pour nous tendre de nouveaux piéges : il employa successivement l'hindoustani, le persan, voire l'anglais, dont il estropiait quelques mots; mais il ne put tirer de nous aucune lumière, et se retira fort désappointé pour aller faire son rapport à ses maîtres.

J'appris plus tard que son témoignage nous avait été très-défavorable. Il n'imaginait pas, je le reconnais, que nous voulussions attenter à la personne de Feysoul ou que nous fussions des magiciens; mais un motif tout différent lui inspirait contre nous une haine violente : il pensait que nous étions, comme lui, des aventuriers avides de la faveur du roi, et il éprouvait à notre égard la même jalousie que le marchand qui voit s'ouvrir en face de lui une boutique rivale. En conséquence, il n'épargna pour nous perdre ni artifices ni calomnies.

Cet émissaire venait à peine de sortir qu'il s'en présenta un autre d'un caractère bien différent, quoique non moins dangereux. C'était un zélateur, c'est-à-dire un membre d'un conseil suprême, d'une espèce de tribunal d'inquisition, institué en 1854 pour éloigner le choléra, en chassant de Riad tout ce qui la profanait, en faisant disparaître toutes les souillures qui y corrompaient la vraie foi.

Abboud, ainsi se nommait notre officieux, eut recours à un mode d'enquête beaucoup plus efficace que celui d'Abdel-Hamid. Affectant de nous croire musulmans, il entama les questions religieuses, parla du véritable caractère de la foi mahométane, de la corruption apportée par le malheur du temps; il s'informa des usages de Damas, et son œil scrutateur, qui observait tout à la dérobée, trahissait l'espérance secrète de nous surprendre dans nos paroles. Nous ne nous laissâmes pas intimider : à chaque citation du coran, nous répondîmes par deux autres et nous montrâmes une connaissance approfondie soit du *grand*, soit du *petit* polythéisme des nations étrangères et des mahométans hétérodoxes. Convaincu par de telles preuves, notre ami perdit sa défiance envers nous; il se lança à pleines voiles sur la mer de la discussion, et son entretien devint fort intéressant, pour un homme qui n'avait rien plus à cœur que d'apprendre les dogmes vouahabites de la bouche d'un docteur aussi considéré, d'un zélateur en personne.

Le lendemain matin, nous nous promenions, Baracat et moi, sur la place du marché, lorsque nous rencontrâmes Abdel-Aziz qui se dirigeait vers le palais. Avec un faux sourire et des paroles doucereuses, il nous informa que Feysoul, ne considérant pas Riad comme un champ propre au déploiement de notre talent médical, nous conseillait de nous rendre à Hofhouf; Abou-Eysa partirait avec nous le jour même et le roi nous donnerait pour le voyage des habits, de l'argent et un chameau.

Le vieux monarque pensait ne pouvoir se mettre mieux à l'abri de nos charmes et de nos incantations qu'en s'assurant notre amitié, mais à distance respectueuse. Fort éloignés de comprendre les véritables motifs de notre bannissement, nous nous efforçâmes de représenter à Abdel-Aziz que notre séjour dans la capitale serait également avantageux pour les habitants et pour nous-mêmes, tandis qu'un aussi brusque départ éveillerait contre nous de fâcheux soupçons et nuirait à notre renommée. Le ministre promit de transmettre à Feysoul nos observations, sans toutefois nous laisser beaucoup d'espoir; notre insistance pour demeurer à Riad devait en effet augmenter les craintes du roi et lui faire souhaiter plus que jamais notre éloignement.

Le conseil privé, réuni autour de Feysoul, dans la villa d'Abder-Râman, avait pris une décision à peu près semblable à l'égard du Naïb : on convint de le renvoyer dans le plus bref délai, de l'endormir par de belles paroles et de légers présents, mais de ne lui accorder ni audience particulière, ni satisfaction réelle pour les griefs qu'il était chargé d'exposer. Le roi avait plusieurs raisons d'en agir ainsi; mais la crainte de l'assassinat était la pensée qui tourmentait le plus sa conscience coupable.

Cependant, la prudence arabe ne permettant de rien précipiter, on voulut interroger Abou-Eysa. Feysoul lui reprocha sévèrement d'avoir amené aux portes de son palais une caravane aussi suspecte. Notre guide, soutenu par le premier ministre Mâboub, dont ses présents avaient gagné la protection, s'efforça humblement de se justifier aux yeux du vieux despote; il réussit même à obtenir que les plaintes du Persan seraient écoutées.

Quant à nous, notre position était extrêmement fâcheuse et nous ne savions comment y remédier; nous étions résolus à ne pas quitter Riad avant d'avoir satisfait notre curiosité au sujet du gouvernement, de la population, des coutumes du Nedjed; mais comment prolonger notre séjour? Persister dans notre dessein de demeurer après une double injonction de partir, aurait été une pure folie, et aurait inévitablement amené les plus graves conséquences; il ne fallait pas davantage songer à nous cacher dans la ville. Heureusement Abou-Eysa connaissait depuis longtemps cette cour, en apparence si rigide, et il savait que l'incorruptibilité n'y fait point partie des vertus orthodoxes. Une offre directe d'argent monnayé n'aurait pas été bien reçue; mais deux livres d'*oud* ou de bois de senteur, pour lequel les Arabes, et surtout les Nedjéens, ont un goût très-vif, pouvaient rendre notre modeste pétition plus acceptable. Notre ami proposa d'acheter à ses frais l'infaillible talisman et, n'étant pas homme à remettre au lendemain une affaire sérieuse, il sortit le soir même pour se procurer le parfum qu'il revint, bientôt après, nous montrer d'un air de triomphe ; puis il alla le déposer en notre nom chez Mâboub et chez Abdel-Aziz. Enfin, vers minuit, il se présenta une troisième fois à notre porte, et nous dit que, selon toute apparence, nous recevrions le lendemain de meilleures nouvelles.

Son attente ne fut pas trompée ; le matin suivant, il fut mandé dans la retraite où s'abritait la royauté vouahabite ; et là on lui déclara que, toutes choses dûment considérées, Riad ayant impérieusement besoin d'un savant Esculape, il nous serait permis d'exercer la médecine sous le patronage de Feysoul.

Nous avions échappé au danger; mais, à mesure que nous apprenions à connaître le caractère vouahabite, nous comprenions mieux combien de difficultés s'élèveraient autour de nous.

Nous résolûmes donc, Baracat et moi, d'accorder au guide notre confiance entière et de lui révéler sans délai ce que nous avions déjà fait connaître à Télal. J'aurais souhaité que mon compagnon se chargeât de cette délicate confidence : en sa qualité d'Arabe, il pouvait le faire sans se compromettre autant qu'un Européen ; mais il n'osa prendre la responsabilité d'une démarche aussi grave, et, faute d'auxiliaire, je me décidai à tenter seul l'aventure.

Le lendemain matin après le café, je pris à part Abou-Eysa ; je lui dis qui nous étions, lui expliquai le but réel de notre voyage et lui donnai les détails qu'il lui importait de savoir pour nous prêter, au besoin, une assistance efficace.

Le guide m'écoutait avec une attention profonde ; quelquefois il m'interrompait pour m'adresser une courte question ou pour me reprocher affectueusement de n'avoir pas eu confiance plus tôt dans son amitié. Notre entretien dura jusqu'à ce que le soleil, atteignant presque son zénith, eût réduit à une ligne imperceptible l'ombre du mur près duquel nous étions assis; et voici ce qui fut arrêté entre nous. Premièrement, nous serions fidèles l'un à l'autre dans la bonne comme dans la mauvaise fortune, aussi longtemps que la Providence prolongerait mon séjour en Arabie. Secondement, Abou-Eysa mettrait le plus possible en relief mon talent médical, et emploierait tout son crédit à m'assurer une brillante et honorable réputation. Troisièmement, aucun de nous ne quitterait Riad sans le consentement mutuel des deux parties : j'attendrais que le guide eût réglé ses affaires dans la capitale; lui, de son côté, me laisserait le temps de terminer les miennes; puis, nous partirions ensemble. Quatrièmement, Abou-Eysa nous faciliterait les moyens de visiter les provinces orientales. Cinquièmement enfin, notre excellent ami me conseillait de ne pas retourner en Europe sans avoir parcouru les îles du Golfe Persique et le royaume d'Oman. Toutes choses étant convenues entre nous, la confiance rentra dans nos cœurs et un joyeux repas scella notre traité.

Dès le lendemain de notre arrivée, avant que nous eussions rencontré Abdel-Aziz, l'infatigable Abou-Eysa était venu nous apprendre que, selon notre désir, il nous avait trouvé un logement modeste et situé loin du château; car des infidèles comme nous ne devaient pas se tenir trop près du sanctuaire vouahabite. Le guide avait arrangé cette affaire avec quelques amis qu'il avait à la cour, et sans consulter ni Feysoul ni ses ministres. Quittant aussitôt le palais de Djelouvoui, nous traversâmes la place du marché, franchîmes un dédale de ruelles étroites, et, quelques minutes après, nous entrions dans une galerie couverte qui nous conduisit à une large impasse, bordée de maisons.

Notre nouvelle habitation se composait d'un khavoua, très-vaste, un peu sombre; mais la chaleur du climat oblige les Nedjéens à défendre les appartements contre les rayons du soleil plus qu'il n'est d'usage de le faire à Hayel et dans le Cacim. Cette pièce, précédée d'un vestibule, ouvrait sur une cour intérieure au milieu de laquelle plusieurs touffes de verveine attestaient le goût sentimental des Arabes pour les beautés de la nature; car l'habitude d'élever amoureusement deux ou trois plantes afin d'avoir sous les yeux quelque chose qui rappelle la campagne n'est pas à l'usage exclusif de Londres ni de Paris, où l'on voit tant de jardinets suspendus sur le bord des fenêtres. Une cuisine, séparée du reste de la maison, se trouvait au fond de la cour; en face, une petite porte donnait accès dans une chambre assez spacieuse où j'installai ma pharmacie; cette pièce était, comme le khavoua, surmontée d'une terrasse qu'entourait un parapet fort élevé. Un petit magasin rempli de meubles et de provisions complétait le logis, mais nos prédécesseurs en avaient gardé la clef.

Le quartier où nous allions nous établir avait le double avantage d'être situé près de la place du marché et de ne renfermer aucun zélateur ni aucun membre de la famille d'Abdel-Vouahab. Il passait pour le moins dévot de la ville ; ses habitants représentaient, si je puis m'exprimer ainsi, le parti libéral du Nedjed. Enfin notre demeure était voisine de celle du Naïb, et les petites ruses de l'envoyé persan, son caractère communicatif et la manière dont il estropiait l'arabe rendaient sa société parfois instructive, toujours amusante.

La farine, le riz, la viande et le café devaient nous

être régulièrement envoyés du palais, car Feysoul continuait à nous regarder comme ses hôtes. Mais, l'état de notre bourse nous permettant de ne pas recourir à la libéralité royale, nous voulûmes sauvegarder notre indépendance. Nous nous bornâmes donc à demander le café, qui était excellent, et nous laissâmes aux pourvoyeurs du château la plupart des autres provisions. Abou-Eysa, qui passait chez nous presque toutes ses heures de loisir, nous avait apporté des cafetières et plusieurs ustensiles de ménage. Un mortier ornait le coin du fourneau; car notre premier soin en arrivant dans l'Ared avait été de nous le procurer pour en faire présent au guide qui en avait perdu un pareil en sortant de Bereyda. Nous étions tous trois d'intrépides buveurs de café; de plus, nous nous étions imposé le devoir d'offrir, à chacun de ceux qui venaient nous visiter, une tasse de l'aromatique liqueur; en sorte que, du matin au soir, les coupes étaient pleines et le feu allumé.

Après avoir terminé notre installation, nous nous occupâmes de régler l'emploi de notre temps et de répartir entre nous les différents rôles. Abou-Eysa fut chargé des affaires extérieures : il nous apportait les nouvelles de la ville et de la cour, cherchait à nous concilier les bonnes grâces des grands et vantait partout notre talent médical. Baracat eut le département du ménage : il faisait chaque jour les approvisionnements, cuisinait même au besoin, mais jamais il ne préparait le café, notre guide s'étant exclusivement réservé une opération qui avait à ses yeux une si grande importance. Pour moi, en ma qualité de savant Esculape, je recevais les malades, pesais les drogues et m'efforçais d'avoir un extérieur plus grave qu'aucun des sept sages de la Grèce.

En attendant la clientèle, je vais faire dans la ville

une promenade matinale, afin d'étudier à loisir la capitale vouahabite.

Le jour vient de paraître; c'est l'heure où les modestes plébéiens comme nous vaquent à leurs affaires, tandis que la classe aristocratique est encore plongée dans le sommeil; car le roi, la cour, tous les dévots nedjéens se lèvent à la clarté des étoiles pour lire le coran et réciter des prières en particulier; puis ils vont à la mosquée entendre l'office nocturne; après quoi, ils retournent chez eux prendre deux ou trois heures de repos, en attendant que le soleil se soit élevé à une hauteur suffisante au-dessus de l'horizon et que les prières les appellent de nouveau dans le temple. Mais ceux que n'anime pas une aussi grande ferveur sont déjà dans les rues, respirant à pleins poumons l'air pur du matin, rafraîchi par un léger brouillard.

Nous voulions acheter des dattes, des oignons et du beurre, produits pour lesquels l'Ared jouit d'une réputation méritée. Les dattes sont ici d'espèces fort variées; les connaisseurs recherchent les rouges, il y en a cependant de jaunes, qui coûtent peu et ont un goût exquis. Quant aux oignons, je n'en ai jamais vu ailleurs de semblables, ni pour la grosseur ni pour la qualité. C'est grande pitié que les anges de l'islam n'en approuvent pas l'usage : les dévots vouahabites ne peuvent manger ces excellents légumes qu'à la condition de se rincer aussitôt la bouche et de se laver les mains, surtout si l'heure de la prière approche.

Le beurre, de couleur blanchâtre, se moule en petits gâteaux ronds que l'ont tient constamment dans l'eau pour empêcher la chaleur de les fondre.

Nous avions, à la manière de vrais Arabes, attaché sous le menton la toile qui couvrait notre tête; nous avions pris un long bâton, drapé autour de nous de graves manteaux noirs, et nous marchions lentement, parlant à voix basse, comme si nous suivions un convoi funèbre. Les gens que nous rencontrons nous saluent, ou bien nous les saluons, suivant le cas : d'après l'usage du pays, le cavalier doit prévenir le piéton ; le promeneur, celui qui se tient debout ; et ce dernier, les personnes assises : mais on ne tient compte ni de l'âge ni du rang. Quant aux femmes, aucun homme ne se permet jamais de les aborder.

La plupart des boutiques, particulièrement celles des épiciers, des cordonniers et des forgerons, sont remplies de monde; car la capitale d'un empire soumis à une centralisation puissante est toujours le rendez-vous d'un grand nombre d'étrangers, venus bon gré mal gré pour leurs affaires. Les boutiques des bouchers attirent surtout une multitude d'amateurs, appartenant, les uns à l'espèce humaine, les autres à l'espèce canine; attendu que les chiens sont, chacun le sait, les seuls balayeurs chargés d'assainir les villes de l'Orient. Les Nedjéens, grâce à l'air vif de leurs montagnes, sont grands mangeurs de viande, et toutes les classes peuvent se donner le luxe de cette nourriture, qui, dans Riad, est d'un bon marché si extraordinaire qu'un beau mouton gras y coûte au plus 5 fr. 60 c.

Nous continuons notre marche, observant les promeneurs rassemblés à l'ombre des murailles du palais. Quelques citadins de bonne mine s'y trouvent déjà réunis ; ils ressemblent à ceux du Chomeur et du Caçim, si ce n'est qu'ils ont la peau plus brune et que leurs vêtements affectent une simplicité rigide ; ce qui me frappe surtout en eux, c'est l'absence des longues boucles que les habitants de Hayel et de Bereyda laissent tomber sur leurs épaules. Les étrangers sont nombreux. Après avoir contemplé le tableau pittoresque qu'ils nous offrent, nous continuons, Baracat et moi, notre promenade dans la ville. Riad se divise en quatre quartiers distincts ; celui du nord-est renferme les résidences de la famille royale, les châteaux des grands dignitaires et des riches habitants. Les maisons en sont élevées, les rues droites et assez larges; cependant l'air y est malsain, à cause de l'abaissement du sol. Près de là, s'étend le quartier nord-ouest, qui est le nôtre : les habitations, confuses et irrégulières, y varient de grandeur et d'aspect; là, se réunissent les étrangers, les gens à réputation suspecte, qui abondent toujours dans les grandes capitales, les dissidents politiques et religieux, les Nedjéens qui, fidèles aux anciennes coutumes, ont repoussé les doctrines du fils d'Abdel-Vouahab; enfin les chefs de districts, et les bédouins. On y fume, on y vend du tabac, et le coran y est ordinairement fort négligé. Il ne faut pas cependant croire que cette partie de la ville soit absolument abandonnée à l'esprit des ténèbres; de vertueux metovouas ou chapelains et de saints zélateurs viennent faire briller la vraie lumière dans l'asile de la réprobation, et donner l'exemple de l'espionnage à une population édifiée, sans aucun doute, par une vertu qu'elle n'a pas le courage d'imiter.

Détournons au plus vite les yeux d'un spectacle attristant pour des âmes fidèles, et reportons-les sur le quartier sud-ouest, séjour des purs croyants, des irréprochables vouahabites. Là, demeurent les descendants du grand fondateur, les membres de la famille d'Abdel-Vouahab, que n'a pas atteints le glaive de l'Égypte et qui se sont préservés de toute souillure étrangère. Là, s'élèvent des mosquées d'une simplicité austère, où chaque jour on inculque aux vrais croyants ; « qu'eux seuls sont dans la droite voie, que les délices du Paradis leur appartiendront exclusivement. » De petits oratoires ou musallas, des fontaines pour les ablutions, des niches tournées du côté de la Caaba remplissent l'intervalle compris entre chaque maison; dans les rues, circule un air pur, bienfait visible, qui est le symbole de l'invisible bénédiction d'Allah. Ne pensez pas, cher lecteur, que ces paroles soient une ironie; j'emploie, mot pour mot, les expression que répètent sans cesse les Nedjéens quand ils décrivent le quartier modèle de la cité modèle. Cette partie de la ville est la vraie citadelle de l'intolérance religieuse et nationale; on y rencontre un pieux orgueil, un mahométisme irréprochable, et en même temps, comme on peut l'attendre de gens qui voient dans l'orthodoxie la seule vertu, dans l'hétérodoxie le seul crime qu'il y ait au monde, un grand fond de licence et de vices cachés.

Enfin au sud-est se trouve le *khazik*, dont les maisons mal bâties et mal tenues sont habitées par les classes pauvres de Riad. L'air y est malsain, et l'amas de la population en augmente encore l'insalubrité; aussi le choléra y exerça-t-il en 1854 de terribles ravages.

De larges rues séparent seules les uns des autres ces différents quartiers; chacun cependant forme un arrondissement distinct, et reçoit une dénomination particulière.

Outre la grande cathédrale ou djamia, la capitale vouahabite renferme une trentaine de *mesdjids*, réparties dans les différents quartiers. Nous citerons entre autres celle qu'Abdalla, l'héritier du trône, honore tous les jours de sa présence, et une autre où officie le cadi Abdel-Latif. Ces deux édifices, quoique rigoureusement dépourvus d'ornements, attirent l'attention par leur grandeur et l'extrême propreté qui préside à leur entretien. Dans toutes les mosquées, on appelle matin et soir à haute voix les noms des fidèles, système qui a le double avantage de stimuler la piété et de découvrir les défections.

Les remparts qui entourent la ville ont une hauteur de six à neuf mètres; ils sont solides, en bon état et défendus par un fossé profond. Au-delà s'étendent les jardins, qui ressemblent à ceux du Cacim et fournissent des produits analogues, l'élévation du sol compensant ici la différence de la latitude. Ce n'est qu'au sud de l'Ared, dans l'Yémama, que la flore change brusquement d'aspect et annonce l'approche des tropiques.

Abou-Eysa, fidèle à sa promesse, s'était mis à l'œuvre et usait largement du charlatanisme que l'on appelle vulgairement *puff*, pour nous amener une nombreuse clientèle. Ses louables efforts ne restèrent pas sans résultats : le surlendemain du jour de notre installation, nous vîmes entrer un malade qui fut pour nous un véritable présent du ciel.

Ce visiteur n'était autre que Djôhar, grand trésorier de Feysoul. Mes lecteurs seront sans doute un peu surpris d'apprendre que ce haut dignitaire à la peau d'un noir d'ébène avait été jadis esclave et avait obtenu sa liberté de Tourki, père du roi actuel. Grand, bien fait, aussi beau qu'un nègre peut l'être, il paraissait âgé d'environ quarante-cinq ans ; ses vêtements étaient fort riches, comme le sont toujours ceux des Africains opulents, quelle que soit la secte à laquelle ils appartiennent, et, à sa ceinture, brillait une épée à poignée d'or. Mais, disait-il, si l'usage de ce métal est défendu à titre de parure, il est permis de l'employer, en toute sûreté de conscience, pour décorer des armes. Du reste, Djôhar était un excellent compagnon, d'une humeur enjouée, un peu vif, mais traitable et confiant, comme la plupart des gens de sa couleur.

La maladie dont il souffrait alors le contrariait beaucoup, car elle le mettait dans l'impossibilité de remplir une mission dont Feysoul voulait le charger. Ainsi, travailler à rétablir sa santé, c'était rendre un service à l'État.

Après le café, j'emmenai le malade dans mon cabinet, où, complétant par mes inductions ses réponses un peu confuses, je parvins à me faire une idée nette de ce qu'il éprouvait. Le mal, quoique sérieux, pouvait cependant être combattu par un traitement simple et efficace; aussi n'hésitai-je pas à lui promettre un prompt soulagement, ajoutant que, dans trois semaines, il serait en état de partir pour Bahraïn, où l'appelait sa mission. J'ajoutai qu'avec un personnage aussi distingué, je ne voulais pas conclure de marché ni fixer le chiffre de mes honoraires, et que je laissais entièrement à sa générosité la rémunération de mes services. Il prit alors congé et, accompagné de ses serviteurs nègres, il regagna le palais.

La glace était rompue ; la confiance absolue de notre malade, jointe à son rang élevé et à l'importance de sa charge, produisit le meilleur effet sur la cour et la ville. J'eus lieu de remercier ma bonne étoile qui m'avait amené un nègre pour premier client.

Le second personnage important qui vint ensuite réclamer nos soins différait beaucoup de Djôhar par le caractère : il avait moins de bonhomie, d'abandon, mais il servait mieux les desseins qui nous amenaient à Riad. C'était Abdel-Kerim, fils d'Ibrahim, qui, allié par un mariage à la grande famille youahabite, se prétendait lui-même issu de la plus ancienne noblesse du pays. Sectaire acrimonieux et modèle de tous les vices orthodoxes, il figura sur la première liste des zélateurs à l'époque de leur création, en 1854, et se fit remarquer par l'exaltation de sa ferveur religieuse.

Honoré par les « saints, » qui le regardaient comme une victime de ses hautes vertus ; détesté de tous les honnêtes gens, il menait une vie retirée dans le troisième quartier de la ville, d'où une bronchite chronique, maladie qui n'est pas rare au Nedjed, l'amenait aujourd'hui à notre porte.

Il se présenta d'un air grave et plein de modestie; puis, avant même d'expliquer la nature de son mal, il commença un édifiant discours, dans lequel il eut soin de faire étalage de sa science religieuse. Enfin, il descendit de ces hauteurs et me pria d'examiner sa poitrine, pour laquelle je lui prescrivis le traitement qui me parut le plus convenable ; il prit ensuite congé, non sans avoir exigé de nous la promesse que nous lui ferions l'honneur d'aller souper chez lui le lendemain. Abou-Eysa était tout à la fois inquiet et charmé des avances d'Abdel-Kerim.

Le lendemain, un peu avant midi, le dévot personnage, modestement vêtu d'une longue robe blanche et le bâton à la main, revint en personne à notre demeure nous rappeler notre engagement. Nous sortîmes avec lui : après avoir traversé la place du marché, passé derrière le palais, suivi des rues bien propres, où le décorum et la gravité étaient évidemment à l'ordre du jour, nous arrivâmes enfin devant son habitation. Il nous introduisit dans une cour, nous fit monter au second étage par une longue enfilade d'escaliers, et nous nous trouvâmes bientôt dans un magnifique divan. Nous reçûmes d'Ibrahim et de sa famille un salut plein de courtoisie, un accueil des plus flatteurs. L'un des enfants apporta aussitôt une corbeille de dattes excellentes, en signe de bienveillance et d'estime. Quand le dîner fut servi, le maître de la maison me fit des excuses pour la simplicité du repas : « Vous nous traiteriez mieux à Damas, dit-il, si nous étions vos hôtes; mais le Nedjed est pauvre, et ce sont les ressources, non la bonne volonté, qui nous manquent. » Le menu comprenait, entre autres délicatesses, un plat de crevettes dont la vue me causa autant de surprise que de plaisir, parce qu'il annonçait le voisinage de la côte orientale.

Après le dîner, on nous apporta, pour nous laver les mains, de l'eau et de la potasse (en arabe *cali*, d'où vient notre mot *alcali*), substance qui, dans le Nedjed, tient lieu de savon; puis on commença la cérémonie des fumigations. Dans le pays orthodoxe d'Ared, le soin de se parfumer prend en quelque sorte un caractère religieux, car le Prophète, en proclamant d'une manière explicite son goût pour les odeurs suaves, qui ne le cédait en rien à sa passion pour les femmes, a légué un exemple que ses sectateurs zélés n'ont pas manqué de suivre. Aussi, à la fin de chaque repas, ou même après une tasse de café offerte pendant une visite, on voit paraître une cassolette carrée, fermée par un grillage en filigrane, et qui porte à sa base une sorte de tige ou de poignée, assez longue pour que l'on puisse la tenir sans se brûler les doigts. On remplit de charbon la partie supérieure de la boîte, et l'on jette par-dessus, soit du baume de benjoin, soit trois ou quatre petits morceaux de bois de senteur, semblable à celui que nous avions offert aux ministres. Chacun des assistants prend à son tour l'appareil embrasé et le passe sous sa barbe, qui, dans le Nedjed, est en général fort négligée; puis il l'approche de son turban, afin d'y introduire l'odorante vapeur, au risque de se brûler les oreilles, s'il est novice, comme je l'étais moi-même; enfin quelquefois le convive ouvre aussi sa chemise afin de garder sur sa poitrine une bouffée de la douce odeur. Ce parfum est en effet fort tenace et subsiste très-longtemps.

Après trois semaines de traitement, les symptômes du mal avaient si complétement disparu qu'Abdel-Kerim se déclara parfaitement guéri, et nous ne le revîmes plus. Quand il s'était confié à mes soins, nous étions convenus des honoraires qu'il aurait à me payer; je lui rappelai sa promesse avec ménagement. Comme la somme dont il s'agissait ne dépassait pas quatorze francs, la lenteur d'Abdel-Kerim à nous payer n'était pas moins ridicule que mesquine. Rougissant de ses procédés, mais persistant dans son mauvais vouloir, il s'avisa, pour sortir d'embarras, d'un expédient assez original.

Une après-midi que j'étais seul dans mon khavoua, un coup retentissant frappé à la porte m'avertit de fermer mon livre de notes et d'aller ouvrir. Trois ou quatre de mes amis entrèrent avec la figure joyeuse d'hommes qui ont une amusante nouvelle à raconter. Ils arrivaient du sermon de la grande mosquée ou djamia.

Après que le metovoua avait eu fini de lire quelques versets du coran, Abdel-Kerim s'était avancé pour en faire à haute voix le commentaire suivant l'usage du pays. Il prit pour texte de son discours la confiance que chacun doit mettre en Dieu seul, à l'exclusion de toute créature. Puis, venant à une conclusion pratique, il s'enflamma contre ceux qui ont foi dans la médecine, déclarant un tel préjugé hérétique et absurde à la fois, puisque la seule cause effective de la santé ou de la maladie, de la vie ou de la mort, est la volonté de Dieu. De là, il déduisit cette conséquence ingénieuse et légitime que les médecins sont des êtres inutiles, qu'ils ne méritent ni remercîments ni récompenses. « Quand même, ajoutait-il, un homme semblerait avoir été guéri par de tels moyens, son rétablissement serait une simple coïncidence, non un effet direct, et le docteur n'aurait rien à réclamer, car la guérison serait l'œuvre de Dieu seul. *La Ilah illa Allah!* (Il n'y a d'autre Dieu qu'Allah !) »

Dans un autre moment, cette édifiante prédication n'aurait pas surpris l'assemblée ; malheureusement, Adel-Kerim étant un des notables de la ville, chacun savait par cœur l'histoire de sa maladie, son traitement et sa guérison. Sa thèse, quoique parfaitement orthodoxe, fut attribuée à l'inspiration de sentiments peu honorables, et chacun le soupçonna d'avoir voulu plutôt nouer les cordons de sa bourse que délier le nœud d'une question de doctrine. Des sourires et des chuchotements accueillirent l'orateur; puis, quand les assistants furent sortis de la mosquée, ils échangèrent des commentaires ironiques et se livrèrent à toute la gaieté que comporte le décorum nedjéen. Mes amis, qui ne pouvaient s'empêcher de rire de nouveau en me faisant ce récit, me promirent d'amener le lendemain Abdel-Kerim à notre demeure, sous un prétexte quelconque, et nous nous entendîmes sur ce que nous devions dire et faire.

Ils tinrent parole. Le jour suivant, dans l'après-midi, l'ex-zélateur se présenta d'un air embarrassé à notre porte, accompagné d'un groupe de curieux, parmi lesquels figuraient nos hôtes de la soirée précédente. Après les politesses d'usage et quand la conversation eut pris le cours que nous voulions lui donner : « Abdel-Kerim, lui dis-je, il est hors de doute que la santé vient de Dieu seul et que le docteur mérite peu de remercîments; de la même façon, ni plus ni moins, j'entends qu'Allah me donnera la somme qui m'est due; vous serez en cela son instrument passif, et, quand vous m'aurez payé, je vous devrai tout aussi peu de reconnaissance. » Chacun de rire alors et de faire pleuvoir les quolibets sur le renard pris au piége, dont la confusion fut extrême. Il sortit en promettant de me satisfaire bientôt, et avant le coucher du soleil il envoyait son jeune frère nous apporter le prix convenu, afin de se mettre à l'abri de nouveaux sarcasmes; mais il ne franchit plus désormais le seuil de notre maison, ce qui nous laissa fort peu de regrets.

J'eus occasion d'étudier la classe lettrée sous un jour beaucoup plus avantageux dans la personne d'un troisième malade, Abder-Râman, metovoua ou chapelain du palais. Depuis plusieurs années il était sujet à de violentes névralgies; une crise aiguë le retenait en ce moment dans sa chambre et l'empêchait de vaquer à son ministère. Djôhar, qui éprouvait déjà une amélioration notable, avait fait un pompeux éloge de son docteur ; et, suivant son conseil, le metovoua me fit mander avec les plus vives instances.

Ses appartements, situés en face de ceux du premier ministre Mâboub, étaient spacieux, élégamment meublés, et contenaient, entre autres objets, quarante volumes environ, imprimés ou manuscrits; ce qui forme en Arabie une très-belle bibliothèque.

En dépit de ses souffrances, il employa la plus élégante phraséologie pour me faire connaître son mal; et quand, au bout de deux ou trois jours, un traitement convenable l'eut délivré de ses tortures, il devint pour moi une précieuse relation. J'appris par lui d'intéressantes particularités sur l'histoire de Moseylema, des vouahâbites et de l'ancien état religieux du Nedjed.

Nous comptâmes encore dans notre clientèle, Abdel Latif, arrière-petit-fils du célèbre fondateur du vouahabisme, et cadi actuel de la ville. C'est un homme d'une beauté remarquable, dont les manières et le langage annoncent une certaine culture. Envoyé en Égypte avec sa famille lors de l'invasion d'Ibrahim, il avait été élevé au Caire, et il doit à son séjour au milieu d'un peuple plus éclairé que celui du Nejded l'aisance et la variété de sa conversation, son apparence de libéralisme, et son dédain, fort surprenant chez un cadi de Riad, pour la tautologie fatigante et ampoulée de sa secte. Mais il ne faut pas se laisser tromper par ces dehors brillants : la langue seule est égyptienne, le cœur et l'esprit sont vouahabites. Je ne crois pas que l'on puisse rencontrer dans l'Arabie centrale un homme plus dangereux ni plus ennemi du progrès qu'Abdel-Latif.

Le cadi de Riad, l'ancien étudiant du Caire, aujourd'hui chef des zélateurs nedjéens, est la personnification de l'antipathie éternelle du mal pour le bien, antipathie non moins profonde que celle du bien pour le mal.

Malgré la défiance que m'inspirait son caractère, j'entretenais avec Abdel-Latif de fréquentes relations. Sa maison était un véritable palais; il avait d'immenses jardins, une foule d'esclaves et de serviteurs; en un mot, il était, après le roi, le premier personnage de l'État, et même, sous beaucoup de rapports, sa puissance dépassait celle de Feysoul. Les leçons tant de fois répétées du coran : « O vous qui avez la foi, pourquoi vous priveriez-vous des dons qu'Allah place à votre portée ? » ces leçons n'ont pas été perdues pour le pieux vouahabite, que sa haute dignité, la richesse et l'influence de sa famille mettent en état de jouir de tous les biens terrestres.

Quant à Djôhar, oubliant sa haute position, il venait soir et matin à notre modeste logis pour nous consulter, bien que le mouvement lui causât des douleurs aiguës. Au bout de trois semaines, son état étant devenu assez satisfaisant pour qu'il pût, sans péril, entreprendre la mission qui lui était confiée, sa joie fut des plus vives, et une somme de quarante-cinq francs, présent fort riche pour un vouahabite, manifesta sa gratitude, qui de plus s'épanchait en éloges cordiaux et pompeux.

Le premier orage s'était donc dissipé, et tout paraissait nous promettre une résidence calme et paisible dans la capitale, aussi longtemps qu'il nous conviendrait d'y séjourner. Feysoul, dont les appréhensions avaient un peu diminué, était revenu à son palais, et avait repris assez de courage pour accorder au Naïb une audience privée dans le khavoua intérieur. Mohammed ne fut pas très-satisfait de cette réception : il ne pouvait comprendre la froideur avec laquelle le « Bédouin », — seul titre qu'il donnât au monarque vouahabite, — avait accueilli la longue énumération de ses griefs. Mâboub ne montrait pas non plus beaucoup de zèle à servir ses intérêts. Pour nous, d'accord avec Abou-Eysa, nous avions pris la résolution de ne demander aucune entrevue spéciale à Feysoul : le vieillard étant un pur instrument entre les mains de ses ministres et de la faction des zélateurs, notre présence dans son divan ne devait produire aucun résultat utile, et pouvait au contraire donner lieu à des soupçons jaloux, à des conjectures fâcheuses.

Mais Abdalla, qui ne ressentait pas les craintes séniles dont était agité le cœur de son père, ne nous fit pas attendre longtemps la faveur d'une audience particulière. En dépit de notre réserve trop bien justifiée par la lettre de *recommandation* qu'Obeyd lui avait écrite à notre égard, nous reçûmes, quelques jours après notre arrivée, un message par lequel Abdalla nous invitait à paraître devant lui. Le porteur de la missive, nommé Abdalla comme son maître, était un vrai Nedjéen, un sectaire sombre et hypocrite. Ses membres grêles, son visage jaune, son front plissé ni son regard astucieux ne lui donnaient nullement la mine d'un agréable compagnon. Il nous informa que *son oncle* (titre poli par lequel il désignait Abdalla) se trouvait fort souffrant et désirait au plus tôt consulter un docteur.

Revêtus de nos meilleurs habits, nous nous rendîmes à l'invitation du prince. Nous traversâmes deux cours, puis un vestibule qui conduisait dans le khavoua privé. Le château en renferme un autre, destiné à recevoir les étrangers : il est situé dans la seconde cour et grand deux fois comme la chambre des hôtes du palais de Feysoul. Celui de l'appartement particulier ne peut guère contenir qu'une vingtaine de visiteurs : il est richement meublé, mais trop sombre. La matinée s'avançait et la chaleur devenait accablante. Abdalla, entouré de trois ou quatre officiers, s'était étendu sur un tapis dans le vestibule ; un grand nombre de serviteurs, les uns blancs, les autres noirs, se tenaient en armes auprès des portes : tous avaient l'air farouches, surtout les Nedjéens.

Les traits d'Abdalla ne manqueraient pas d'une certaine beauté, sans l'expression hautaine, presque insolente, qui leur est habituelle ; le prince a aussi une tendance marquée à l'obésité, défaut héréditaire dans plusieurs branches de sa famille. Je lui trouvai quelque ressemblance avec les portraits d'Henri VIII, et les caractères des deux princes n'offrent pas moins d'analogie. Il nous reçut avec une politesse un peu rude, qu'il s'efforça de rendre encourageante ; toutefois je reconnus vite que la maladie dont il parlait n'était qu'un prétexte pour satisfaire sa curiosité. On pense bien que je passai sous silence nos relations avec Obeyd et la lettre qu'il m'avait remise. Abdalla nous interrogea longuement sur le Chomeur, car il savait que nous avions visité Hayel et exprima une haine violente contre Télal. Enfin il nous demanda ou, pour parler plus exactement, nous ordonna de venir au palais le matin suivant. Nous devions apporter avec nous nos livres, le prince ayant un grand désir d'apprendre l'art de guérir : « Voilà, pensai-je, un disciple qui promet. »

Il était cependant sérieux dans ses intentions. Quand, le lendemain, nous eûmes été introduits dans le khavoua privé, et qu'il nous eut offert du café et des parfums, il nous retint une heure entière, soit pour lire avec lui mon volume de thérapeutique imprimé à Boulac, soit pour déchiffrer un manuscrit sans date qui faisait partie de la bibliothèque de Son Altesse et contenait des définitions de Galien, tronquées et mal comprises, des traités arabes, des recettes pharmaceutiques laissées par le Prophète ; recettes propres à donner une pauvre idée du savoir médical de leur auteur, car elles étaient entremêlées de termes botaniques empruntés au persan ou à l'idiome de la Haute-Égypte, et Daniel lui-même aurait été embarrassé d'en démêler le sens. Nous traitâmes ces doctes autorités avec le respect qui leur était dû, en essayant de leur découvrir une signification quelconque. Je ne sais si nous y parvînmes; mais, en tout cas, nous réussîmes à gagner les bonnes grâces du farouche Nedjéen. A partir de ce jour, les serviteurs du palais eurent pour nous un visage épanoui, par le sourire, si c'étaient des blancs, par une grimace, si c'étaient des noirs; car les flatteries pour les gens en faveur sont de tous les pays.

Tandis que je gagnais les bonnes grâces d'Abdalla, Mâboub, curieux de connaître les deux docteurs syriens, dont son père, le grand trésorier Djôhar, parlait avec tant d'éloges, eut la condescendance de nous faire en personne une visite, bien que notre réserve habituelle nous eût empêchés de lui présenter nos hommages. Le premier ministre Mâboub dans notre demeure! Vraiment, oui! Et quel premier ministre encore! Heureusement pour moi, Abou-Eysa me l'avait plusieurs fois dépeint; sans quoi, j'aurais commis quelque lourde méprise; mais Baracat ne pouvait en croire ses oreilles quand il apprit que notre visiteur était la principale colonne de l'empire vouahabite.

Né d'une esclave géorgienne donnée à Feysoul par Abbas Pacha, Mâboub, alors âgé d'environ vingt-cinq ans, paraissait si jeune, avait si peu l'air d'un Nedjéen, ou même d'un Arabe, que je demeurai frappé d'étonnement. Son teint blanc, ses cheveux fins et doux, ses yeux bleus, ses membres bien proportionnés, tout en lui reniait la prétendue paternité du nègre Djôhar, à moins que les assertions de mes livres médicaux, confirmées par mon expérience personnelle, ne soient complétement mensongères. En réalité, tandis que le langage officiel, dont j'imiterai la prudence, désigne le grand trésorier comme père de Mâboub, chacun dit tout bas que Feysoul a des droits bien plus réels à ce titre.

Mâboub est remarquablement beau, il a le visage d'un Géorgien, et plus d'une fois, en conversant avec lui, je me rappelai l'Arnold de Byron. A l'âge où les Anglais de bonne famille étudient encore dans les écoles, tout au plus servent en qualité de lieutenant ou d'aspirant, ce jouvenceau caucasien mène le vieux despote nedjéen par le nez, se fait craindre de son terrible fils, abaisse à ses pieds courtisans et zélateurs, et dispose presque seul des destinées de l'Arabie centrale.

Sa première visite fut caractéristique. Laissant de côté l'étiquette, il se montra très-familier, nous adressa vingt questions dont il attendait à peine la réponse, passa rapidement en revue nos livres, notre pharmacopée, notre costume, nos personnes ; but à la hâte une tasse de café, nous assura de son patronage, puis, nous serrant la main à la manière européenne, il se retira.

Abou-Eysa, dont Mâboub était le principal appui et dont la fortune se trouvait maintenant liée à la mienne, désirait vivement que cette première entrevue fût suivie de relations fréquentes; de mon côté, j'étais curieux d'étudier un personnage aussi important et aussi extraordinaire; en conséquence, dès le lendemain, je me rendis au palais accompagné d'Abou-Eysa.

Mâboub était assis dans le divan de Djôhar. Il reçut le guide avec la familiarité d'un ancien protecteur et m'honora bientôt d'une égale bienveillance. Ses questions m'apprirent qu'il me faisait l'honneur de m'attribuer une naissance semblable à la sienne, c'est-à-dire qu'il me supposait né en Égypte d'une femme géorgienne.

Il nous prenait pour des espions envoyés par le gouvernement égyptien afin de le tenir au courant des affaires du Cacim et du siége d'Oneyza. La conjecture n'était pas dénuée de vraisemblance. La route que nous avions suivie, les livres que nous possédions, le fait même de notre science médicale relativement supérieure, ma prononciation, tout tendait à confirmer cette idée. De plus, Mohammed, frère cadet d'Abdel-Latif, prétendait m'avoir rencontré en Egypte ; il disait connaître l'histoire de ma vie passée et mes intentions actuelles; tout cela était un tissu de mensonges contre lequel je m'empressai de protester, mais il n'était pas facile de détruire l'impression produite par ces fables.

Cependant, après notre rencontre chez Djôhar, Mâboub me reçut dans son appartement, où je passai souvent plusieurs heures. Sa bibliothèque était la plus riche que j'eusse encore vue dans la péninsule ; elle se composait des meilleurs poètes arabes, de nombreux traités sur la législation et la religion, de commentaires du coran, de relations de voyage d'une authenticité plus que douteuse, et d'ouvrages de géographie, suivant lesquels le monde se divise en sept régions, dont la plus importante, la plus peuplée, la plus étendue est naturellement l'Arabie. Enfin je trouvai chez Mâboub un manuscrit fort intéressant pour moi ; c'était l'histoire de l'empire vouahabite. Les contrôles de l'armée, la correspondance officielle, les registres de comptabilité financière étaient réunis dans un cabinet particulier ; mais les portes en demeuraient souvent ouvertes et je pus consulter ces documents. Mâboub ne voyait pas grand inconvénient à me laisser prendre des notes ou copier quelques passages de ses manuscrits.

En outre, il eut soin que nous fussions abondamment pourvus de viande et de café, seul luxe du Nedjed ; il nous donna aussi une somme d'argent assez considérable que j'acceptai avec empressement dans l'espoir de diminuer ses soupçons. Ce fut en vain. Ses yeux se fixaient sans cesse sur moi avec l'expression inquiète d'une personne qui aperçoit sous des eaux profondes un objet suspect, qu'elle cherche vainement à distinguer ; toutefois la sympathie que lui inspirait notre parité supposée d'origine l'inclinait vers la bienveillance.

Un événement comique amena quelques jours après une crise heureuse dans les affaires du Naïd, et le délivra des outrages qu'on prodiguait à ses convictions chiites, dans l'intention de le pousser par le dégoût et l'ennui à consentir à un arrangement concerté. J'ai déjà dit que, matin et soir, on fait dans les mosquées l'appel des fidèles, et que les absents sont exposés à recevoir des exhortations d'une nature assez blessante. Ni le Naïb, ni Baracat, ni moi, nous ne nous croyions soumis aux mêmes règles que les vouahabites ; aussi n'étions-nous pas fort assidus à la prière. Un matin le zélateur chargé de veiller à l'édification de notre rue, se mit en tête que les « infidèles » devaient, pour ne pas causer de scandale, agir comme les vrais musulmans. « *Cum Romæ fueris, romano vivetur usu.* » Il fit donc mettre nos noms sur la liste, l'iman les lut avec les autres; mais il va sans dire que personne n'éleva la voix pour y répondre. Le zélateur indigné rassembla une foule pieuse, armée de bâtons, et, un peu avant le lever du soleil, il s'arrêtait devant notre demeure, la première de sa tournée. Heureusement elle se trouvait fermée au verrou, car Baracat, Abou-Eysa et moi, nous fumions la pipe du matin à côté d'une tasse d'excellent café. Le guide, en entendant le coup de marteau, dont sa mauvaise conscience lui révéla aussitôt le motif, fut extrêmement effrayé, sachant par expérience que le fanatisme vouahabite, quand une fois il a pris l'éveil, est un dangereux ennemi. Pâle comme la mort, il nous conseilla de ne pas répondre à la sommation et de nous blottir dans une pièce reculée; mais Baracat, au contraire, résolut de faire face au danger. Il alla droit à la porte, l'ouvrit et, s'avançant au dehors, il la referma vivement derrière lui, sans laisser aux visiteurs le temps d'entrer. Le colloque suivant s'engagea ensuite dans la rue :

« Pourquoi n'étiez-vous pas aux prières ce matin?

— Nous avons déjà dit nos prières; nous ne sommes pas des athées?

— Pourquoi n'avez-vous pas répondu à l'appel de vos noms? demanda le zélateur, supposant d'après le tour équivoque de la réponse que nous devions avoir été à la djamia.

— Nous pensions que, vous autres vouahabites, vous aviez des cérémonies particulières qui ne regardent pas les étrangers; pouvons-nous connaître tous vos usages? répliqua Baracat sans se déconcerter.

— Quel homme était à votre droite pendant la prière? demanda l'inquisiteur.

— Quelque bédouin, je pense; est-ce mon affaire de connaître tous les bédouins de Riad?

— Et qui était à votre gauche?

— Le mur. »

Ces derniers mots furent prononcés d'un air si naturel d'innocence et de tranquillité que les porteurs de gourdins ne savaient que faire. En vrais Arabes, ils laissèrent à mon compagnon le bénéfice du doute, et s'éloignèrent non sans recommander l'exactitude aux offices religieux. — « Si Dieu le veut, » répondit Baracat d'une manière vague, mais orthodoxe.

En quittant notre demeure, la sainte cohorte se rendit à celle du Naïb. Un violent coup de marteau fit accourir Ali, le jeune domestique, qui, avec une imprudente confiance, ouvrit la porte tout au large. Les Persans, à Riad, ne doivent pas attendre de merci.

« Jetez-le à terre, battez-le, purifiez sa peau! » criat-on de toutes parts, et l'assaillant le plus proche saisit le chiite étonné pour lui infliger le châtiment légal.

Mais Ali était un grand et vigoureux garçon, que l'on ne pouvait facilement terrasser: par un violent effort, il réussit à se dégager de l'étreinte des pieux exécuteurs, et se précipita dans l'intérieur de la maison en appelant de toutes ses forces son frère Hassan à son aide. Ce dernier s'avança, tenant un pistolet de chaque main; tandis qu'Ali saisissait un poignard et le brandissait d'un air menaçant; le vieux Naïb, arraché à son sommeil, sortit en robe de chambre et, appuyé contre la rampe de l'escalier, accabla les intrus de malédictions et de menaces persanes. Les zélateurs tournèrent les talons et s'enfuirent en désordre; Ali et Hassan les poursuivirent le pistolet au poing jusque dans la rue, battant l'un, donnant des coups de pied à un autre, culbutant un troisième au milieu de la poussière.

Le Naïb s'habilla aussitôt et se rendit au palais pour demander justice de l'acte d'agression dont il avait été l'objet. Notre affaire s'étant terminée d'une manière pacifique, nous ne crûmes pas devoir l'accompagner, et il partit avec Abou-Eysa, qui était chargé de plaider notre cause. Ordre fut donné aux zélateurs de ne pas se mettre en peine de notre conduite, et Mâboub, pour réparer autant que possible l'offense faite à l'ambassadeur persan, lui épargna désormais les boutades et les railleries dont il l'avait poursuivi auparavant.

Disons tout de suite comment se terminèrent les aventures de Mohammed-Ali au Nedjed. Après un mois d'allées et de venues, de promesses et de déceptions, il se trouvait exactement au même point que le jour de son arrivée. Abou-Eysa lui dit alors clairement (plusieurs fois déjà il le lui avait inutilement donné à entendre) que, dans la capitale vouahabite, l'argent est le seul éperon capable de faire avancer le coursier de la diplomatie et que, s'il voulait avoir une réponse favorable, il devait se résoudre à quelque sacrifice.

Ces réponses sonnaient mal à l'oreille du Naïb, qui était avare comme la plupart de ses compatriotes. Il fallut néanmoins s'exécuter. Le lendemain un fusil à deux coups était déposé chez Abdalla; un samovar (1), chez Mâboub, et un rubis, discrètement offert à Feysoul, prenait place parmi les joyaux du vieux despote. Je crois même que sa fille, son secrétaire intime, eut aussi part aux largesses du Naïb. L'effet fut magique. A l'instant même, le roi signa une lettre d'excuses adressées à la cour de Téhéran, et dans laquelle on rejetait sur le guide Abou-Boteyn, « maintenant réfugié au milieu des infidèles d'Oneyza, » toute la responsabilité des dommages supportés par les pèlerins persans. Aussitôt que Dieu l'aurait livré à la vengeance des vrais croyants, le traître serait chargé de fers et envoyé en Perse, à moins qu'il n'eût été tué auparavant, comme on pouvait charitablement l'espérer. D'indemnités et de réparations, pas un mot; seulement on promit de rendre ce qu'Abou-Boteyn restituerait, quand on serait parvenu à l'arrêter.

Pour fermer la bouche au Naïb et empêcher des représentations trop vives au sujet de la spoliation dont ses compatriotes avaient été victimes, on résolut de lui faire quelques présents. Un cheval efflanqué, qui, à Bombay, aurait à peine valu deux cents roupies (2), un chameau de peu de valeur, trois ou quatre manteaux d'étoffe commune fabriqués dans le Haçat : tel fut le gâteau jeté dans la gueule du cerbère iranien pour l'empêcher d'aboyer. Le Naïb était mauvais juge en fait de cheval ou de chameau; et quant aux manteaux, d'une étoffe nouvelle pour lui, ils furent jugés magnifiques. En retour d'une si large libéralité, il donna sa parole que les pèlerins persans continueraient

(1) Grande théière souvent importée de Russie en Perse. Ce sont plutôt des urnes bouilloires; celles qui sont sur les places publiques à Bokhara ressemblent à d'énormes tonneaux de bière. V. notre édition de Vambéry, *Voyage d'un Faux Derviche*, p. 166. — J. B.

(2) Environ quatre cent cinquante francs.

à suivre la route du Nedjed, assurant ainsi à Feysoul une source abondante de revenus.

Comme complément du traité, Abou-Eysa fut, à l'exclusion de tout autre compétiteur, nommé chef des pieuses caravanes qui passent par le Golfe Persique pour se rendre dans le Hedjaz. Cette mesure avait du moins l'avantage d'assurer pendant la route de bons traitements aux malheureux chiites, en même temps qu'elle procurait à notre ami des émoluments assez larges pour lui permettre de satisfaire ses habitudes coûteuses et sa générosité presque prodigue.

Cependant Feysoul avait donné l'ordre à son second fils Saoud d'amener à Riad les troupes du Harik pour les joindre à un corps d'armée que son frère Abdalla allait conduire contre la malheureuse ville d'Oneyza. Le jeune prince arriva donc, suivi d'environ deux cents cavaliers ; le reste de ses hommes, au nombre de deux mille, étaient montés sur des chameaux. L'arrivée de Saoud fut célébrée par une audience publique, la seule que, pendant mon séjour dans le Nedjed, Feysoul ait donnée à ses sujets. C'était une scène digne de tenter le pinceau d'un peintre. Le vieux despote aveugle, décrépit, obèse, avait cependant un air imposant avec sa longue barbe blanche, son large front, son attitude soucieuse, son costume d'une austère simplicité ; l'épée ornée d'une garde d'or qui pendait à sa ceinture était le seul luxe qu'il se fût permis. Près de lui se tenaient les ministres, les officiers du palais, une foule de nobles et riches citoyens. Le défilé des troupes commença. Enveloppé d'un magnifique cachemire et d'un manteau brodé d'or, Saoud, en uniforme de hussard, marchait à la tête de ses cavaliers ; ceux-ci portaient, comme leur chief, un costume aux couleurs éclatantes ; ils avaient la lance sur l'épaule, le sabre battait à leur côté, un mousquet pendait à leur selle et le poignard effilé du Harik complétait cet attirail imposant. Saoud descendit de cheval et baisa la main de son père : « Que Dieu protége le roi ! qu'il donne la victoire aux vrais musulmans ! » criait le peuple, et tous les visages s'enflammaient d'un sauvage enthousiasme. Feysoul, se levant alors, plaça son fils auprès de lui. Quelques instants plus tard, tous deux entraient ensemble au château, tandis que les troupes gagnaient leurs quartiers.

Abdalla seul avait refusé d'assister à la solennité. Bien qu'il se réjouît de pouvoir exécuter ses plans de guerre et de conquête, sa haine jalouse s'irritait des honneurs rendus à son frère. Le lendemain Feysoul, qui aurait voulu rapprocher ses deux fils, engagea Saoud à faire les premières démarches. « Je suis l'hôte étranger, répondit le prince, et Abdalla demeure dans la ville; c'est son devoir de venir d'abord. » Le roi insista en vain. Furieux d'une telle résistance, il se leva, soutenu par deux esclaves, et fit à Saoud un geste menaçant. « Vous pouvez frapper, vous êtes mon père, répliqua celui-ci avec fermeté; mais je n'irai pas chez Abdalla. » Les nègres s'interposèrent, et Feysoul, honteux de son emportement, laissa partir son fils sans ajouter une seule parole.

Quelques heures plus tard, le sultan aveugle, monté sur un cheval que ses serviteurs menaient par la bride, traversait la rue qui conduit du palais à la demeure d'Abdalla. Il raconta au prince ce qui venait de se passer, et le supplia d'accomplir son devoir en faisant la première visite; mais il trouva son fils aîné aussi intraitable que Saoud. Après beaucoup d'inutiles prières : « C'est ma faute, dit enfin Feysoul. Pour l'amour de vous, j'ai mal agi envers votre frère; pourtant il a raison et nous avons tort. Il est temps de réparer notre faute; venez avec moi au palais, nous nous rendrons ensemble chez lui : ma visite colorera la vôtre, et vous m'épargnerez le chagrin de votre désunion. » Abdalla ne pouvait refuser plus longtemps : les politesses prescrites par l'étiquette furent échangées entre les deux frères et le danger d'un second scandale public se trouva éloigné. Mais Mâboub avait été instruit de l'aventure. « Comprenez-vous maintenant, dit-il à Feysoul, le véritable état des choses? Par Allah! vous serez à peine descendu dans le tombeau que le cliquetis des épées retentira depuis l'Ared jusqu'au Sedeyr. » Feysoul soupira profondément. Quel remède existe-t-il contre une rivalité transmise des mères aux enfants, et envenimée par la perspective d'une couronne?

Trois jours après l'arrivée de Saoud, un de ses officiers, grand et beau jeune homme, vint, avec une extrême politesse, me prier d'aller sans retard auprès de son maître, qui, disait-il, souffrait d'une violente douleur. Le prince m'accueillit avec la bienveillance et la bonne humeur qui lui sont ordinaires. Quand je m'informai de son mal, il partit d'un grand éclat de rire. « Je me porte aussi bien que vous, répondit-il; c'était simplement un prétexte pour vous faire venir chez moi. » L'entretien, commencé sur ce ton familier, se prolongea longtemps. Saoud exprima une grande sympathie pour l'Égypte, car, étant l'ennemi d'Abdalla et sentant que bientôt il aurait à soutenir une lutte contre ce rival redoutable, il voulait se ménager l'appui d'un gouvernement hostile à son frère, chef du parti ultra-vouahabite. Pendant le reste de mon séjour à Riad, il me manda fréquemment et me témoigna une bienveillance peut-être sincère, ma prétendue origine égyptienne le disposant en ma faveur, tandis qu'au contraire elle excitait la défiance d'Abdalla.

D'ailleurs la vérité me force d'avouer que malheureusement je me suis rendu plus d'une fois coupable envers ce dernier de témérités inutiles. En voici un exemple: Abdalla avait coutume de me retenir passé minuit, m'obsédant de ses questions scientifiques, car il prétendait m'obliger à lui faire un cours médical, sans me payer d'honoraires. Un soir que je me trouvais très-fatigué, et que j'aurais de beaucoup préféré mon lit à la société d'Abdalla, je résolus de me délivrer de son exigence. Je laissai donc sans réponse plusieurs de ses demandes. « A quoi pensez-vous? » me dit-il avec étonnement. Je m'excusai d'abord, puis j'avouai que je songeais à l'histoire du calife Haroun-al-Rachid et de son bouffon Abou-Novvas. Abdalla, comme tous les Arabes, n'aimait rien tant que les légendes. Il demanda aussitôt à connaître celle-ci. Je lui appris alors que le célèbre calife avait la mauvaise habitude, non-seulement de se coucher fort tard, mais encore de choisir pour compagnon de ses veilles Abou-Novvas, qui se serait volontiers dispensé d'un tel honneur. Une nuit que Haroun parlait avec animation tout en se promenant à grands pas, Abou-Novvas, immobile et silencieux, semblait absorbé dans des réflexions peu agréables. « A quoi pensez-vous? » demanda le calife. « A rien, » répliqua le bouffon. Une seconde question n'obtint pas de réponse plus satisfaisante. A la troisième seulement, Abou-Novvas leva la tête, et regardant en plein visage le souverain de Bagdad : « Je pensais à la brute (j'emploie cette expression pour remplacer un mot arabe mal sonnant aux oreilles des maris) qui ne veut ni se mettre au lit ni me permettre d'y aller moi-même. » Abdalla tressaillit; pendant quelques instants, il demeura partagé entre le rire et la colère. « Vous êtes libre, » dit-il enfin.

Cette fois son mécontentement avait failli éclater, et le cadi Abdel-Latif, avec quelques individus de la même trempe, saisit, comme je l'appris plus tard, l'occasion d'éveiller ses soupçons. La singulière façon dont l'orage s'annonça caractérise bien cette cour hypocrite et perfide.

Un émissaire du prince, le visage éclairé d'un mauvais sourire, vint un matin à notre demeure. Son maître l'avait chargé pour nous des compliments les plus gracieux et d'un présent qu'il nous priait d'accepter. C'était une somme assez forte, double au moins de celle que je recevais ordinairement pour honoraires. Quand le messager fut parti, Abou-Eysa, qui assistait à l'entretien, me dit : « Soyez sur vos gardes, tant de générosité me semble de mauvais augure. »

Le jour même, Abdalla me fit appeler; après une foule d'éloges et de promesses, il prétendit qu'il ne pouvait permettre à un médecin si utile de quitter le pays, et que je devais me fixer dans la capitale, où il m'assurerait toutes sortes d'avantages. Il avait résolu, ajoutait-il, de me donner une maison et un jardin, avec un revenu convenable et une jolie compagne; il termina en m'engageant à me rendre sans retard sur les lieux, pour voir la demeure et en prendre possession, si elle me convenait. Aussi donna-t-il l'ordre à un de ses serviteurs de me faire visiter la maison le lendemain matin.

Elle était agréablement située, et embellie par un petit jardin; un véritable docteur arabe aurait, pour employer l'expression vulgaire, happé l'amorce à l'instant même. Cependant il s'agissait ici pour moi de la terrible question « *être ou ne pas être*, » et, quand on ne peut tourner les difficultés, il faut les aborder de front.

Dans l'entrevue qui suivit, je dis à Abdalla que nous étions fort sensibles à ses offres gracieuses, mais que des engagements antérieurs, impossibles à rompre, nous forçaient de nous rendre dans la province de Haça; que du reste le prince devant commander en personne l'expédition contre Oneyza, nous ferions mieux d'attendre son retour avant de nous installer définitivement dans la capitale, où nous rencontrerions peut-être en son absence de nombreuses difficultés; bref, nous ne pouvions passer l'hiver dans le Nedjed, mais nous espérions l'année prochaine faire à Riad une visite nouvelle et plus longue. Le refus, malgré les ménagements de la forme, devait déplaire; il fit naître chez Abdalla un mécontentement visible.

A cette époque, les affaires du Naïb étaient presque entièrement réglées, et Abou-Eysa avait reçu sa patente. Nous nous préparions donc à partir pour les provinces de l'est; cependant nous n'avions pas encore fixé le jour de notre départ, quand l'explosion soudaine du déplaisir royal mit fin à notre indécision.

J'avais soigné un vieillard, ancien chef de la ville dont l'affection nécessitait l'emploi d'un remède énergique. Pour le soulager, j'avais eu recours à un agent thérapeutique très-violent, la strychnine, et le succès avait dépassé mes espérances. L'amélioration ainsi obtenue ne pouvait pas être durable; mais les Nedjéens ne s'occupent que de l'effet présent et le haut rang du malade appelait sur lui l'attention. Chacun donc parlait de son merveilleux rétablissement, et la nouvelle en arriva jusqu'au palais.

C'était le jour où Abdalla, cédant aux instances de son père, venait de visiter Saoud; la haine des deux frères, avivée par le voisinage, se cachait à peine, ou pour mieux dire ne se cachait pas, sous les formalités de l'étiquette. Les intrigues, les complots et les projets de vengeance se tramaient sourdement derrière les murailles silencieuses du palais; l'assassinat même n'aurait surpris personne. Mâboub, toujours odieux à Abdalla, lui inspirait en ce moment une aversion plus grande que jamais; car ce ministre, prévoyant quels périls l'attendaient quand le pouvoir absolu serait remis entre les mains d'un prince dont il avait tant de fois traversé les desseins, faisait cause commune avec Saoud. Les nobles de la ville, les étrangers eux-mêmes, prenaient parti pour l'un ou l'autre des deux frères, et la présence de Feysoul, bien qu'elle empêchât la lutte de se produire ouvertement, était insuffisante à réprimer les menées secrètes.

Les lectures d'Abdalla lui avaient appris à connaître les propriétés toxiques de plusieurs médicaments, en particulier de la strychnine; sans avoir jamais entendu parler des exploits de nos grands criminels européens, il était parfaitement capable de les imiter. Il avait appris la cure passagère qui faisait l'admiration de la ville; le lendemain, il m'envoya chercher, me témoigna le regret que lui causait ma résolution de quitter Riad et me pria de lui laisser au moins, pour le plus grand avantage des habitants de cette ville, quelques-uns de mes médicaments, surtout le remède qui venait de déterminer une si prompte guérison.

En vain je lui représentai que les drogues pharmaceutiques, entre des mains inexpérimentées, sont inutiles et même dangereuses. Abdalla rejeta mes excuses et finit par dire que je pouvais garder mes autres médicaments, si bon me semblait; mais qu'il lui fallait de la strychnine et qu'il la payerait n'importe à quel prix.

Ses intentions devenaient évidentes; néanmoins, feignant de ne pas comprendre son projet infernal, j'insistai sur les propriétés dangereuses de la substance qu'il me demandait. Le prince n'osa s'expliquer plus clairement et me laissa partir.

Le lendemain, il revint à la charge, sans obtenir plus de succès. Enfin, dans une troisième entrevue, qui eut lieu le 20 novembre, il avoua qu'il avait résolu de se défaire d'un ennemi, me pressa de lui remettre le poison et déclara qu'il n'admettrait ni retards ni faux-fuyants.

Il était en ce moment assis au fond du khavoua ; je me tenais auprès de lui, de sorte que les serviteurs, réunis à l'autre bout de la pièce, ne pouvaient entendre nos paroles. Je jetai un regard autour de moi pour m'assurer qu'aucun d'eux ne s'était rapproché; puis, quand un nouveau refus de ma part eut été suivi d'une demande plus formelle encore, je me penchai vers l'oreille d'Abdalla et lui dis avec fermeté : « Je sais à qui vous destinez ce poison; je ne veux pas devenir le complice de vos crimes et en répondre devant Dieu. Vous n'aurez pas ce que vous demandez. »

Son visage devint littéralement noir et gonflé de rage; jamais je n'ai vu d'homme qui ressemblât si parfaitement à un démon. Il hésita un moment; puis, maîtrisant sa fureur, il se mit à parler de choses indifférentes. Quelques minutes après, il se leva et je retournai à ma demeure.

Abou-Eysa, Baracat et moi, nous tînmes alors conseil pour examiner ce qu'il y avait à faire. J'avais encouru la haine du prince, cela était certain ; il ne fallait pas attendre qu'elle éclatât. Cependant nous nous exposions à de graves périls si nous quittions Riad trop précipitamment, et sans en avoir obtenu l'autorisation. Nous jugeâmes qu'il valait mieux attendre quelques jours, éviter d'attirer sur nous l'attention, faire nos adieux au palais, obtenir de Mâboub quelques paroles favorables, ce qui n'était pas difficile; puis disparaître sans bruit. Mais la Providence en avait ordonné autrement.

Le lendemain, à une heure assez avancée de la soirée, nous nous entretenions des préparatifs de notre voyage avec des amis, bons compagnons qui n'avaient aucune horreur de la fumée du tabac, quand un coup frappé à la porte annonça l'arrivée d'Abdalla, non le prince, mais son homonyme et son serviteur de confiance. « Qui vous amène à une pareille heure? demandai-je, peu charmé de cette visite inattendue.

— Le roi (on donne déjà ce titre à l'héritier du trône) m'envoie vous chercher, répondit-il d'une voix brève.

— Baracat doit-il m'accompagner?

— Non, c'est vous seul que le roi demande.

— Faut-il emporter mes livres ?

— Cela n'est pas nécessaire.

— Attendez au moins quelques minutes, que nous vous préparions une tasse de café. »

Aucun Arabe ne peut refuser une pareille offre sans manquer à la politesse la plus élémentaire. Je profitai du répit qui m'était accordé pour échanger quelques paroles rapides avec Baracat et Abou-Eysa. Il fut convenu que mes amis congédieraient nos visiteurs et se tiendraient prêts à tout événement, cette nocturne ambassade nous paraissant cacher une menace, peut-être un danger. Pourtant, comme mon compagnon n'avait pas été mandé avec moi, je pensais n'avoir à craindre aucune violence immédiate.

Je suivis avec le royal messager les rues sombres et silencieuses qui conduisent au palais d'Abdalla. Quand nous y fûmes arrivés, mon guide parlementa quelques instants avec les gardes, puis il entra pour annoncer au prince mon arrivée, tandis que j'essayais de me calmer en aspirant dans la cour l'air frais de la nuit. Un nègre arriva bientôt et m'introduisit dans le khavoua.

Aucune autre lumière que les lueurs vacillantes du

foyer n'éclairait la vaste pièce ; leurs reflets rougeâtres prêtaient à la scène un aspect sinistre. Abdalla, silencieux et farouche, était assis à l'extrémité de la salle ; en face de lui, se tenaient Abdel-Latif, quelques zélateurs et plusieurs dévots vouahabites. Un seul visage ami se trouvait au milieu de la sombre assemblée; c'était celui de Mâboub ; mais les traits du ministre avaient une expression de gravité peu ordinaire. Une douzaine de serviteurs armés, nègres et arabes, étaient réunis à l'entrée du khavoua.

Quand je me présentai, personne ne s'avança pour me souhaiter la bienvenue. Je saluai Abdalla, qui, sans répondre, me fit signe de m'asseoir à quelque distance de lui sur le même divan. On pense bien qu'en ce moment je n'ambitionnais pas l'honneur d'un voisinage trop rapproché.

Après quelques instants de silence, Abdalla, tournant vers moi son regard féroce : « Je sais la vérité sur votre compte, dit-il; vous n'êtes pas des médecins, vous êtes des chrétiens, des espions, des révolutionnaires, venus ici pour ruiner la religion et l'État. Vous méritez la mort, et je vais à l'instant ordonner votre supplice. »

« Gens qu'on menace vivent longtemps, » pensai-je. Le regardant avec calme en plein visage, je répondis froidement : « Priez Dieu qu'il vous pardonne. » Cette phrase est la formule ordinaire usitée en Arabie pour faire comprendre à quelqu'un l'inconvenance de ses paroles.

Une audace si peu attendue frappa le prince de surprise. — « Pourquoi cela? demanda-t-il.

— Parce que vous avez dit une chose insensée. Que nous soyons chrétiens, cela est possible; mais nous accuser d'être des espions, des révolutionnaires, quand toute la ville nous connaît et sait que nous exerçons tranquillement la profession de docteurs! Vous parlez de nous mettre à mort, vous ne le pouvez pas, vous ne l'oserez pas.

—Je le pourrai et je l'oserai. Qui m'en empêcherait? Vous apprendrez bientôt que je suis le maître.

— Non, vous ne l'oserez pas, repris-je; tout en me disant intérieurement qu'après tout il était bien capable d'accomplir sa menace. Je suis depuis plus d'un mois l'hôte de votre père et le vôtre. Quel crime avons-nous donc commis pour justifier cette inqualifiable violation des droits de l'hospitalité? Elle vous couvrirait de honte aux yeux du peuple. »

Abdalla réfléchit un moment, puis, relevant la tête: « Personne ne le saurait, répliqua-t-il enfin. Il m'est facile de vous faire disparaître sans exciter aucune rumeur dans la ville. J'ai des serviteurs fidèles qui arrangeront les choses de manière que mon nom ne soit pas même prononcé. »

L'avantage commençait à être de mon côté, je voulus le poursuivre et répondis avec un rire tranquille: « Ceci non plus n'est pas en votre pouvoir. Ne suis-je pas connu de votre père, de votre frère Saoud et de tout le palais? Ma présence ici n'est-elle sue de personne? Et parmi ceux qui nous entendent, êtes-vous sûr que tous vous garderont le secret? ajoutai-je en jetant un regard sur Mâboub. Abandonnez donc un projet aussi déraisonnable: je ne suis ni un enfant ni un idiot. »

Le prince répéta ses menaces, mais d'une voix moins assurée. « Vous tous qui êtes ici présents, je vous prends à témoins! m'écriai-je, élevant la voix de manière à être entendu d'un bout à l'autre de la salle. S'il arrive malheur à mon compagnon ou à moi avant que nous ayons atteint les côtes du Golfe Persique, c'est Abdalla qu'il faudra en accuser. Notre sang retombera sur sa tête, et les conséquences de son crime lui seront plus fatales qu'il ne peut le prévoir. »

Abdalla ne fit aucune réponse. Un silence profond régnait dans le khavoua; Mâboub tenait ses yeux dirigés vers le foyer; Abdel-Latif, sans prononcer une parole, promenait sur tous les assistants son regard sinistre.

« Apportez le café, » dit enfin le prince à ses serviteurs. Une minute ne s'était pas écoulée qu'un esclave nègre parut. Il tenait à la main une seule coupe et, sur un signe de son maître, il me la présenta. Cette distinction, si contraire aux coutumes du Nedjed, prêtait aux plus fâcheuses conjectures; mais je réfléchis que, la principale cause de la colère d'Abdalla étant précisément le refus de lui donner du poison, il n'en possédait probablement pas. Attachant donc sur le despote vouahabite un regard plein de fermeté, je pris la tasse et en avalai le contenu, après avoir prononcé le *bismillah* d'usage. Puis je dis à l'esclave : « Versez encore une fois. » Quand la coupe fut vide : « Emportez maintenant le café, » ajoutai-je avec calme.

Mon sang-froid eut l'effet que j'en attendais. Abdalla se sentit vaincu; se tournant vers Abdel-Latif, il s'entretint avec lui des dangers auxquels les machinations perfides des infidèles exposaient le pays. J'osai me mêler alors à la conversation et rappeler la conduite honorable et inoffensive que nous avions tenue à Riad; je parlai des services rendus et me plaignis amèrement de n'obtenir en retour que malveillance et persécution. M'appuyant enfin de l'autorité du coran, je citai force textes qui flétrissent les accusations téméraires et enjoignent aux musulmans fidèles de ne condamner personne sans une complète évidence. Abdalla évita de répondre directement; quant à ses satellites, ils ne pouvaient soutenir une imputation abandonnée par leur maître.

Ce qui m'amusait le plus dans cette aventure, c'était de voir que j'échappais au prince précisément parce qu'il avait deviné trop bien et frappé trop juste. Au fond du cœur, il n'avait pas changé d'opinion; mais, un instant, je le maîtrisai et je m'assurai ainsi le temps nécessaire pour la fuite.

L'entretien se prolongea quelques instants encore; je gardai ma place afin de mieux montrer la sécurité de l'innocence jusqu'à ce que Mâboub me fît signe de me retirer. Je pris congé d'Abdalla et quittai le palais sans être accompagné. Il était près de minuit, pas une lumière ne brillait aux fenêtres, nul bruit ne se faisait entendre dans les rues désertes, le ciel était sombre et, pour la première fois, j'eus la pénible conscience de mon isolement. Je tournai la tête pour voir si aucun poignard ne se cachait dans l'ombre, mais le péril n'était pas si proche. J'atteignis sans mauvaise rencontre l'allée tranquille et la porte basse à travers les fentes de laquelle un rayon de lumière indiquait la veille pleine d'anxiété de mes compagnons. En me revoyant sain et sauf après une pareille conférence, leur joie fut inexprimable.

Notre plan fut bientôt arrêté. Nous quitterions Riad seulement dans un jour ou deux afin de ne pas encourager nos ennemis à nous poursuivre en montrant des alarmes trop vives. Jusque-là, nous nous abstiendrions de visites au palais, de promenades dans les jardins et nous garderions le logis autant que possible. De son côté, Abou-Eysa se procurerait des dromadaires, qu'il amènerait dans une cour voisine de notre maison, afin de pouvoir les charger promptement quand le moment du départ serait arrivé.

Une caravane se préparait à quitter Riad quelques

jours plus tard pour se rendre dans le Haça. Abou-Eysa fit savoir à qui voulait l'entendre qu'il souhaitait d'être choisi pour guide ; quant à nous, on supposait que nous devions suivre la route du Sedeyr, celle-là même qui avait été prise par notre ami le Naïb.

Dans l'après-midi du 24, trois des dromadaires d'Abou-Eysa furent amenés dans notre cour; nous fermâmes la porte extérieure, puis nous nous mîmes en devoir de les charger. Nous attendîmes ensuite l'heure où la voix du muezzin appelle à la prière tous les vouahabites, sans excepter même les sentinelles qui gardent les portes de la ville. Dix minutes après, supposant tous les habitants de Riad réunis dans les mosquées, nous sortîmes de la maison. Mobeyrik, le serviteur noir d'Abou-Eysa, s'assura que personne ne se trouvait dans la rue et amena les chameaux. Abou-Eysa nous accompagnait. Nous gagnâmes par des ruelles détournées la porte de Riad la plus rapprochée de notre habitation, et nous nous félicitions déjà d'avoir échappé à tous les regards, quand nous aperçumes un Nedjéen attardé, qui se rendait à la mesdjid. En passant près de nous, il nous demanda si nous n'allions pas à la prière. « Nous en venons, » répondit Abou-Eysa sans hésiter ; et notre homme, craignant d'avoir encouru la colère des zélateurs, poursuivit précipitamment son chemin. Une demi-heure après, nous étions à l'abri derrière une petite chaîne de collines, où nous attendions que le soleil eût complétement disparu et que « l'aile noire de la nuit, » comme disent les poètes arabes, se fût étendue sur la ville et sur la campagne.

CHAPITRE IV

RELIGION ET MORALE

État religieux de l'Arabie avant Mahomet. — Monothéisme, sabéisme, fétichisme et christianisme. — L'idée mère de l'islam : « Il n'y a d'autre Dieu que Dieu, » est un panthéisme despotique. — Dès la création, tous les hommes futurs ont été prédestinés à l'enfer ou au paradis. — Ils ont pour égaux les chameaux et les archanges. — Le mahométisme est l'égoïsme et l'immobilité. — Les prohibitions ont pour objet de séparer les mahométans des autres hommes et surtout des chrétiens. — La religion, la guerre et les femmes doivent consumer l'énergie de l'homme. — La famille est anéantie par le harem. — Le joug avilissant de l'islam est repoussé par la conscience. — Doctrines de Moseylema, des carmathes, des kadérites et des biadites. — Restauration de l'islam par Mahomet, fils de Vouahab. — Réforme du vouahabisme et institution des zélateurs. — Les vouahabites négligent les pratiques religieuses. — Ils ne reconnaissent que deux grands péchés : 1° rendre les honneurs divins à une créature ; 2° fumer du tabac. — La proscription du tabac sépare les vouahabites des autres musulmans. — La morale n'a pas de place dans les sermons vouahabites. — Rien n'égale la corruption des principaux centres du mahométisme. — La prospérité de l'Arabie ne renaîtra qu'après la disparition de l'islam et du vouahabisme. — Le retour des Arabes au christianisme est possible.

Après avoir vu les personnages qui tiennent les principaux rôles dans l'Arabie centrale se mêler à quelques scènes dramatiques, le lecteur doit éprouver un certain désir d'être renseigné sur les motifs qui dirigent leurs actions et sur les événements auxquels ils ont pris part avant que nous les ayons rencontrés.

Nous allons essayer de satisfaire cette légitime curiosité, d'abord en ce qui concerne les besoins, les passions et les idées; car ce sont là les mobiles qui font agir les hommes, qui sont les causes de tous les événements.

Déjà nous connaissons le nomade pillard et le sédentaire laborieux, qui veut défendre les fruits de son travail, de son industrie et de son commerce. C'est de là qu'est née la sujétion à des gouvernements qui ont fait la police du désert et dont l'un surtout, devenant une tyrannie, s'est réservé ainsi qu'à ses partisans le droit d'enrichissement par la guerre et par le pillage. A cette tyrannie se sont opposés naturellement les sentiments de liberté individuelle et de patriotisme local, dès que l'on a été convaincu qu'elle apportait après elle et la négation de la morale et la ruine des fortunes privées. C'est ce qu'il s'agit ici de montrer en nous enquérant de l'état religieux de l'Arabie contemporaine, principalement au sujet du mahométisme et de la réforme vouahabite, qui en sont les manifestations les plus considérables et les plus récentes.

Mais, comme, en général, bien petit est le nombre des nations qui n'ont pas, en fait de religion, cousu une pièce neuve à un vieux vêtement; chez lesquelles de nouvelles croyances n'ont pas été greffées sur d'anciens rites; et comme, particulièrement pour l'Arabie, ce principe nous semble incontestable, nous allons commencer par nous rendre compte de la situation religieuse où se trouvaient les Arabes avant la prédication de Mahomet.

L'idolâtrie proprement dite ne fut jamais pratiquée que dans les provinces occidentales ; encore n'y prenaît-elle pas les formes grossières trop communes chez les Grecs et les Romains de l'antiquité. Au-delà du Hedjaz et de l'Yémen, elle était presque inconnue, et les pratiques religieuses de l'Arabie centrale, quoique entachées d'erreur, se faisaient remarquer par l'absence d'images et de symboles.

Les preuves négatives sont celles qui établissent le mieux la vérité d'une assertion négative, et le coran nous en fournit une très-concluante. Ce livre, où toutes les superstitions populaires sont clairement décrites et même exagérées avec une éloquente acrimonie, ne parle jamais d'idoles ni d'idolâtres, si ce n'est dans des récits relatifs aux anciens âges. Quant à ses contemporains, Mahomet les accuse seulement d'associer au Maître suprême des puissances secondaires ; mais il y a loin de là au paganisme, tel que nous le comprenons. Lat, Ozzal, Minal, les demi-dieux des coreychites, dont les noms écrits sur la pierre étaient l'objet de la vénération publique, ne ressemblent nullement à la Pallas ou au Mars des anciens. L'*ansab* et l'*azlam*, si sévèrement anathématisés par le Prophète, étaient de simples symboles, des instruments de superstition, comme la baguette de l'augure ou le trépied de la pythonisse. Si un culte avait été rendu aux images, il aurait certainement provoqué les fougueuses déclamations du Calvin arabe, qui se montre inexorable pour des fautes beaucoup moins graves.

De temps immémorial, l'Arabie a eu foi dans un Être suprême, créateur et souverain ordonnateur de toutes choses. Plusieurs auteurs ont avancé que cette croyance avait été apportée dans la péninsule par les Juifs; mais leur supposition, très-erronée selon moi, ne saurait s'appliquer avec vraisemblance qu'à une faible partie de la nation. Des témoignages authentiques prouvent que le monothéisme était, dès les premiers âges, la religion des Arabes; ce dogme élevé a été pourtant obscurci par deux superstitions différentes : le sabéisme, ou la croyance aux forces planétaires, et le fétichisme, dont les grossières pratiques étaient répandues dans les classes inférieures. Le culte des astres date d'une époque fort reculée; car le quatrième roi de la dynastie yémanite avait pris le nom d'*Abd-ech-Chems* (Serviteur du soleil), et le coran parle avec indignation des honneurs rendus à Zabra, l'étoile du matin.

L'Yémen, le Haça et l'Oman ont évidemment, comme les régions principalement peuplées de tribus kâtanites, suivi cet antique sabéisme, dont la forme était des plus simples et qui n'admettait guère d'autre symbole que le feu. Il adorait le soleil et les planètes, avait sa fête principale le jour où le soleil entrait dans la constellation du Bélier, c'est-à-dire le 20 mars, ou le premier jour de printemps, époque où commençait un jeûne de trente journées. Il ordonnait sept ou cinq prières par jour, dites la face tournée vers le nord; professait une vénération particulière pour les deux grandes pyramides d'Egypte, et prétendait suivre un code de lois attribuées à Seth, mais dont aucun vestige n'a été retrouvé.

Quant aux bédouins, ils étaient aussi, pour la plupart, adorateurs du soleil, puisque le prophète du Hedjaz et ses docteurs ont affirmé et répété que c'est entre les cornes du diable que l'astre du jour se lève tous les matins, afin de détourner les hommes de se prosterner devant le soleil levant.

Le fétichisme, ainsi que l'attestent une foule de coutumes encore répandues dans la péninsule, était aussi venu altérer profondément une foi plus ancienne et plus pure.

Il y eut une renaissance du culte sidéral, dont la

restauration officielle est attribuée à Darim, le héros cacimite du moyen âge, qui, né à Rass, fortifia Oneyza, conquit le Nedjed et la ouadi Soleyel, d'où il rejeta le mahométisme. C'est à lui qu'on attribue les cercles de pierres levées qui existent au Cacim, et dont nous avons parlé dans le chapitre précédent.

Mais si le sabéisme et le fétichisme régnaient en Arabie avant Mahomet, une autre modification religieuse s'y était également répandue, je veux dire le christianisme. Non-seulement il avait été reçu dans l'Yémen et l'Hadramaout, mais par la plupart des tribus du nord de l'Arabie. Ainsi, dans les montagnes de Chomeur, les Taïs; dans le Cacim et le Nedjed, les Taglebs, et dans le Haça, les Tenouks, étaient chrétiens. Sous l'influence de cette religion, ils étaient parvenus à un haut degré de richesse et de civilisation, tel, qu'aujourd'hui encore, c'est à des chrétiens que les Arabes attribuent tous les travaux d'utilité publique qui existent dans leur péninsule. Enfin, à l'époque même des Ommiades de Damas, quand les tribus du centre repoussèrent l'invasion de Merouan I, elles étaient pour la plupart encore chrétiennes.

Ce qui a corrompu et mis à néant cette prospérité, c'est le principe morbide du mahométisme.

Un bon mahométan répète presque continuellement des préceptes que beaucoup de chrétiens ne repousseraient pas à première vue : « Il n'y a d'autre Dieu que Dieu, — Tout arrive selon le bon plaisir de Dieu, — La force et le pouvoir appartiennent à Dieu seul. » Mais pénétrons sous la surface des choses et cherchons les conséquences de ces principes généraux, qui ont pour les mahométans une bien autre valeur que chez les chrétiens.

Oui, la clé de voûte du mahométisme, l'idée même de laquelle découle le système entier, est entrevue dans cette phrase si souvent répétée et si rarement comprise : « *La Ilah illa Allah*, Il n'y a d'autre Dieu que Dieu; » mais ces paroles ont un sens tout différent de celui qu'on leur attribue en Europe. Non-seulement elles nient d'une manière absolue toute pluralité de nature ou de personne dans l'Être suprême; non-seulement elles établissent l'unité de celui qui n'a pas été créé et que rien ne pourra détruire ; mais, dans la langue arabique et pour les Arabes, ces mots impliquent que Dieu est aussi le seul agent, la seule force, la seule action qui existe, et que toutes les créatures, matière ou esprit, instinct ou intelligence, sont purement passives. L'unique pouvoir, l'unique moteur, l'unique énergie capable d'agir, c'est Dieu; le reste, depuis l'archange jusqu'à l'atome de poussière, n'est qu'un instrument inerte. Cette maxime « La Ilah illa Allah » résume un système que, faute de termes plus exacts, j'appellerai le panthéisme de la force, puisque l'action se concentre dans un Dieu qui l'exerce seul et l'absorbe tout entière; qui détruit ou conserve; qui est, en un mot, l'auteur de tout bien, comme de tout mal relatifs. Je dis « relatifs; » en effet, dans une théologie semblable, ni le bien ni le mal, ni la raison ni l'extravagance n'existent d'une manière absolue; ils se modifient suivant le bon plaisir de l'éternel Autocrate; et, selon l'expression plus énergique encore du coran : « Les choses sont ce qu'il plaît à Dieu. »

Cet Être incommensurable, devant lequel les créatures sont confondues sous un même niveau d'inertie et de passivité, ce Dieu, Être dans toute l'étendue de son action omnipotente et omniprésente, ne connaît d'autre règle, d'autre frein que sa seule et absolue volonté. Il ne communique rien à ses créatures, car l'action et l'intelligence qu'elles semblent avoir résident en lui seul; il n'en reçoit rien, car elles existent en lui, et agissent par lui, quoi qu'elles puissent faire. Aucun être créé ne peut non plus se prévaloir d'une distinction ni d'une prééminence sur son semblable : c'est l'égalité de la servitude et de l'abaissement. Tous les hommes sont les instruments de la force unique qui les emploie à détruire ou à fonder, à servir la vérité ou l'erreur, à répandre autour d'eux le bien-être ou la souffrance, non suivant leur inclination particulière, mais simplement parce que telle est Sa volonté.

On devrait penser que ce terrible Autocrate, dont la puissance s'élève au-dessus de tout contrôle et de toute sympathie, est du moins exempt de passion. Il n'en est rien. Jaloux de ses créatures, Allah redoute qu'elles empiètent sur les priviléges de son omnipotence; il est plus prompt à punir qu'à récompenser, inflige plus volontiers la douleur qu'il ne donne la joie, ruine plutôt qu'il n'édifie. Il éprouve, en un mot, une amère jouissance à faire sentir aux hommes qu'ils sont ses esclaves, ses instruments, et des instruments méprisables; à leur faire comprendre combien sa puissance est au-dessus de leur puissance, sa volonté au-dessus de leur volonté, son orgueil enfin au-dessus de leur orgueil.

Mais, dans sa hauteur inaccessible, n'ayant ni fils, ni compagnon, ni conseiller, il n'est pas moins stérile pour lui-même que pour tous les êtres; sa propre stérilité et son égoïsme solitaire sont la cause et la règle de son aveugle despotisme. Telle est l'idée que l'islamisme donne de Dieu, telle est la pensée primordiale qui sert de base au système entier.

Si monstrueuse, si impie que puisse paraître cette doctrine, elle ressort de chaque page du coran; ceux qui ont lu et médité attentivement le texte arabe, dont les traductions altèrent toutes plus ou moins le sens original, n'hésiteront pas à reconnaître que chaque ligne et chaque touche du portrait odieux qui vient d'être tracé ont été prises au livre saint des musulmans.

Les contemporains ne nous ont laissé aucun doute sur les opinions du Prophète, opinions qui sont longuement expliquées dans les *Commentaires de Beydaoui*, dans le *Miskat-el-Mesabih* et autres ouvrages du même genre. Pour l'édification des lecteurs qui ne seraient pas en état de puiser aux sources mêmes des dogmes islamites, je rapporterai ici une légende que j'ai entendu bien des fois raconter avec admiration par les vouahabites fervents du Nedjed.

Quand Dieu, selon la tradition, j'allais dire le blasphème arabe, résolut de créer l'espèce humaine, il prit entre ses mains le limon qui devait servir à former l'humanité, et dans lequel tout homme préexistait ; il le divisa en deux portions égales, jeta l'une en l'enfer en disant : « Ceux-ci pour le feu éternel ; » puis, avec la même indifférence, il jeta l'autre au ciel en ajoutant : « Ceux-ci pour le paradis. »

Tout commentaire serait superflu. Cette genèse nous donne une juste idée de la prédestination, ou plutôt de la prédamnation, telle que l'admet et l'enseigne le coran. Le paradis et l'enfer sont choses complétement indépendantes de l'amour ou de la haine de la Divinité, des mérites ou des démérites de la créature. Il en ressort naturellement que les actions regardées par les hommes comme bonnes ou mauvaises, louables ou vicieuses, sont en réalité fort indifférentes ; elles ne méritent en elles-mêmes ni récompense, ni punition, ni éloge, ni blâme ; elles n'ont d'autre valeur que celle qui leur est attribuée par la volonté arbitraire du tout-puissant despote. Allah condamne les uns à brûler pendant toute l'éternité dans une mer de feu ; il place les autres dans un jardin de délices où les attendent les faveurs de quarante concubines célestes, sans avoir, pour faire cette répartition, d'autre motif que son bon plaisir.

Tous les hommes sont donc abaissés au même niveau, celui d'esclaves qui se courbent devant leur maître. Mais la doctrine égalitaire ne s'arrête pas là. Les animaux partagent avec l'espèce humaine l'honneur d'être les instruments de la Divinité. Mahomet a soin, dans le coran, d'avertir ses sectateurs que les bêtes de la terre, les oiseaux du ciel, les poissons de la mer sont, eux aussi, « des nations ; » qu'aucune différence ne les sépare des enfants des hommes, si ce n'est la diversité accidentelle et passagère établie entre les êtres par le Roi, le Tout-Puissant, le Géant éternel.

Si quelque musulman se révoltait à l'idée d'une telle association, il pourrait consoler son orgueil par cette réflexion judicieuse que, d'un autre côté, les anges, les archanges, les génies, tous les esprits célestes sont confondus dans un pareil abaissement. Il ne lui est pas permis de se croire supérieur à un chameau, mais il est l'égal des séraphins. Et au-dessus du néant des êtres s'élève seule la Divinité : « La Ilah illa Allah. »

L'inconséquence humaine, qui est souvent l'objet d'impitoyables critiques, épargne bien des folies, heureusement. Les esprits les plus nobles partagent avec les plus vils cet heureux défaut qui seul empêche le bien d'être trop rigide, le mal d'être excessif. Nul ne conforme complétement sa conduite à ses théories, et l'on ne saurait s'en plaindre : si excellente que soit une doctrine, elle ne s'adapte pas à toutes les circonstances et, si nous voulions ne jamais nous en écarter, nous arriverions à l'absurde. La même remarque s'applique à l'erreur et au mal; les systèmes les plus faux se rachètent par quelque vérité, le cœur le plus vicieux conserve quelque étincelle de vertu; personne, en un mot, ne peut rompre complétement avec le bon sens ni avec la morale. Aussi, dans l'esquisse rapide que je viens de tracer de l'islamisme, ai-je seulement prétendu faire ressortir l'idée principale, analyser les éléments essentiels du coran ; je n'ai pas tenu compte des principes meilleurs et plus sains qui s'y trouvent mêlés, parce qu'ils n'en forment pas une partie constitutive. Le livre de Mahomet renferme, sans nul doute, des maximes hautes et pures; le Prophète redevient homme parfois, et le coran, sans y songer, descend des régions stériles où il plane, pour parler la langue de la raison et de la charité. Mais, après tout, quelques pages isolées ne prouvent pas plus en faveur du mahométisme, qu'un vers faible perdu au milieu d'une foule de beautés ne fait passer Shakspeare pour un mauvais poète, ou qu'une pieuse boutade de Voltaire ne placera le philosophe de Ferney au nombre des défenseurs de l'Eglise.

Faute d'avoir réfléchi que la nuit même n'est pas complétement dépourvue de lumière, quelques apologistes européens se sont pris pour Mahomet d'une admiration qui aurait bien étonné Mahomet lui-même. Ils ont transformé en philanthrope du XIXe siècle le *Messager d'Allah;* du coran, ils ont fait un cinquième évangile. On a présenté au public des maximes détachées comme la règle à laquelle le Prophète a conformé sa conduite, comme l'inspiration qui anime tout son ouvrage. Il ne faut point s'en étonner. « Le démon peut s'autoriser parfois de l'écriture sainte, et les anges pousser les cœurs au bien par le moyen du coran ; » mais de simples mortels devraient présenter les choses telles qu'elles sont, et non telles qu'ils désireraient les voir. Ceci soit dit en passant pour répondre à certaines objections, plus spécieuses que solides.

Il ne faut pas perdre de vue que l'islamisme est stationnaire de sa nature. Stérile comme son Dieu, glacé, dépourvu de vie comme son premier principe, — car la vie, c'est l'amour, c'est le progrès, choses complétement étrangères à la Divinité du coran, — il repousse toute modification, tout développement. C'est une lettre morte et, s'il s'en échappait quelque étincelle, les musulmans ne manqueraient pas de crier à l'hérésie.

Le Dieu des chrétiens au contraire est un Dieu vivant : il a créé le monde par amour, il le gouverne par amour; il appelle les hommes, non ses esclaves, mais ses serviteurs, mais ses amis, ses enfants; esprit et lumière, il n'a pas dédaigné de prendre un corps semblable au nôtre; le Créateur et la créature se sont confondus dans une mystérieuse union, et la foi révélée à la terre par le Christ pourrait se résumer par ces mots : « Un Dieu qui s'est fait homme pour transformer l'homme en Dieu. » Une telle doctrine est nécessairement une doctrine de perfectionnement et de progrès. Il y a, entre elle et l'islamisme, toute la différence qui sépare le mouvement de l'immobilité, l'amour de l'égoïsme, la vie de la pétrification. Le principe du christianisme et l'esprit qui l'anime restent toujours les mêmes, mais la forme extérieure doit varier; car, si la vérité est une de sa nature, elle se développe selon les temps et les lieux; de nouveaux rejetons attestent la vigueur de la séve. S'il en était autrement, la vigne céleste serait frappée de mort et ses branches se dessècheraient. Je n'ai pas l'intention d'entrer dans une controverse religieuse qui serait ici peu à sa place; je dis seulement que la vie suppose le mouvement et la croissance, que vouloir enfermer dans une lettre morte une religion vivante, c'est la coucher sur un lit de Procuste, c'est la tuer. Le christianisme est vivant, par cela même il doit progresser et grandir; ainsi l'a voulu son fondateur. Le mahométisme, au contraire, est dépourvu de vie; il ne peut pas progresser, il ne peut pas grandir : pour le maintenir debout, on doit le laisser dans une immobilité absolue.

Quant aux interdictions de certaines viandes et des liqueurs fermentées, il faut se garder de les expliquer par des raisons hygiéniques, généralement inapplicables : Mahomet a surtout voulu séparer ses sectateurs des autres hommes pour empêcher le culte qu'il avait fondé de se confondre avec les autres.

L'ivrognerie, par exemple, n'a jamais été le vice des Arabes : elle ne l'était pas au temps de Mahomet; elle ne l'est pas aujourd'hui parmi les populations qui sont restées hostiles à l'islamisme. Et pourtant Mahomet a prohibé le vin. En approfondissant cette question, je suis resté convaincu que l'antipathie profonde du Prophète contre le christianisme et le désir de tracer une ligne de démarcation entre ses disciples et ceux de Jésus, ont été les véritables motifs qui ont inspiré sa détermination.

Le vin, en effet, a été non-seulement toléré par le Christ, mais encore revêtu du caractère religieux le plus élevé; une grande partie du monde chrétien y voit l'élément d'un ineffable mystère. De cet usage mystique découle sa valeur sociale. Toutes les nations qui, pour employer l'expression orientale, « ont pour livre l'évangile, » c'est-à-dire qui sont chrétiennes dans le sens le plus compréhensif du mot, ont toujours tenu le vin en grand honneur; elles en ont fait l'emblème de la civilisation, de l'amitié et de l'union des peuples, des sociétés et des familles. Mahomet le savait bien. Le voisinage de la Grèce, dont il connaissait les mœurs et les coutumes, aurait suffi pour le lui apprendre. En même temps, la rare clairvoyance dont il était doué lui avait fait pressentir dans les chrétiens des rivaux bien autrement dangereux pour les musulmans que les Persans et les Juifs; des rivaux dont l'hostilité devait être dangereuse et dont le nombre commandait la prudence. On ne pouvait les mépriser, encore moins les persécuter impunément; dès lors, il importait de creuser un abîme entre les deux croyances. Déclarer impure, interdire comme une abomination, comme une œuvre de l'esprit des ténèbres, la liqueur sacrée des chrétiens, c'était arborer un drapeau, créer une opposition éternellement durable, visible à la fois dans la mosquée, cet antipode du sanctuaire, et dans le harem, cette négation du foyer domestique.

Des preuves non moins évidentes, tirées du coran et de la tradition contemporaine, montrent que telle était la constante préoccupation de Mahomet. On ne saurait expliquer autrement son horreur profonde pour les sculptures et les images, décorations si essentiellement liées au christianisme oriental, comme le témoignent les églises grecques et arméniennes. Le Prophète les proscrivit avec une impitoyable rigueur et s'efforça d'inspirer aux musulmans une sainte aversion pour ces ornements profanes. Les cloches, si toutefois on peut appeler ainsi le signal qui, dans les églises du Levant, appelle les fidèles à l'office divin, furent également frappées d'anathème, non parce qu'elles troublent le sommeil des anges, mais bien parce qu'elles sont d'un usage universel dans le culte rival. Enfin, le même motif poussa Mahomet à condamner la musique, à la ranger parmi les plus noires inventions de l'esprit des ténèbres pour perdre l'humanité; il confirmait ainsi d'avance les belles paroles que Shakspeare met dans la bouche de Lorenzo : « Celui qui n'a aucune musique dans son âme, qui n'est pas touché de l'accord des sons harmonieux, est propre aux trahisons, aux stratagèmes, aux violences. Les mouvements de son cœur sont lugubres comme la nuit, ses affections noires comme l'Érèbe. Ne vous fiez pas à un tel homme. » Ce fut aussi en haine du christianisme que le Prophète interdit la prière pendant les premières heures qui suivent le lever du soleil et celles qui précèdent son coucher ; il se souciait en réalité fort peu des cornes de Satan, mais cette partie du jour était consacrée chez les chrétiens orientaux à la messe et aux vêpres. Il n'est pas invraisemblable non plus d'attribuer au même besoin d'opposition le discrédit jeté par Mahomet sur la navigation et le commerce. « Celui qui s'embarque deux fois sur mer est un infidèle, » a dit dans le coran le chamelier de La Mecque, et cette phrase ne lui vaudra pas, j'imagine, la sympathie des Anglais. Tandis que le christianisme, qui avait été chercher sur une barque de Tibériade son premier vicaire, couvrait l'Océan de flottes innombrables, l'islamisme, sous prétexte de zèle religieux, paralysait l'intelligence et l'activité humaines.

En un mot, mettre sa religion et ses disciples en désaccord complet avec le christianisme et les chrétiens, tel fut le but principal de Mahomet, et il réussit parfaitement à l'atteindre : onze siècles n'ont pas rapproché, de l'épaisseur d'un cheveu, des cultes dont la bannière accuse la violente antipathie. Outre la religion de Jésus, deux autres croyances disputaient au Prophète l'empire de l'Arabie : c'étaient le judaïsme et le paganisme, contre lesquels il fallait aussi prendre quelques précautions. Les honneurs rendus à la Caaba, l'usage de la chair de chameau, que Moïse avait interdite, la consécration de la polygamie dans la forme nouvelle du harem, séparaient suffisamment les vrais croyants des israélites. Quant aux païens, c'est-à-dire aux Arabes qui professaient le sabéisme, Mahomet ne les redoutait guère ; un compromis avec eux était chose impossible et le combat même ne pouvait être de longue durée entre les erreurs du polythéisme et la doctrine plus pure qui enseignait l'unité divine. En face du christianisme, la situation était bien différente. Une lutte, dont il était impossible de prévoir le terme, allait s'engager ; les forces ennemies paraissaient d'égale puissance, et les deux religions présentaient assez d'analogie pour faire craindre une transaction fatale à l'islamisme, quand les communications de peuple à peuple auraient rapproché les esprits, fatigués d'ailleurs de guerres et de controverses. Il était donc indispensable d'établir des distinctions spéciales, visibles dans tous les détails de la vie quotidienne, et capables de maintenir la dissemblance sans laquelle l'islamisme était en danger de se confondre dans le grand courant chrétien.

Les siècles suivants montrèrent que les craintes du Prophète n'étaient pas chimériques : l'histoire des confréries ascétiques et des sectes secrètes de l'Orient, depuis les Dardanelles jusqu'à l'Indus, prouvent combien de fois le mahométisme a été sur le point de se dissoudre par suite de l'infiltration des idées chrétiennes. Ce sujet mériterait d'être approfondi plus qu'il ne l'a été jusqu'à présent; mais ce n'est pas ici le lieu d'entamer une longue discussion : il me faut revenir à Mahomet que nous avons laissé dressant, comme un habile capitaine, son plan de bataille.

Chaque jour, à chaque heure, des prières et des rites multipliés vinrent rappeler aux sectateurs du Prophète la religion qu'ils servaient; toutes les formules récitées pendant les pieuses cérémonies durent renfermer un abrégé du dogme fondamental, l'essence même de son esprit, sous une forme concise et frappante; elles durent pénétrer les musulmans de la conviction qu'ils formaient un peuple choisi dont les croyances sont incompatibles avec celles des autres nations. Ce but une fois atteint, Mahomet pensa pouvoir introduire sans danger quelques phrases conciliantes, hommage rendu à une religion puissante et durable.

L'importance d'une telle matière engagera sans doute le lecteur à écouter encore avec patience quelques réflexions au sujet de l'interdit lancé par le Prophète sur le jus de la grappe vermeille. Pour agir ainsi, Mahomet avait un double motif, et le second, moins apparent peut-être que le premier, était tout aussi sérieux. Il importait en effet que les musulmans demeurassent unis dans le temple et sur le champ de bataille; il fallait identifier la guerre et la religion, éloigner toute alliance, tout commerce propre à diminuer l'énergique concentration des forces de l'islamisme; c'était là un projet digne de tenter l'audacieux génie du Prophète de La Mecque, et les moyens employés pour en assurer le succès caractérisent à la fois l'homme et le système. Il réunit les vrais croyants cinq fois le jour pour les prières obligatoires, j'allais presque dire officielles; il donna aux cérémonies religieuses une apparence militaire qui frappe l'observateur le moins attentif. Quand on entre dans une mosquée, ou, qu'à ciel découvert, on voit un groupe de mahométans assemblés pour accomplir les rites de leur culte, on se demande si l'on a devant les yeux une escouade commandée par un sergent instructeur, ou des fidèles attentifs à la voix d'un iman. L'administration civile et judiciaire, l'armée ni le gouvernement ne sont, comme en Europe, distincts de la religion, qui se borne à les animer de son esprit; ils se confondent avec elle, forment les parties constitutives d'un unique système, se lient aux croyances par une union aussi intime que celle de la face et du revers d'une médaille. Enfin Mahomet présenta le *Ghazou*, c'est-à-dire la guerre contre les infidèles, comme le premier devoir de ses sectateurs, la condition essentielle de leur existence nationale.

C'était beaucoup déjà; il fallait plus encore, et la prudence ordonnait d'assurer, par des mesures restrictives, l'accomplissement des préceptes formels. Tout ce qui était capable de distraire la pensée des croyants, d'amoindrir leur énergie en la répandant sur d'autres sphères d'action, fut soigneusement évité, sévèrement défendu. Le commerce devint un vil métier, indigne d'un vrai musulman, et peu s'en fallut que l'agriculture elle-même ne fût proscrite par le fils d'Abdalla. « Les anges ne visitent pas une maison qui renferme une charrue, » disait le prophète de La Mecque à sa favorite Aïécha, et ces paroles n'ont pas besoin de commentaires. Mais il restait encore la vie sociale, qui se produit sous la forme, tantôt de plaisirs extérieurs que nous désignons par le terme assez impropre de *divertissements*, tantôt de joies intimes chères à tout cœur chrétien, et principalement aux Anglo-Saxons, la vie de famille, le *home* en un mot. Ces deux manifestations furent sacrifiées au Moloch de l'existence militaire et fanatique.

Mahomet savait que les hommes ne se réunissent pas dans un but de plaisir s'ils ne sont attirés par un amusement, qui est à la fois le lien et le symbole de leur réunion. Il le savait, et il frappa d'anathème tout ce qui pouvait devenir un lien et un symbole. Les jeux de hasard, la déclamation, les représentations scéniques, la musique, les entretiens mêmes dont le nom de Dieu ne formerait pas le sujet principal, furent tous désapprouvés, flétris ou même interdits complétement. Des témoins contemporains du Prophète nous en fournissent la preuve irrécusable. Mais, parmi les moyens qu'a inventés l'esprit de l'homme, ou que la bonté de Dieu nous a donnés, pour nous consoler des tristesses de la vie, nous unir dans l'amitié, l'intimité, la joie, il n'en est pas d'aussi puissant que le jus du raisin ; c'est l'âme du commerce social, l'aiguillon de la bienveillance, de la civilisation, de la confraternité amicale et expansive. Le chamelier du Hedjaz crut devoir pour cela même l'anathématiser d'une manière plus rigoureuse. Il n'y aurait peut-être pas d'exagération à prétendre que, si Mahomet avait eu le dessein arrêté de rendre ses sectateurs irrémédiablement incapables de progrès, de sociabilité ou de tolérance ; de leur mériter ainsi l'admiration du despotisme et d'en faire l'opprobre, non-seulement du monde chrétien, mais même du monde païen, il ne pouvait prendre un moyen plus efficace que d'interdire aux vrais croyants l'usage du vin.

Si les limites de cette relation me permettaient de citer les annales de l'histoire arabe et les poésies antérieures à l'islamisme, mes lecteurs seraient plus en état de juger du degré de civilisation auquel était déjà parvenue la famille arabe, et de l'influence qu'exerçaient les joyeuses réunions et les fêtes sur le perfectionnement social. Je serais heureux de reproduire des extraits d'odes anacréontiques; mais, pour traiter ce sujet avec les développements qu'il exige, je devrais me livrer à une étude spéciale.

En outre, les femmes et les enfants, étant, selon Mahomet, une « dangereuse tentation, » toute la fleur des sentiments domestiques et de la vie de famille fut flétrie par des mesures qui substituent des concubines à l'épouse; c'est ainsi que l'institution de la polygamie et la facilité du divorce séparent les enfants de leurs parents, pour en faire autant d'ennemis, de sorte que la maison d'un mahométan ne présente qu'un spectacle repoussant et plein de tristesse : tantôt celui d'une immonde promiscuité, tantôt d'une lutte fratricide qui rappelle les deux jumeaux fondateurs de la Ville éternelle. Si l'on a la patience d'arrêter ses regards sur les scènes impures et sanglantes qu'offre l'histoire des dynasties mahométanes, on y verra la fidèle image des passions qui souillent la demeure des moindres particuliers, dans les pays frappés par la malédiction du coran.

D'après le système de Mahomet, trois choses, la religion, la guerre et les femmes, doivent consumer l'énergie, remplir l'existence entière de l'homme; parmi ces trois choses, les deux premières sont un devoir, la dernière, un simple passe-temps.

Un état social fondé sur de tels principes n'admet d'autres plaisirs, d'autres divertissements que ceux qui flattent les instincts sensuels les plus vils ; il conduit fatalement à des vices sans nom, et Mahomet lui-même en prévoyait les tristes résultats. Ce chamelier n'avait pas besoin d'être un prophète pour savoir que, dans un pays où les femmes sont trop dégradées pour inspirer le respect, elles ne sauraient faire naître l'amour.

« A travailler toujours sans jamais jouer, Jack deviendra un triste garçon, » dit un vieux proverbe; on peut ajouter aussi qu'il deviendra un méchant garçon. Combattre et prier, prier et combattre, se traîner dans la fange d'une basse sensualité, c'est autant qu'il en faut pour absorber l'énergie du soldat au temps de la conquête, pour remplir l'âme d'un dévot fanatique. Mais, quand la lutte sera passée, quand la ferveur religieuse sera refroidie, quel aliment viendra ranimer la vigueur des esprits fatigués de guerres et de disputes? Ce ne sera pas l'amour, il est profané; ce ne seront pas les liens de la famille, le divorce et la polygamie les ont détruits; bien moins encore le vin, le jeu, les gaies réunions, ce sont des piéges de Satan.

S'occupe-t-on d'agriculture? on renonce aux visites des anges; s'adonne-t-on au commerce? on empiète sur les attributs du Tout-Puissant, nourricier du monde; enfin, se livre-t-on à la science? on devient hérétique. Le Prophète l'a déclaré en termes formels. Enfermé dans de si tristes barrières, un cheval les franchirait parfois; il y serait même contraint, s'il ne voulait croupir dans le fumier et dans l'inaction.

Il y a, je le sais, des exceptions à cette règle. Sous les systèmes les plus mauvais, le bien peut quelquefois se faire jour, et même se propager, comme il arrive au mal de se produire sous les meilleurs régimes. La nature humaine réagit contre ce qui tend à causer sa ruine, de même qu'elle brise trop souvent aussi des freins salutaires. L'amour de la famille, l'attachement conjugal, l'activité généreuse, la douce tolérance ni la saine civilisation n'ont pas été entièrement étouffés par le coran, insuffisant à les empêcher de porter çà et là quelques fruits. La race arabique, si richement douée, a surtout une vitalité puissante qui résiste à l'action délétère de pareils dogmes religieux.

D'ailleurs, les Arabes, si ennemis de toute forme extérieure du culte et si impatients du joug, si expansifs de leur nature, n'ont jamais pu accepter l'esprit étroit des préceptes de Mahomet. Dès qu'il fut mort, les résistances qu'il avait à peine vaincues recommencèrent; un soulèvement général éclata, fut réprimé, mais se renouvela et finit par désagréger l'empire musulman. C'est qu'en somme le mahométisme légitimait la révolte de la conscience; car ce qui, dans les pays musulmans, mérite nos éloges, est l'œuvre d'une tendance hostile à l'islamisme, tandis que les vices odieux qui trop fréquemment souillent les meilleures qualités natives sont l'inévitable résultat de la dégration produite par un joug avilissant. Ce joug s'était vu repoussé dès Mahomet, non-seulement par les tribus, mais encore par un rival, nommé Moseylema, qui prenait aussi le titre de *messager de Dieu* et qui s'était fait dans l'Est de nombreux partisans. Après avoir proposé au prophète de La Mecque son alliance et sa coopération, il avait employé l'éloquence et la satire pour le rendre odieux autant que ridicule aux yeux des Nedjéens. Dès que paraissait un nouveau chapitre du coran, Moseylema le travestissait et en montrait l'extravagance ou l'absurdité. Ses doctrines paraissent avoir eu ce que nous appellerions une tendance socialiste; mais, bien qu'à tout prendre elles fussent plus favorables à la civilisation et au progrès que celles de Mahomet, elles n'étaient pas revêtues d'un aussi pompeux étalage de dignité. Le prophète nedjéen rejetait le fatalisme, admettait jusqu'à un certain point la médiation entre l'homme et Dieu, et enseignait, quoique très-confusément, le dogme de l'incarnation; cependant l'histoire ou la calomnie lui impute un relâchement de mœurs poussé aux dernières limites. On peut regarder ces doctrines comme les avant-coureurs de celles qui, trois cents ans plus tard, furent connues sous le nom de carmathiennes.

La secte des carmathes, fondée par Abou-Saïd-el-Djenabi-el-Karmouth, qui, ainsi que son fils Abou-Tahir, eut un splendide palais à Catif, date de la fin du IIIe siècle de l'hégire et du IXe du christianisme. Ce fut un énergique effort de l'esprit humain, pour briser les liens du fatalisme et revendiquer la liberté morale; elle dépassa le but qu'elle s'était proposé et, après un siècle de lutte, la foi mahométane avait abattu à ses pieds le fier rationalisme (1), qui laissa des traces pro-

(1) Ces idées sur les carmathes ne sont pas celles qui sont vulgairement acceptées, mais ce sont celles de M. Palgrave, t. II, p. 201, de l'édition française complète. — J. B.

fondes dans toute l'Arabie et surtout dans les régions orientales de la presqu'île.

La secte des kadérites, dont le fondateur est Abd-el-Kader-el-Ghilani, a pour base un spiritualisme applicable à tous les temps et à tous les pays, et prenant sa source dans le sentiment profond des droits de la Divinité et des devoirs de l'homme.

Un jour, un des principaux membres de cette curieuse association, le fameux Amed-el-Ghazali, natif de Thous, en Perse (les Orientalistes reconnaîtront en lui l'auteur de *Lobab-el-Ahya*, qui florissait vers l'an 1180 de notre ère), avait dit à ses disciples : « Allez et m'apportez des vêtements blancs tout neufs, car le roi me mande en sa présence. » Ils sortirent pour exécuter l'ordre de leur maître ; lorsqu'ils revinrent, ils trouvèrent Amed mort, et près de lui un papier sur lequel étaient écrits les vers suivants :

Dites à mes amis, quand ils me verront étendu sur ma couche funèbre,
Quand, revêtus d'habits de deuil, ils pleureront ma mort;
Dites-leur que ce cadavre insensible n'est pas moi.
C'est mon corps, mais je ne l'habite plus.
Je suis une vie qui ne s'éteint pas; les restes qu'ils contemplent
Ont été ma demeure passagère et mon vêtement d'un jour.
Je suis l'oiseau, ce corps était ma cage;
J'ai déployé mes ailes et quitté ma prison.
Je suis la perle, il était l'écaille,
Qui demeure ouverte et abandonnée, parce qu'elle est sans valeur.
Je suis le trésor, il était le charme jeté sur moi
Jusqu'au jour où le trésor a repris son éclat.
Grâces soient rendues à Dieu qui me délivre
Et m'assigne une place dans l'éternelle demeure.
Je converse maintenant avec les Bienheureux,
Je vois la Divinité face à face et sans voiles.
Je contemple, dans ce miroir sublime,
Le passé, le présent, ce qui n'est pas encore.

J'ai aussi une nourriture et un breuvage, mais les deux sont
une même chose.
Ineffable mystère, connu seulement des cœurs qui s'efforcent
d'en être dignes.
Ce n'est pas le vin si agréable au palais des hommes qui
étanche ma soif,
Ce n'est pas l'eau non plus, c'est le pur lait d'une mère.
Comprenez et méditez la pensée secrète
Que j'enveloppe ici de symboles et de figures.
Mon voyage est terminé, je vous laisse dans l'exil.
Comment vos misérables tentes m'auraient-elles fait oublier
la patrie ?
Laissez tomber en ruines ma demeure, brisez ma cage,
Que l'écaille périsse avec les illusions de la terre ;
Déchirez le vêtement, le voile jeté sur moi,
Ensevelissez ces dépouilles et vouez-les à l'oubli.
N'appelez pas la mort du nom de mort, car elle est en réalité
La vie véritable, le but de nos ardents désirs.
Pensez avec amour au Dieu qui est amour,
Qui se plaît à récompenser nos efforts, et venez vers lui sans
crainte.
Du sein de mon bonheur, je jette les yeux sur vous, esprits
immortels comme moi,
Et je vois que nos facultés sont les mêmes, nos destinées
semblables.

Je ferai observer que *l'eau et le vin*, si dédaigneusement bannis par le poète des demeures célestes, figurent au nombre des délices du paradis mahométan. Un autre passage fort remarquable, qui prouve combien étaient antiislamites les doctrines de Ghazali, est celui où il nie la résurrection des corps, si énergiquement affirmée par Mahomet. Cette poésie a en outre l'avantage d'exprimer fidèlement l'inspiration commune à tous les kadérites, quoiqu'elle ne leur soit point particulière.

La plus vivante des opinions dérivées directement du mouvement carmathe est celle des biadites ou *enfants blancs*, ainsi nommés parce que les carmathes avaient pris un turban de cette couleur. Elle domina dans l'Oman et dans le Haça. Comme les druses, les ismaéliens et d'autres sectes semblables, les biadites mêlent, aux pratiques sabéennes et au rationalisme carmathe, certaines doctrines mahométanes, suffisantes pour déguiser leur hérésie aux yeux orthodoxes. Leur jeûne est encore plus obligatoire que celui des mahométans. La polygamie, bien qu'elle soit assez commune, n'est pas autorisée dans l'Oman comme dans les autres contrées musulmanes, car l'habitant de cette province ne peut donner qu'à une seule femme le titre d'épouse légitime. Les lois qui règlent les héritages sont aussi fort différentes de celles du coran : les femmes partagent avec leurs frères les biens paternels, tandis que Mahomet ne leur donne droit qu'à une faible portion. Enfin elles vivent avec les hommes sur un pied d'égalité inconnu ailleurs. Elles ne sont pas contraintes à se couvrir du voile islamite, ce qui est un avantage réel, puisqu'elles l'emportent sur toutes les femmes de la péninsule, peut-être même de l'Asie entière, pour la grâce des formes et la régularité du visage. J'ajouterai que personne parmi les biadites ne se cache pour boire du vin, et que l'on cultive la vigne sur les pentes du mont Akhdar.

Si j'avais été plus familier à cette époque avec les auteurs arabes, je n'aurais pas été surpris des fréquentes questions qui m'étaient adressées dans l'Oman au sujet des pyramides d'Égypte, objet autrefois de la vénération sabéenne. Peut-être aussi aurais-je obtenu des habitants quelques informations intéressantes sur le mystérieux livre de Seth, informations que la brièveté de mon séjour ne me permit pas de prendre.

Au milieu de toutes ces luttes, produites sous forme d'hérésie ou de rébellion, bien des choses hétéroclites s'étaient glissées dans l'islamisme soit sur le libre arbitre soit sur la solidarité des hommes entre eux; on avait admis des intercesseurs et des médiateurs, reconnu des lieux spéciaux d'adoration, organisé des confréries ascétiques, etc. C'étaient des innovations dangereuses, des corruptions du grand et simple dogme d'un autocrate solitaire, qui domine une masse uniforme d'esclaves, entre lesquels aucune différence n'existe ni ne peut exister.

Cette déduction est éminemment logique. Comment l'absolu pourrait-il souffrir des intercesseurs, ou l'incommunicable admettre une hiérarchie qui enchaîne la créature au créateur? Quel libre arbitre peut trouver place dans un automate passif? Quel sens pourrait-on attribuer à des pratiques ascétiques ou à des bonnes œuvres, quand le maître universel a déclaré son indifférence suprême pour les actes de ses esclaves, pour le sort qu'il leur réserve? Supposer de la sainteté dans un homme, c'est un attentat aux droits jaloux de la Divinité ; il n'est pas de lieu saint, pas de titre qui puisse être invoqué, alors que l'animal et l'archange, le ciel et l'enfer, ne diffèrent pas devant l'Etre unique, impitoyable et inaccessible. Le fils d'Abdel-Vouahab eût donc raison de reconnaître que telle était la pensée de Mahomet, et qu'il avait condamné toutes les interprétations hérétiques dont il avait eu connaissance ; il était fondé à conclure que le Prophète n'aurait pas repoussé moins sévèrement les corruptions analogues des derniers siècles.

Si la conséquence théorique des principes de Mahomet était certaine, l'application pratique ne s'imposait pas avec moins d'évidence. D'après le raisonnement du réformateur vouahabite, il fallait chercher la règle et le modèle dans la vie de Mahomet lui-même et de ceux qui, par leurs rapports intimes, pouvaient être regardés comme ne faisant qu'un avec le Prophète ; l'époque des sâhabâs (1)

(1) Compagnons personnels du Prophète. Voyez au chap. v la bataille de Raouda. — J. B.

fut à ses yeux le Rubicon qui sépara le pur islamisme de ses alliances adultères. Avec un courage digne d'une cause meilleure, Mohammed-ebn-Abdel-Vouahab résolut de consacrer le reste de ses jours au rétablissement du type primitif de l'islamisme ; car il avait la conviction que là était la voie droite, véritable, tracée par le ciel lui-même, et qu'en dehors d'elle il n'y avait que des modifications simplement humaines.

Il partait d'un principe faux et vicieux, mais les déductions qu'il en tira étaient parfaitement logiques, et l'on ne saurait sans injustice lui refuser des vues pures, une volonté droite, un esprit profond. Conformer sa conduite à ses convictions est honorable, même quand cet accord ne produit pas nécessairement la vertu.

Le cœur rempli de son dessein, et fermement résolu à l'accomplir, Mohammed le vouahabite revint dans sa patrie, après avoir passé six années entières à Damas. L'Arabie centrale était alors divisée en un grand nombre de petits États qui obéissaient à des chefs particuliers. Le plus puissant de ces princes, Ebn-Mammer, régnait sur Eyana, capitale de la Ouadi Hanifa ; mais, comme tous ses rivaux, il reconnaissait la suzeraineté d'Ebn-Muflik, successeur des rois carmathiens dans les provinces du Haça et du Catif. Depuis longtemps, l'islamisme n'était plus pour les Nedjéens qu'un souvenir confus, qui s'affaiblissait chaque jour. Le culte de Djann, que l'on adorait à l'ombre des grands arbres ou dans les cavernes profondes du Toweyk ; les honneurs rendus aux morts et les sacrifices accomplis sur les tombeaux, se mêlaient aux superstitions sabéennes : nul ne lisait le coran, ne s'informait à quel point de l'horizon est située La Mecque; les cinq prières étaient mises en oubli ; les dîmes, les ablutions, les pèlerinages, tombés en désuétude. Tel était l'état politique et religieux du pays, quand arriva le réformateur qui avait résolu de faire revivre au Nedjed les beaux jours de l'islam. Et certes rien ne devait lui sembler plus urgent ni plus nécessaire, car la foi se mourait. Il réussit dans son œuvre; mais le démon ne tarda pas à l'altérer.

Ainsi, quelques années avant l'invasion que le choléra fit en 1854 dans l'Arabie, la prospérité croissante de Riad et les relations fréquentes entretenues avec l'Egypte avaient introduit un relâchement notable dans la discipline vouahabite. Des usages qui, vus seulement de loin, excitaient une juste horreur, avaient paru moins abominables, tant est grande la contagion du mauvais exemple, quand on les eut considérés de plus près. La « honte » remplissait de ses vapeurs empestées les khavouas de la capitale; l'or et la soie profanaient de leur éclat réprouvé le costume des Nedjéens. Il ne fallait pas chercher ailleurs les causes de la colère divine : le crime était notoire; le châtiment, un acte de justice. Le meilleur remède pour combattre le fléau qui dévastait le pays était donc une prompte réforme, un retour sincère à la ferveur et à l'intolérance des anciens jours.

En conséquence, on institua un conseil de *meddeyites* ou *zélateurs*. Jamais censeur romain, dans les meilleurs jours de la République, n'exerça une autorité plus absolue, plus élevée au-dessus de tout contrôle. Non-seulement les zélateurs devaient dénoncer les coupables, mais ils pouvaient aussi, toutes les fois qu'ils le jugeraient à propos, appliquer eux-mêmes la peine prononcée. La nation entière fut mise, corps et bien, à leur merci, aucune autre limite que leur appréciation personnelle n'étant fixée pour l'amende et la bastonnade. Ne pas assister cinq fois par jour aux prières publiques, fumer, priser, mâcher du tabac (ce dernier usage avait été introduit par les joyeux matelots de Kouêt et des autres ports de mer), porter de la soie ou de l'or, parler ou avoir de la lumière dans sa maison après l'office du soir, chanter, jouer de quelque instrument de musique, jurer par un autre nom que celui de Dieu; en un mot, tout ce qui semblait s'écarter de la lettre du coran et du rigide commentaire de Mohammed-Abdel-Vouahab devint un crime sévèrement puni. Le rang ni la naissance ne furent une protection contre le zèle farouche des zélateurs, et les vengeances politiques ou privées eurent un libre cours. Le frère de Feysoul, Djelôvoui lui-même, qui avait plus de cinquante ans, fut frappé de verges devant la porte du palais pour avoir fumé, et son royal parent ne put, ou ne voulut pas intervenir afin de lui épargner une ignominie que l'enfance supporte à peine. Sous un semblable prétexte, Soweylim, premier ministre et prédécesseur de Mâboub, fut arrêté au moment où il sortait des appartements du roi, et si cruellement maltraité qu'il expira le lendemain. Quand les premiers personnages de l'État sont exposés à de tels châtiments, à quoi les plébéiens ne doivent-ils pas s'attendre? Il y eut bien des victimes, bien des dos écorchés et des membres brisés. Le tabac disparut, non pas en fumée cependant; la soie déchirée joncha les places publiques, ou fut jetée sur les fumiers; les mosquées regorgèrent d'auditeurs et les boutiques devinrent désertes. Après quelques semaines, Riad offrit un spectacle propre à réjouir l'âme du plus fougueux réformateur.

On étendit à tout le Nedjed les mesures qui avaient produit un si heureux résultat dans la capitale. Une véritable croisade fut organisée contre le tabac, l'or et la soie; mais, en dépit des arguments énergiques dont la parole était accompagnée, les zélateurs n'obtinrent qu'un triomphe partiel. Une vive opposition éclata dans plusieurs villes; les coups furent souvent rendus avec usure, et l'on m'a même assuré que, dans un village du Cacim, d'audacieux mécréants tempérèrent par un bain d'eau froide le zèle des trop fougueux réformateurs. Force fut de transiger avec l'impiété. On permit, non sans pousser de profonds soupirs, que la soie entrât pour un tiers dans les tissus, que le tabac fût vendu et consommé dans les provinces sujettes de l'empire vouahabite, à la condition toutefois de ne pas rendre public un crime aussi abominable; on consentit à ne pas exiger d'une manière rigoureuse l'assiduité aux prières, et l'on omit prudemment l'appel qui précède l'office dans les mosquées nedjéennes, afin de ne pas constater le nombre des absents. Cependant l'islamisme avait été jusqu'à un certain point remis en vigueur : Feysoul et sa haute cour de justice durent pour le moment se contenter de ces résultats, en attendant une occasion favorable.

Ce qu'il y a de remarquable encore, c'est que les vouahabites, obéissant à la tendance qu'ont les Arabes de simplifier les rites et les cérémonies, sont, de tous les mahométans, ceux qui se soucient le moins des pratiques prescrites par le Prophète.

Les ablutions avant la prière leur semblent si peu indispensables que le moindre prétexte, souvent la paresse seule, suffit pour les faire remplacer par la courte cérémonie du *teyumman*. Ils fondent cette négligence sur l'exemple du Prophète, qui, si la tradition dit vrai, n'était nullement scrupuleux à cet égard.

Secondement, les Nedjéens entrent souvent dans la mosquée (djamia ou musalla) sans ôter leurs sandales; ils les conservent même en disant leurs prières : spectacle étrange et scandaleux pour la majorité des mahométans! Quand on les interroge à ce sujet, ils s'excusent en disant : « Notre sol est pur, » bien que je n'aie jamais pu apprendre quel titre particulier possède leur territoire à cette pureté extraordinaire. L'autorité invoquée ici est encore un précédent puisé dans la vie de Mahomet, qui, dit-on, gardait ses bottes pendant les cérémonies religieuses.

De plus, leur *adan* ou proclamation de la prière est moitié moins longue que celle des autres mahométans; les formules que l'on répète ailleurs quatre fois ne le sont que deux fois chez les vouahabites. Toutes les phrases additionnelles, toutes les fioritures introduites en mémoire du Prophète, des sâhabâs, etc., sont ici inexorablement rejetées.

Enfin, pendant la prière, les Nedjéens se préoccupent peu de garder une immobilité complète. Je ne doute pas qu'en cela aussi ils ne se rapprochent de la forme des rites observés jadis à Médine, quand Bélal remplissait le ministère de muezzin, Mahomet celui d'iman, et que les sâhabâs formaient l'assemblée.

Les vouahabites ont donc la prétention de suivre de plus près la vraie tradition. Chez eux le khotbâ ou sermon, qui forme la partie essentielle des cérémonies religieuses du vendredi, prend un caractère particulier. Dans la capitale vouahabite, on évite soigneusement d'y parler des califes, des sâhabâs, de tous les saints de l'islamisme; Mahomet seul trouve grâce aux yeux des réformateurs; mais son nom n'est jamais accompagné des phrases élogieuses que partout ailleurs on ne manque pas d'y joindre. Les prières pour le sultan de Constantinople sont remplacées par de courtes oraisons, dans lesquelles on demande à Dieu de bénir le règne de Feysoul et de protéger « les armées des musulmans, » c'est-à-dire des seuls vouahabites, car les Turcs, les Égyptiens, les Syriens sont invariablement qualifiés d'infidèles.

A Riad, on admet le principe d'une distinction réelle et importante des péchés en grands et en petits; mais ici se présente une difficulté : quelle est la ligne de démarcation entre les deux classes d'offenses? Chacun connaît la variété infinie d'opinions qui règne sur ce sujet parmi les docteurs et les casuistes chrétiens. Les théologiens mahométans ne sont pas moins en désaccord. Quelques-uns d'entre eux prétendent que les grands péchés consistent seulement dans l'impiété, le polythéisme et le manque de foi en Mahomet. Telle paraît avoir été la pensée du Prophète, comme le prouvent différents versets du coran. Quelques autres, s'appuyant de certaines expressions contenues dans le « livre, » ajoutent à la liste des grands péchés l'homicide volontaire et l'usure; ceux-ci en comptent sept, en souvenir peut-être de nos sept péchés capitaux; ceux-là en portent le nombre à cinquante, à soixante-dix; et, un jour que j'étudiais un manuscrit, dans la ville de Hamâ, je fus consterné en voyant que le nombre des transgressions élevées au rang des grands péchés atteignait quatre cents. Enfin plusieurs docteurs tranchent la question à leur manière en déclarant qu'à Dieu seul il appartient de distinguer les fautes irrémissibles des offenses légères, et que sa volonté est la seule règle du degré de culpabilité et de châtiment.

D'après la croyance générale de l'islam, l'éternité des peines de l'autre vie est réservée aux seuls infidèles. Les musulmans sortiront tous un jour des régions embrasées, soit grâce à la miséricorde divine, soit par l'intercession de Mahomet; de façon ou d'autre ils entreront dans le paradis, et laisseront derrière eux les peuples sourds à la voix du Prophète. Dogme consolant, en vérité, d'après lequel la vie future n'admet que deux séjours : le purgatoire, destiné aux vrais croyants; l'enfer, à tous les autres! Des commentateurs plus compatissants que bons logiciens auront beau nous donner sur ce point des interprétations sans nombre; il n'en est pas moins certain que, chrétiens, juifs et idolâtres, tous ceux qui n'ont pas accepté le coran, rentrent dans la catégorie des polythéistes ou des infidèles. Tant pis pour eux; et pourtant ils ne sont pas coupables, puisque, d'après l'enseignement coranique : « Allah guide vers la lumière qui il lui plaît, et précipite dans l'erreur qui il lui plaît. »

Quelle désolante doctrine! diront mes lecteurs. Une telle croyance, néanmoins, n'est pas aux yeux des vouahabites aussi dure ni aussi exclusive qu'elle le paraît d'abord, car, dans leur profonde ignorance, ils s'imaginent ingénument que le mahométisme est la religion universelle de l'humanité, et que les autres croyances forment une minorité réellement imperceptible. Ils ont bien entendu dire que l'Europe est chrétienne; mais qu'est-ce que l'Europe? Une ville dans laquelle sept rois — ce nombre est consacré — discutent de la paix, de la guerre, des alliances et des traités, toujours sous les ordres et avec la permission du sultan de Constantinople. Cette admirable leçon de géographie et de politique a été débitée vingt fois au moins devant moi à Bagdad, à Mossoul, et même à Damas. Les Arabes, comme l'on doit s'y attendre, vont plus loin encore, et souvent ils me demandaient, avec le plus grand sérieux, « s'il existait des chrétiens ou des infidèles? » Au Nedjed, il n'est personne qui ne soit convaincu que les trois quarts des hommes ont adopté le mahométisme. Les vouahabites condamnent au feu éternel les neuf dixièmes de la population du globe; mais ils s'imaginent n'envoyer en enfer qu'un groupe insignifiant d'incrédules endurcis, qui ont obstinément fermé les yeux à la brillante lumière du coran, dont l'horizon humain réfléchit depuis des siècles les splendides clartés, de l'orient à l'occident. Il est heureux pour les fils d'Adam que leur juge soit un Dieu et non pas un homme. De semblables absurdités montrent une fois de plus la justesse de ce proverbe hindou : « L'homme est le pire ennemi de l'homme; » et si les grandes assises de l'univers étaient confiées à un arbitre mortel, quels que fussent son pays, sa religion ou sa race, le ciel courrait grand risque de demeurer vide et l'enfer de regorger de damnés.

Néanmoins plusieurs musulmans, familiarisés avec les voyages et ayant vu « du vaste monde » plus que n'en rêve une correcte philosophie mahométane, admettent, dans leur for intérieur, des opinions différentes et beaucoup plus raisonnables. A la même catégorie, appartiennent les nombreux disciples de l'école qui pense avec Ebn-Farid que, « si la mosquée est illuminée par les versets du coran, les paroles de l'évangile n'obscurcissent nullement l'Eglise; » ou bien encore « que la vie n'est pas une amère ironie, et que Dieu n'a pas créé tous les hommes pour les rejeter, quand bien même leurs actions et leurs voies ne seraient pas toujours les meilleures. » J'ai entendu des logiciens orientaux aller jusqu'à résoudre les difficultés qui embarrassent et poussent à l'absurde des cerveaux étroits et des cœurs pusillanimes, en disant : « qu'après tout, le juge tiendra compte de la connaissance; que des lois et des croyances positives ne peuvent obliger ceux qui les ont ignorées ; que les devoirs d'un homme sont proportionnés à ses lumières, et que quiconque agit d'après sa conscience sera récompensé dans la vie future. » Mais une telle doctrine est en opposition directe avec l'orthodoxie mahométane, avec l'enseignement coranique, et ceux qui la partagent ne doivent pas être regardés comme inspirés par le véritable esprit de l'islam, ils en sont plutôt les adversaires.

Connaissant donc la diversité d'opinions qui existe chez la plupart des musulmans au sujet de la classification des péchés, je tenais beaucoup à apprendre de quel côté penchent les vouahabites. La question était, on le comprend, d'un intérêt capital; car la moralité d'un peuple se mesure nécessairement à ses croyances sur cette matière. Feignant donc une vive anxiété, je confiai au docte Abdel-Kerim combien ma conscience était troublée par la crainte de me rendre coupable d'une faute grave, lorsque j'aurais cru commettre seulement une légère offense. J'ajoutai que, me trouvant dans une ville pieuse et orthodoxe, dans la société d'un savant ami, j'espérais mettre enfin mon esprit en repos, et m'éclairer, une fois pour toutes, sur une affaire d'une si haute importance.

Le maître ne doutait pas de la sincérité de son élève et ne voulait pas refuser de tendre une main secourable à un homme qui se noie. Prenant donc un air de solennité profonde, il me dit, du ton grave et inspiré d'un oracle, que « le premier des grands péchés consistait à rendre les honneurs divins à une créature. » Ces paroles avaient particulièrement pour but de condamner la doctrine des musulmans ordinaires, qui, d'après les vouahabites, se rendent coupables d'idolâtrie et méritent les peines éternelles en implorant l'intercession de Mahomet ou d'Ali. Un cheik de Damas n'aurait pas donné une définition aussi précise; il se serait contenté de répondre qu'aux yeux d'Allah, le plus grand des crimes est l'infidélité.

« Assurément, répliquai-je; l'énormité d'un tel crime ne fait aucun doute; mais quel est le second des grands péchés?

— *Boire la honte* (c'est-à-dire fumer).

— Et le meurtre, et l'adultère, et le faux témoignage?

— Dieu est miséricordieux ! » repartit l'interprète de la doctrine vouahabite, donnant ainsi à entendre que c'étaient de simples bagatelles.

« Ainsi, il n'y a que deux péchés graves : le polythéisme et la passion de fumer? » continuai-je, quoique j'eusse beaucoup de peine à me contenir plus longtemps. Abdel-Kerim me répondit avec un grand sérieux que j'étais dans le vrai.

Avant de quitter ce sujet, j'ajouterai quelques mots d'explication. La doctrine nedjéenne, qui s'est inspirée de l'esprit même du coran, suffit pour faire comprendre l'importance attribuée au premier des deux grands péchés, l'*association* ou abaissement du Créateur au niveau de la créature (*cheurk*). Je suis entré dans de longs développements, pour dégager du livre saint de l'islam, la véritable idée de Dieu; pour mettre à nu cette théologie monstrueuse, qui présente le Créateur comme le plus despotique des tyrans, et ses créatures comme les plus viles des esclaves. Conclusion révoltante et pourtant nécessaire, dès que l'on admet l'absorption panthéiste de tout acte, de toute responsabilité, en Dieu seul. Avec un tel système, les actes bons ou mauvais de l'homme, le meurtre, le vol et le parjure, ou l'exercice des plus hautes vertus, ce sont choses indifférentes aux yeux du grand autocrate, pourvu que le droit inviolable de sa monarchie suprême demeure intact et soit régulièrement proclamé. Le despote est satisfait quand l'esclave avoue sa dépendance, et il n'exige rien de plus. Dieu et la créature passent entre eux une sorte de compromis : « Je vous reconnaîtrai, dit l'homme, pour mon Créateur, mon seul seigneur et mon seul maître, et j'aurai pour vous un respect, une soumission sans bornes. Afin de m'acquitter de cette obligation, je vous adresserai chaque jour cinq prières, qui comprendront vingt-quatre prosternations, la lecture de dix-sept chapitres du coran, sans oublier les ablutions préliminaires, partielles ou totales, le tout entremêlé de fréquents *La Ilah illah Allah* et autres formalités. De votre côté, vous me laisserez faire ce qu'il me plaira pendant le reste des vingt-quatre heures, et vous n'examinerez pas trop ma conduite personnelle ou privée; en récompense des adorations de ma vie entière, vous me recevrez dans le paradis, où vous me procurerez *la chair des oiseaux si agréable au goût*, de frais ombrages et des ruisseaux de nectar. Quand bien même l'accomplissement de mes devoirs religieux laisserait à désirer, ma foi en vous et en vous seul, avec un dévot *La Ilah illah Allah*, sur mon lit de mort, suffira pour me sauver. » Voilà, sans périphrases, l'abrégé, la substance de l'islamisme orthodoxe.

Les promesses consignées dans le coran ne laissent pas au musulman fidèle le moindre doute sur la ratification du pacte par la Divinité : *Dieu ne pardonne pas l'assimilation de qui que ce soit à lui-même, mais il absout de toute autre infraction qui il lui plaît*, c'est-à-dire ceux qu'il dirige sur *le droit sentier* de la vraie foi.

La croyance que je viens d'exposer est commune à tous les musulmans; mais les Turcs et les Égyptiens seraient sans doute bien surpris d'apprendre en quoi consiste le second péché mortel, frère et rival du premier. Pourquoi l'anathème qui frappe le fumeur? Il est difficile de comprendre cette anomalie dans un système où tout ce que fait l'homme, c'est Dieu qui le fait, et où par conséquent l'acte de fumer est le résultat d'un arrêt divin et d'une impulsion irrésistible, comme le meurtre par exemple.

On pourrait essayer de répondre par la phrase commode : « Allah le veut ainsi. » Qui oserait, en effet, contester à l'Autocrate le droit de placer l'offense où il lui plaît et de la punir comme il lui plaît ?

Le motif réel de cette proscription, c'est la passion qu'ont les sectaires pour les signes de ralliement bien tranchés. Le fondateur du vouahabisme n'avait pas moins en vue l'établissement d'un grand empire que le prosélytisme religieux, et il avait besoin d'une marque évidente qui servît à reconnaître les partisans de sa doctrine. Croire à l'unité de Dieu, s'acquitter régulièrement des prières prescrites, tenir les yeux baissés, porter des vêtements simples, tout cela ne suffisait pas à tracer une ligne de démarcation, si bien que, les populations asservies eussent été en droit de dire : « Nous sommes bons musulmans comme vous ; il n'y a entre nous aucune différence essentielle ; de quel droit venez-vous donc attaquer et tuer vos frères ? » Il était besoin d'imaginer quelque chose de plus : le tabac fournit un excellent prétexte.

L'usage de ce narcotique universellement répandu en Orient s'éloignait tant soit peu de l'esprit du Prophète. Souvent les hommes portent des jugements sensés, tout en raisonnant mal. Les arguments d'Abdel-Kerim étaient, même au point de vue mahométan, d'une complète insuffisance pour appuyer sa thèse; mais, si Mahomet avait connu le tabac, il en aurait probablement défendu la consommation d'une manière aussi rigoureuse que celle du vin, et cela par des raisons analogues. Le tabac, social et civilisateur, rapproche les hommes ; je regrette qu'il ait un effet opposé à l'égard des dames ; mais ce sont elles qui le veulent, et je ne puis que le déplorer profondément. Les hommes qui fument sont disposés, quoi qu'en dise Cowper, à la conversation, à la bonne humeur, à un échange amical d'idées et d'opinions. Bien que ses propriétés principales soient sédatives, la plante américaine a de plus une action stimulante qui suffit pour la ranger dans la même classe que le vin et les spiritueux. Enfin elle ne figure pas au nombre des joies permises par le Prophète à ses sectateurs pendant l'intervalle compris entre la bataille et la prière. La secte vouahabite est donc logique dans son antipathie contre le plaisir de fumer; on ne pouvait guère, nous en convenons, trouver un prétexte d'interdiction plus spécieux et un signe distinctif plus frappant. La plupart des habitants de la Syrie, de l'Égypte et des provinces frontières de l'Arabie, quand on les interroge sur les vouahabites, n'ont aucun renseignement précis à donner sur eux, sinon que ces sectaires condamnent l'usage du tabac.

Pendant un mois et demi de séjour dans la pieuse capitale, j'ai assidûment assisté aux sermons sans avoir entendu dire un seul mot de la moralité, de la justice, de la commisération, de la droiture, de la pureté de cœur ou de langage; en un mot, de tout ce qui rend l'homme meilleur. Mais en revanche mes oreilles étaient rebattues par d'intarissables commentaires sur les oraisons et les croisades contre les incrédules; sur les houris, les rivières et les bosquets du paradis; sur l'enfer et les démons, ou sur les obligations multiples des époux polygames. Je ne dois pas passer sous silence un sujet qui revient très-fréquemment dans les prédications : la corruption profonde du fumeur de tabac punie par des miracles effrayants, comme chez nous des esprits moins chrétiens que judaïques en font intervenir parfois dans les livres de piété.

La moralité cependant gagne peu de chose à ces légendes édifiantes. A la vérité, dans ce pays du pharisaïsme, les lumières sont éteintes une heure après le coucher du soleil, et personne ne peut se montrer dans les rues ; pendant le jour, les enfants eux-mêmes n'osent jouer sur les places publiques, les hommes se gardent de rire et de parler à haute voix. Aucune apparence de gaieté mondaine n'offense les yeux des graves puritains, et le bruit profane des instruments de musique ne trouble jamais le murmure sacré de la prière. Mais le vice, sous toutes ses formes, même les plus honteuses, s'étale ici avec une audace inconnue aux villes les plus licencieuses de l'Orient (1), et l'honnêté relative que l'on remarque dans les autres cités arabes forme, avec la corruption de Riad, un contraste étrange et frappant. « Un gouvernement qui, non content de réprimer les excès scandaleux, dit un célèbre historien moderne, veut astreindre ses sujets à une austère piété, reconnaîtra bientôt qu'en essayant de rendre à la cause de la vertu un service impossible, il a seulement encouragé le désordre. » Toutes les réflexions que la dépravation du Long Parlement, l'austérité des puritains et l'odieuse immoralité des derniers Stuarts ont suggérées à Macaulay, dans ses *Critical and historical Essays*, peuvent s'appliquer presque littéralement au Nedjed, « le royaume des saints; » elles peignent d'une manière saisissante sa condition actuelle, en même temps qu'elles prédisent l'avenir qui lui est inévitablement réservé.

J'ai fait les mêmes observations dans le Haça. A en juger par ce que j'y ai vu de scandales privés et de désordres domestiques, les *saints* de cette province ne paraissent pas avoir mieux atteint leur but que leurs frères aînés, les réformateurs de Genève et de Londres, au

(1) M. Vambéry, dans un article qu'a donné la *Revue Britannique* (mai 1866) sous le titre de *la Vie de tous les jours à Bokhara*, dit aussi de cette ville pharisaïque : « Bokhara est le plus grand centre de corruption qui existe en Orient. » V. notre édition des *Voyages d'un Faux Derviche*, ch. VIII, p. 176. — J. B.

esprits intelligents contre un gouvernement qui a de tels effets. La religion officiellement imposée éveille partout la négation et l'incrédulité. Elle ne se maintient que par la force contre les conspirations des biadites, des infidèles et des libres penseurs dans les villes. Au désert, les nomades chérarats, le visage tourné vers l'orient, adorent le soleil levant; les Méteyrs, qui ont jadis fait trembler le Nedjed oriental, déposent le masque que leur impose le vouahabisme et s'écrient : « A bas l'islamisme! à bas les prières! » Ces Almorras, seuls maîtres du Dâna, pratiquent le sabéisme comme les Chérarats; enfin les Benou-Yass, au bord du Golfe Persique, portent au mahométisme une haine féroce, dont voici un exemple :

Six Nedjéens, que leurs affaires avaient amenés sur les côtes du Catar, voulurent se rendre de là dans la presqu'île qui se termine en face d'Ormouz. Un cheloup appartenant à des Arabes de la tribu des Benou-Yass offrit de les y conduire. Les Nedjéens n'avaient emporté avec eux aucun objet de prix et, par surcroît de précautions, ils s'étaient pourvus d'armes. Mais les marins les avaient pris à bord uniquement pour satisfaire leur antipathie contre les musulmans; ils attendirent patiemment l'heure de réaliser leur sinistre projet, et, vers midi, pendant que les passagers sans défiance se livraient au sommeil, ils tombèrent sur les victimes. Cinq vouahabites étaient des hommes dans toute la vigueur de l'âge. Les Benou-Yass leur lièrent les pieds et les mains, puis il les précipitèrent dans les flots, où tous devaient trouver une mort certaine. Quant au sixième, qui sortait à peine de l'enfance, il fut jeté à la mer sans être attaché, les marins, par compassion pour sa jeunesse, voulant peut-être lui laisser une dernière chance de salut. Leur crime accompli, ils réunirent ce qui avait appartenu aux

Nedjéens, armes, marchandises, vêtements, et lancèrent le tout par-dessus le bord, afin que nulle preuve ne vînt témoigner contre eux; cependant leur attentat fut connu par le rapport de l'enfant, qui fut presque miraculeusement arraché à la mort et que j'ai retrouvé au village de Dobey (1), lorsqu'il était âgé de vingt-trois années environ.

L'énervement produit par le mahométisme, qui paralyse tout ce qu'il ne tue pas, a mis un terme aux progrès des Arabes; ils se sont laissés dépasser ensuite par des peuples placés dans des circonstances moins défavorables. La civilisation et la prospérité ne renaîtront parmi eux que lorsque, poussés à bout par leurs souffrances et morales et physiques, ils auront rejeté complétement et loin d'eux le joug de Mohammed, fils d'Abdel-Vouahab, et par suite celui de Mohammed, fils d'Abdalla.

Cela n'est pas si impossible qu'on veut bien se l'imaginer en Europe.

La littérature, la tradition et les monuments s'accordent à représenter comme une ère de prospérité celle où l'Arabie professait le christianisme. Il s'ensuit que les hommes d'État et les économistes arabes sont disposés à unir dans leur esprit l'idée de la religion chrétienne avec celle du progrès moral et matériel de la nation. Par malheur, de nombreux, de puissants obstacles les empêchent d'en venir à la conclusion pratique dont ils reconnaissent l'utilité. Je ne serais pourtant pas surpris, d'après ce que j'ai observé dans plusieurs provinces, d'apprendre un jour la conversion de la péninsule; toutefois, cette transformation si désirable doit être accomplie par les habitants eux-mêmes, non par les Européens. Des différences trop

(1) Voir notre chap. VII.

profondes nous séparent des peuples asiatiques, nous les comprenons trop peu, enfin nous ne les aimons pas assez, pour avoir sur eux la moindre influence : je ne crois donc pas qu'il nous appartienne d'opérer la rénovation religieuse de l'Arabie.

CHAPITRE V

HISTOIRE DES VOUAHABITES

Révolution qui précède Mahomet. — Etat politique de l'Arabie à l'époque de la prédication de l'islam. — Khaled bat et tue Moseylema à Raouda. — Haroun-al-Rachid rend imminent le morcellement de l'empire des califes. — Victoire des carmathes à Moghasi. — L'Arabie après la défaite des carmathes. — Amed-ebn-Saïd délivre de l'autorité persane l'Oman, dont Saïd, le sultan, fonde la puissance maritime. — Histoire de Mahommed-ebn-Abdel-Vouahab. — Saoud, chef de Dereya, prend son parti (1760). — Ses conquêtes. — Position dans l'Etat nedjéen des descendants d'Abdel-Vouahab. — Abdel-Aziz ayant attaqué la Perse et l'Oman meurt assassiné par un chiite. — Abdalla saccage Mechid. — Hosseyn pille La Mecque et Médine. — Il est maudit par une femme. — Invasion de Tarsoun-Pacha. — Ibrahim « roule le tapis arabique, » défait Abdalla à Coreyn et prend Dereya. — Son œuvre est détruite par ses successeurs. — Tourki choisit Riad pour capitale, fuit devant Hossein-Pacha, et met à la tête de ses troupes Abdalla, fils de Rachid. — Celui-ci venge l'assassinat de Tourki par Mechari, restaure Feysoul et devient vice-roi héréditaire du Chomeur. — Télal lui succède. — Feysoul, Courchid-Pacha, Caled, et Ebn-Théneyan. — Abbas-Pacha remet en liberté Feysoul, qui est rétabli. — Les dissensions des fils du sultan Saïd donnent à Feysoul occasion d'attaquer l'Oman. — Massacre des Aleyans. — Le chérif de La Mecque se porte au secours d'Oneyza. — Le Haut-Cacim se donne à Télal qui s'empare aussi du Djôf. — Feysoul recommence le siége d'Oneyza. — Son pouvoir est détesté.

En exposant les doctrines du mahométisme et de la restauration vouahabite, ainsi que les sentiments divers qu'elles ont excités, nous avons dit quels étaient les mobiles principaux auxquels, rois, chefs ou sujets, les hommes obéissent en Arabie; nous allons raconter à présent l'ensemble des événements qu'elles ont produits. C'est une histoire peu vulgairement connue hors des limites de la presqu'île; mais qui n'en vaut pas moins la peine de l'être davantage, non-seulement à cause de l'influence qu'elle a pu ou qu'elle peut exercer encore sur la civilisation, mais aussi comme démonstration de la vérité de certains principes propres à la philosophie historique. Je demande à ce sujet que mes lecteurs, songeant à mes longues années d'études et d'observations, à mes rapports continuels avec des Orientaux, au séjour enfin de plus d'une année fait par moi dans cette Arabie, que j'ai été le premier à visiter dans plusieurs de ses régions les plus nécessaires à connaître, veuillent bien m'accorder quelque confiance.

Ils savent déjà quelles sont les profondes différences qui ont divisé la population de l'Arabie autant par suite de la diversité de leur origine qu'à cause de la différence des croyances religieuses auxquelles elles se sont attachées; nous prendrons donc ici notre point de départ à l'époque de Mahomet.

Le siècle qui l'avait vu naître avait été marqué par une véritable révolution.

La domination de l'Yémen étendue naguère sur presque toute la presqu'île avait été brisée. Une invasion d'Ethiopiens, venus sous la conduite d'Abrahah, avait renouvelé l'ancienne conquête des Himyarites, les civilisateurs du Midi. Elle avait, d'une façon éphémère, occupé tout le Sud; mais le kâtanite Seyf-Yézen, avec l'appui des Perses, avait fini par repousser les Ethiopiens et par restaurer la dynastie yémanite, au moins dans une partie considérable de ses anciennes possessions (1).

Cependant les tribus du Nedjed, vers l'an 500, avaient rejeté aussi le joug de l'Yémen, sous la conduite de Koleyb-Waïl, chef des Taglebs, et avec l'assistance des tribus chrétiennes, composées des enfants de Taï et qui étaient maîtresses des montagnes du Chomeur. Bientôt Koleyb ayant été assassiné, des guerres civiles s'étaient élevées entre les tribus nedjéennes, et, par suite, les Taglebs, les Abs et les Howazims avaient dû se réfugier auprès des Taïs, où, de leur mélange, s'est formée la tribu du Chomeur qui existe encore aujourd'hui. La concentration de ces bédouins les rendait redoutables, surtout pour les chefs du Nedjed, d'où ils avaient été expulsés.

Voici donc quelle était la division politique de l'Arabie vers le temps où Mahomet commença ses prédications. Les déserts et les néfouds, ainsi que le Chomeur, étaient remplis de bédouins, redoutables, irrités et affranchis par les révolutions qui venaient de s'accomplir. De petits États juifs, indépendants, étaient défendus par des forteresses construites avec soin, comme le château de Keybar. La dynastie yémanite, relevée par Seyf-Yézen, dominait tout le sud-ouest, entre les détroits de Bab-el-Mandeb et d'Ormouz. Au nord-est, l'empire des Sassanides, grands rois de Perse ou de l'Iran, descendait, le long du Golfe Persique jusqu'à l'Oman, et, au centre, jusqu'au Chomeur et au Nedjed. Au nord-ouest, l'empire romain d'Orient maintenait ses armées campées à peu

(1) Au tome I du très-curieux ouvrage de M. A. d'Abbadie, intitulé *Douze Ans dans la Haute-Ethiopie*, on trouvera d'intéressants détails sur les rapports des Ethiopiens avec les Arabes et les Juifs, dès l'époque de Salomon (p. 116), ainsi que la tradition relative à l'expulsion des Ethiopiens de l'Arabie par les musulmans (p. 125). — J. B.

de distance de Médine. Enfin, au centre, le Nedjed était gouverné par ce Moseylema, que le Prophète du Hedjaz fit surnommer le Menteur.

Cet ennemi de Mahomet s'allia avec une femme nommée Chedja, dont les prédications remuaient alors l'Yémen et attiraient de nombreux prosélytes. Les liens du mariage fortifièrent leur alliance et l'union de leur doctrine. L'imposteur de La Mecque ne jugea plus dès lors prudent de se mesurer avec les imposteurs réunis de Riad et de l'Yémen, et, durant huit années, Moseylema jouit sans trouble de son autorité. Mais, après la mort de Mahomet, le calife Abou-Bekr chargea Khaled de conduire contre le Nedjed les sectaires du Hedjaz, que déjà des conquêtes avaient aguerris et que des victoires avaient exaltés. Le Chomeur, peuplé d'ennemis naturels de Moseylema, et le Cacim, qui était lié au Hedjaz par des intérêts commerciaux, se séparèrent les premiers du Nedjed. La guerre, attisée par les haines de race et de religion, fut acharnée. Enfin Khaled, se frayant un passage jusqu'à la Ouadi Hanifa (Vallée de l'Orthodoxie), parvint à Raouda. La bataille y dura du lever au coucher du soleil. Moseylema tomba en combattant, et avec lui périrent une multitude de guerriers du Nedjed; les vainqueurs ne perdirent pas moins de quatre cents sâhabâs ou compagnons personnels du Prophète, sans compter un nombre beaucoup plus considérable de simples soldats. On eut grand'peine à retrouver le corps de Moseylema, au milieu des monceaux de cadavres; Khaled donna l'ordre de couper la tête de ce prophète mal inspiré, et de l'exposer au bout d'une pique à la vue de tous, afin qu'amis et ennemis ne conservassent aucun doute sur sa mort. Il marcha ensuite sur Riad, qui était alors ce qu'elle est redevenue depuis, la capitale du Nedjed; le conquérant avait résolu de massacrer sans pitié toute la population de cette ville, pour la punir d'avoir donné naissance à Moseylema; mais les habitants, qui connaissaient sa férocité et n'ignoraient pas combien il avait acheté chèrement la victoire, eurent recours à un ingénieux stratagème. Tout ce que l'arsenal de Riad renfermait encore de lances et d'épées fut mis aux mains des femmes et des enfants; puis on posta cette faible multitude, dans son équipement martial, le long des remparts de la cité.

Lorsque Khaled se présenta aux portes de Riad, il vit briller l'acier dans les créneaux et les tourelles; les lueurs incertaines du matin lui montrèrent les glaives que brandissaient une foule de combattants. Surpris de voir aussi bien gardée une ville qu'il comptait trouver sans défense, Khaled redouta pour son armée affaiblie les périls d'un long siége; il entra en négociation avec les Nedjéens, qui accueillirent ses ouvertures avec une indifférence habilement simulée : leurs pertes étaient légères, disaient-ils, comparées aux orces qu'ils pouvaient mettre en campagne. Bref, ils obtinrent que leur vie et leur liberté fussent respectées, leur autonomie maintenue, et cela sous une seule condition : leur soumission à l'islamisme. Khaled ne sut combien Riad aurait été pour ses troupes une proie facile que quand il lui fut impossible de rétracter sa parole.

Après ce terrible carnage, dont la Ouadi Hanifa garde encore le souvenirs; après la mort de Moseylema, la dispersion de sa secte et la soumission de tous les plateaux, de toutes les vallées du Toweyk, il ne se présenta plus d'ennemi qui disputât au mahométisme la souveraineté de l'Arabie. Des rivages de l'Océan Indien et du Golfe Persique, jusqu'à la Mer Rouge, la péninsule paraissait unie sous un seul sceptre et une seule foi. Cependant des esprits pénétrants auraient pu prévoir dès lors la courte durée et la dissolution finale de l'empire mahométan.

Entre les Nedjéens et les habitants du Hedjaz, existait de temps immémorial une antipathie profonde, qui avait sa source dans l'extrême dissemblance des deux races rivales. Le Nedjéen, patient, froid, lent à préparer ses moyens d'action, plus tenace qu'un dogue quand il a saisi sa proie, attaché aux usages de ses ancêtres et à sa terre natale par un patriotisme rare en Orient, incapable de se résigner à la domination étrangère, sobre jusqu'à l'austérité, ennemi du luxe et du faste des nations voisines, forme un contraste frappant avec le Hedjazite, inconstant et léger, bavard, passionné pour la pompe et l'éclat, qui commence tout, mais se lasse bientôt et abandonne ce qu'il a entrepris.

Les événements politiques, tour à tour effets et causes de cette différence de caractère, changèrent en haine violente l'aversion naturelle des deux races.

Les provinces du Golfe Persique n'étaient guère moins disposées à rompre l'unité politique et religieuse imposée par Mahomet.

Cependant le reste de la population sédentaire, à peu d'exceptions près, regardait l'islamisme comme la religion nationale, et La Mecque comme le centre du pays. Les bédouins, restés, ainsi que nous l'avons dit, chrétiens et sabéens, ne doivent pas être compris dans le nombre de ces fidèles disciples du nouveau dogme ; le coran lui-même avoue que la parole de Mahomet avait eu peu d'action sur eux. Tels ils étaient avant l'hégire, tels nous les voyons aujourd'hui : « ils ont la mobilité de l'eau, » et, de même que cet élément, ils sont incapables de recevoir aucune impression durable.

Sous le règne d'Omar, l'empire arabe conserva sa plendeur ; et la gloire de ses conquêtes fit taire les mécontentements et les impatiences qui fermentaient dans son sein; mais la faiblesse d'Othman et les guerres civiles qui agitèrent le règne d'Ali donnèrent aux révoltes l'occasion de se produire.

En effet, dès que les chefs de l'islamisme tournèrent leurs épées l'un contre l'autre, l'Oman, avec les provinces voisines, se détacha du royaume arabe. Le Nedjed se leva en armes et fit cause commune avec Ali, afin de se venger du Hedjaz, qui avait reconnu Moavia. Bientôt cependant le triomphe des Ommiades mit fin à cette anarchie sanglante. Les premières années de leur califat furent marquées par des actes de vigueur; ils établirent entre l'Arabie et Damas, où ils avaient transporté le siége de l'empire, d'étroites relations qui obligèrent le Nedjed à reconnaître une fois encore la suprématie des héritiers du Prophète.

Mais à peine Moavia était-il mort depuis quatre ans que, sous Mérouan I, les tribus du Chomeur se soulevaient et écrasaient une armée ommiade. Le calife Abd-el-Melec, victorieux partout ailleurs, n'envoya pas de troupes contre ces farouches montagnards, et ceux-ci se soumirent prudemment à lui. L'Arabie pacifiée parut donc former un Etat homogène, sauf l'Oman, qui demeura séparé de l'empire. Quant au Chomeur, il se tint étranger aux guerres qui accompagnèrent les changements de dynasties et aux autres mouvements qui agitèrent les régions de l'Arabie.

Les premiers califes abbassides, grâce à leur origine arabique et à la fidélité qu'ils mirent à conserver les usages et les coutumes des ancêtres, ne virent aucune rébellion sérieuse éclater dans la presqu'île; mais Haroun-al-Rachid et ses successeurs firent perdre pour jamais au califat l'affection de ses sujets arabes. Les mœurs et les coutumes persanes, s'infiltrant rapidement dans la cour, exercèrent leur influence malsaine sur les branches de l'administration. Les manières affables et libérales des premiers califes firent place à l'inaccessibilité hautaine, à la négligente indolence d'un palais achéménide, et l'Arabe qui venait à Bagdad s'y trouva sur une terre étrangère : il y fut méprisé, foulé aux pieds avec non moins d'insolence qu'il l'était autrefois à Chiraz et à Ispahan. Les fluctuations de doctrine et de religion qui entraînèrent les califes dans des directions opposées, contribuèrent aussi à rompre les derniers chaînons qui attachaient encore la nation arabique à la famille de Hachem et à la foi mahométane. Enfin la grande séparation commença et devint irrévocable.

Beaucoup de fermentations dans les idées et de troubles partiels avaient déjà marqué les deux premiers siècles de l'islamisme, lorsqu'eut lieu l'explosion carmathienne, sous le calife Mothaded. Une terrible bataille fut livrée près de la montagne Moghasi, et les carmathes vainqueurs brûlèrent vifs tous leurs prisonniers à l'exception d'un seul, qu'ils envoyèrent à Bagdad annoncer le sort de ses compagnons d'armes.

Abou-Saïd-el-Karmout, n'étant plus retenu par la crainte des Abbassides, fit irruption dans les provinces voisines et porta ses ravages jusqu'en Syrie. C'est à ce prince que l'on attribue la construction du palais de Catif, qui pendant huit siècles servit de château fort à ses descendants.

Il eut pour successeur son fils Abou-Tahir-Soleyman, dont la gloire surpassa de beaucoup celle de son père. Alors on vit les guerres terribles qui amenèrent la chute de l'ilamisme dans les deux tiers de l'Arabie, en même temps qu'elles mettaient son existence en péril dans le reste de l'Orient.

Les armées de Tahir se répandirent dans la péninsule depuis le Golfe Persique jusqu'à la Mer Rouge, saccageant, égorgeant, détruisant tout sur leur passage. Lorsque, après trente années de massacres, la fureur des carmathiens se calma et que la marée dévastatrice se retira dans ses anciennes limites; quand la *pierre noire*, purifiée par des flots d'essence de roses, eut été replacée dans la Caaba, également nettoyée de toutes ses souillures, et qu'enfin l'islamisme eut triomphé, ces terribles événements avaient durablement modifié l'état politique de l'Arabie.

Vers le sud-est, les provinces de l'Yémen, du Nedjran et du Khaoulan qui avaient pris part aux succès des carmathes, donnèrent après la défaite asile aux vaincus dans leurs places fortes, où ceux-ci défièrent durant des siècles les attaques de leurs ennemis. Les côtes de l'Yémen cependant, habitées par un peuple pacifique et qui, sincèrement dévoué au mahométisme, regardait la séparation de l'Arabie comme un malheur et un péché, acceptèrent la souveraineté nominale tantôt du calife d'Égypte, tantôt de celui de Bagdad.

Dans le centre et au nord, le Nedjed tout entier, le Chomeur, le Cacim et le Djôf demeurèrent en dehors de la domination de Bagdad, et chaque district, livré à une anarchie profonde, fut pendant des siècles déchiré par les querelles des chefs locaux. Seulement à de rares intervalles, la paix permit au pays de développer ses ressources et sa prospérité.

Dans le Haça et le Catif, la religion, mélange confus de pratiques sabéennes et de doctrines ou carmathiennes ou chiites, dégénéra bientôt en matérialisme et en indifférence profonde, tandis que les classes inférieures y mêlaient un grossier fétichisme.

L'Oman, qui, depuis longtemps lié avec le Haça et le Catif, avait aussi pris part aux excès des carmathes, eut à craindre la terrible vengeance des vainqueurs. Une expédition fut dirigée contre lui par un des califes abbassides dont je n'ai pas pu découvrir le nom; mais le fait est qu'elle couvrit de monceaux de ruines les provinces de Catar et de Chardja, sans pouvoir, il est vrai, entamer l'Oman proprement dit. En somme, ces provinces échappèrent aux sunnites et adoptèrent le turban blanc, c'est-à-dire restèrent peuplées de cesbiadites que le lecteur connaît déjà. L'Hadramaout conserva l'indépendance; l'Oman et les îles Bahraïn durent payer un tribut aux chiites de la Perse.

Quant au territoire de La Mecque, il n'y avait que le pèlerinage annuel qui continuât de fournir aux califes le prétexte d'y exercer une ombre d'autorité.

Des années et des siècles s'écoulèrent ainsi; les Turcs, les Turcomans, les Courdes, les Mameloucs fondèrent des royaumes qui, nés dans le sang, nourris de sang, s'éteignirent dans le sang. Les croisés vinrent des extrémités de l'Europe, et les Tartares du fond de l'Asie, pour livrer de sanglantes batailles sur les côtes de l'Asie, sur les rives du Nil et de l'Euphrate. L'Arabie, enfermée dans son impénétrable désert, demeurait à l'abri des révolutions qui bouleversaient les contrées voisines. Enfin, les armées ottomanes arrivèrent à ses portes; elles envahirent l'Égypte et la Syrie, qui devinrent pachaliks de Constantinople (1518); mais, sauf la route de Maan à La Mecque et quelques petites villes du littoral, les Ottomans ne possédèrent aucun territoire dans la péninsule.

Le voisinage de l'Egypte, qu'un étroit bras de mer sépare seul de la côte arabique, encouragea cependant bien des tentatives d'invasion. Les Mameloucs essayèrent d'envenimer les querelles des chefs pour se rendre maîtres du pays, et au commencement de ce siècle, l'Égypte, comme nous l'avons vu, s'empara du Nedjed; mais son occupation dura peu, et la marée montante de l'invasion étrangère ne laissa, en se retirant, aucune trace de son passage sur le rocher nedjéen.

L'Arabie, abandonnée à elle-même, fractionnée en une foule de petites principautés, conservait toujours les grandes divisions territoriales qui la partageaient avant l'établissement de l'islamisme. Ces divisions, qui étaient le résultat de la diversité des races et de la différence du développement social, devaient s'accuser plus fortement encore, maintenant que le pays était livré à ses propres tendances.

Au milieu du XVIIIe siècle, dans l'Oman, la famille des Yaribâs, qui avait gouverné le pays depuis l'arrivée des tribus kâtanites, fut supplantée au pouvoir par celle des Gafari, dont un membre, Amed-ebn-Saïd, fut proclamé sultan, en récompense de ce qu'il avait délivré le pays du joug de la Perse. Il régna de 1759 à 1780 et, après avoir réduit les Yaribâs à exercer une autorité locale sur leurs domaines patrimoniaux dans les montagnes de l'Akdar, il donna la tranquillité et même la prospérité à l'Oman. Les limites de l'État atteignirent, d'un côté, Dofar, et de l'autre, le Haça; alors l'Oman voulut soumettre les îles Bahraïn afin de contre-balancer l'influence du gouverneur persan de Chiraz.

Amed, dont le peuple honore encore la mémoire, eut pour successeur un fils dont je n'ai pas appris le nom, mais qui sut, en gouvernant paisiblement son royaume, accroître sa force et sa richesse. Il mourut au commencement de ce siècle, ayant pour héritier son fils Saïd, qu'on n'appelle que le *sultan*, parce qu'il est aux yeux des Omanites le plus grand souverain qui ait gouverné le pays.

Ce prince, quoique fort jeune quand il monta sur le trône, était déjà renommé pour sa sagesse. Il reconnut tout d'abord que l'Oman était un pays essentiellement maritime, et il entreprit sans retard la construction d'une flotte assez considérable pour lui assurer l'empire du Golfe Persique. Il eut bientôt équipé et réuni dans ses ports environ trente frégates construites d'après les modèles européens et armées de canon. A l'aide de ces navires, Saïd s'empara de l'île de Zanzibar, d'une partie du littoral oriental de l'Afrique, et de Socotora ; enfin, par un blocus longtemps prolongé, il contraignit la Perse à abandonner une partie de ses côtes, outre les îles d'Ormouz, de Djichm, de Laredj et de Bahraïn. Le conquérant visita en personne ses nouvelles colonies, encouragea et régularisa leur commerce, et rendit enfin son royaume aussi florissant qu'étendu.

Mais tandis que le *sultan* fondait ainsi la puissance de l'Oman, une révolution considérable s'effectuait dans le centre de l'Arabie ; c'était celle qui avait pour cause cette réforme vouahabite que nous nous sommes efforcé de rendre appréciable pour tout le monde.

Mohammed-ebn-Abdel-Vouahab, qui en fut le fondateur et dont nous avons exposé les principes, naquit à Horeymela vers le milieu du siècle dernier. Les biographes arabes, qui ne manquent jamais de détailler minutieusement la généalogie des grands hommes, nous apprennent que les ancêtres du célèbre réformateur appartenaient à la puissante tribu des Mesalikhs, dont la branche nomade existe encore aux environs de Zobeyr et sur les côtes du Golfe Persique. Comme beaucoup de nobles nedjéens, Mohammed se consacra d'abord au commerce ; il se rendit à Bagdad et à Bassora, visita même, selon quelques auteurs, la Perse, l'Inde et Constantinople ; mais la tradition locale, unique autorité sur laquelle je m'appuie, ne parle pas de ces lointains voyages. Son trafic le conduisit enfin à Damas, où il se lia intimement avec quelques savants et dévots cheiks de cette ville, hambelis fervents qui n'abhorraient pas moins les nakshbundis (1) et les libres penseurs que les derviches superstitieux et les fakirs fanatiques. Le fils d'Abdel-Vouahab avait alors trente ans, il était dans la plénitude de son intelligence et de sa vigueur physique; à la persévérance, au courage patient des Nedjéens, il joignait une puissance de conception bien rare chez ses compatriotes; son œil était pénétrant, son oreille attentive; il avait beaucoup vu et profondément réfléchi. Les leçons des cheiks de Damas lui apprirent à réunir en système les idées qui flottaient dans son esprit; enfin, séparant, des éléments essentiels de l'islamisme, les dogmes et les rites que le temps y avait ajoutés, il revint, comme nous l'avons déjà démontré, à la pensée qui avait été le point de départ du Prophète.

Pour apprécier, après onze siècles, le but véritable de Mahomet, pour dégager le plan fondamental, des altérations que lui avaient fait subir tant de commentateurs divers et tant de races différentes, il fallait un esprit supérieur, une science profonde des hommes et des choses, enfin une force de volonté indomptable. Mohammed possédait tous ces dons à un haut degré. Disons à sa louange, si toutefois c'en est une, qu'il retrouva, parmi les ruines, la clé de voûte de l'édifice islamitique, et qu'il conçut le projet hardi de la remettre à sa place primitive.

Nous avons, dans le chapitre précédent, apprécié la portée de cette idée-mère de l'islamisme; nous en avons découvert le sens intime et indiqué toutes les

(1) Ce doivent être les nakichbendis, dont parle Vambéry, dans les *Voyages d'un Faux Derviche*; voir notre édition, ch. VIII. — J. B.

conséquences; il ne nous reste donc ici qu'à exposer par quels moyens la restauration méditée par le fils de Vouahab put être réalisée.

« Pour pêcher un poisson, il faut le prendre par la tête, » dit un proverbe arabe. Mohammed, ayant arrêté sa résolution, quitta Horeymela, sa ville natale, où il était rentré, et vint s'établir à Eyana, sous la protection d'Ebn-Mammer. Les Nedjéens racontent, sur la grandeur de l'antique capitale de la Ouadi Hanifa et sur la tyrannie de ses chefs, les choses les plus merveilleuses et les plus incroyables. Ainsi, Ebn-Mammer, prêt à partir pour une expédition lointaine, aurait, dit-on, réuni les forces militaires de la ville et donné l'ordre à chacun des forgerons enrôlés dans ses troupes de jeter un boulet devant la porte d'Eyana tandis que l'armée défilerait. On recueillit de la sorte six cents de ces projectiles, nombre correspondant à celui des ouvriers qui s'occupaient de travailler le fer dans la grande cité. En évaluant, d'après cette donnée, la population entière, on arriverait à un chiffre tout à fait invraisemblable. Mais, s'il faut rabattre beaucoup de l'exagération orientale, il est du moins certain qu'Eyana était, à cette époque, la première ville du Nedjed et qu'elle égalait, si elle ne les surpassait pas, les plus importantes places de l'Arabie actuelle; du reste, la grandeur et l'étendue de ses ruines en portent témoignage. Près des remparts, s'élevait la sépulture de Saad, héros fabuleux qui était l'objet de la vénération populaire; on regardait sa tombe comme le palladium de la capitale nedjéenne, et l'on ne se lassait ni d'y apporter des présents ni d'y offrir des sacrifices. Certes, il y en avait là plus qu'il n'en fallait pour exciter l'indignation de l'apôtre vouahabite.

Mohammed imposa néanmoins silence à son zèle et attendit patiemment l'heure d'exécuter ses vastes projets. Il se renferma dans sa maison, mena une vie paisible, retirée, et n'essaya ni de prêcher sa doctrine ni de se distinguer en rien de ceux qui l'entouraient. Sa prudence, ses manières graves, le savoir qu'il avait acquis pendant ses longs voyages, son éloquence et aussi sa richesse, ce qui ne gâte rien en aucun pays, lui valurent bientôt l'estime et la popularité. Chacun le connaissait, chacun l'admirait ; Ebn-Mammer lui-même se plaisait à le combler d'honneurs.

Le vouahabite sentit que le moment d'agir était venu. Un soir qu'il était assis sur la terrasse de sa demeure, il entendit un homme, qui avait perdu son chameau, invoquer à haute voix Saad, pour retrouver la bête égarée. « Pourquoi ne pas vous adresser au Dieu de Saad? » s'écria Mohammed de manière à être entendu, non-seulement de celui auquel il s'adressait, mais de tous les passants qui encombraient le marché, car sa demeure en était fort proche. Un langage si peu ordinaire, puisque depuis des siècles personne ne l'avait tenu dans le Nedjed, provoqua la curiosité, d'où naquit la controverse. La glace était rompue, le vaisseau lancé à la mer, et bientôt après les Eyanites furent divisés en deux partis, l'un dévoué à Saad, l'autre à l'islamisme.

Chaque jour augmentait le nombre et l'audace des disciples d'Abdel-Vouahab, mais l'insouciant Ebn-Mammer affectait de ne pas voir la fermentation religieuse qui menaçait de bouleverser le pays. Quelques-uns des principaux habitants de la ville, fermement attachés à leurs anciennes croyances, tentèrent de lui ouvrir les yeux. Leurs représentations ayant été repoussées, ils s'adressèrent au gouverneur suprême de la province, Ebn-Muflik, roi du Catif; ils lui apprirent la rapide extension que prenait le mouvement réformateur, et la coupable négligence du chef local.

Ebn-Muflik éprouvait pour la religion de Mahomet la haine implacable d'un carmathien. Il donna aussitôt l'ordre à Ebn-Mammer d'interdire les prédications nouvelles et d'enfermer dans une prison le fils de Vouahab; mais, au lieu d'obéir à ces instructions, le gouverneur se contenta de prendre une de ces demi-mesures qui attisent, bien loin d'éteindre le feu du prosélytisme; il fit savoir à Mohammed qu'il ne pouvait pas le protéger plus longtemps, et lui conseilla de se soustraire au péril par la fuite.

Cet échec apparent fut en réalité le signal d'une victoire prochaine. A trente kilomètres environ d'Eyana, s'élevait la place forte de Dereya, destinée plus tard à une éclatante fortune et à des revers plus éclatants encore. C'est là, qu'au milieu d'une population peu nombreuse mais énergique, vivait le petit-fils de Saoud, premier chef du district et descendant du clan des Anezas, proches parents des Waïls et des Taglebs. Ainsi que son grand-père, le jeune gouverneur se nommait Saoud; il était hardi, entreprenant, fort de l'affection de sa nombreuse famille; toutefois, des voisins puissants et ambitieux, comme Ebn-Mammer, au nord, et Daas, chef de Manfouha, au sud-est, faisaient courir de grands dangers à son petit État.

Mohammed alla frapper à la porte du palais de Saoud, et lui demanda la protection qu'un Arabe refuse rarement à un fugitif. Les rôles ne tardèrent pas à changer; le vouahabite, confiant dans l'âme ardente et les hautes facultés de son jeune hôte, lui exposa le projet qu'il nourrissait depuis si longtemps et termina par ces paroles : « Jurez-moi que la cause de Dieu deviendra votre cause, l'épée de l'islam votre épée, et je vous donne ma parole que vous deviendrez le seul monarque du Nedjed, le premier potentat de l'Arabie. »

Quelque téméraires que puissent paraître de telles promesses à quiconque ne connaît pas parfaitement les Orientaux, Saoud eut foi dans leur accomplissement et accepta sans hésiter. Sous la direction du fils de Vouahab, qui lui servait désormais de guide et de conseiller, il professa le mahométisme dans sa pureté première. L'exemple du chef fut naturellement suivi par les membres de sa famille et par tous ses partisans. Ces faits se passaient vers 1760.

L'ambition stimulant son zèle religieux, Saoud se fit l'apôtre de la doctrine réformée : au nom de Dieu et de l'islam, il attaqua tour à tour les chefs qu'il qualifiait d'infidèles et, nouveau Mahomet, obligea les populations à choisir entre le coran et l'épée. Il commença par briser ou soumettre les États les plus faibles, puis il attaqua les plus forts. Suivant le précepte d'Olivier Cromwell : « Chacun doit mettre son cœur dans son œuvre, » le conquérant travaillait avec ardeur à augmenter le territoire de Dereya et la puissance de la faction vouahabite. La ruine d'Eyana, qui succomba vers cette époque, — non par suite de la guerre ou des sourdes menées de ses ennemis, mais par l'effet d'institutions tyranniques et vicieuses, — vint encore favoriser les desseins de Saoud. Les Nedjéens expliquent la chute de cette cité florissante par une légende qui, si elle n'a pas d'autre mérite, peint admirablement le tour d'esprit particulier aux Arabes.

Un matin, disent-ils, Ebn-Mammer se rendait à la chasse, accompagné d'une foule de nobles et suivi d'une escorte brillante; comme il sortait des remparts, il rencontre un enfant chargé du lourd fagot qu'il venait de ramasser pour le vendre à la ville. Ebn-Mammer portait à sa ceinture un sabre neuf, dont il n'avait pas encore fait l'essai. A la vue du petit paysan, il se tourna vers sa suite et, par manière de plaisanterie, le féroce gouverneur proposa d'essayer le tranchant de son arme sur la pauvre créature. Pas une voix ne protesta; poussant alors son cheval en avant, le chef abattit d'un seul coup la tête de l'innocente victime. Sa mère, pauvre veuve dont il était l'unique espérance, avait vu de loin cet acte d'atroce barbarie. Elle s'élança, folle de douleur, et, arrivée près du despote, appela sur lui la vengeance céleste. A partir de cette heure, les puits qui répandaient la fertilité dans la campagne commencèrent à tarir; les jardins et les plantations cessèrent de produire des fruits savoureux, des récoltes abondantes; en moins d'un an, une mort prématurée enleva le chef avec toute sa famille, et les habitants d'Eyana furent contraints d'abandonner la ville maudite, dont la ruine attestait le crime odieux qui avait attiré ce terrible châtiment. Nous allons trouver dans l'histoire des monarques vouahabites un fait à peu près semblable, mais que j'ai lieu de croire plus authentique.

Cependant, l'Yémama obéissait à un despote sanguinaire, nommé Daas. Saoud eut à soutenir contre lui une guerre dont l'issue fut longtemps douteuse; enfin l'islamisme triompha et tout le Nedjed méridional reconnut l'autorité du disciple d'Abdel-Vouahab. Ici encore la tradition arabe fait intervenir le *Deus ex machinâ;* elle attribue la défaite de l'infidèle Daas à un miraculeux tremblement de terre qui répandit la terreur dans son armée. Le vaincu se réfugia au Catif, où il ne tarda pas à mourir.

Cependant Ebn-Muflik avait été remplacé sur le trône carmathien par son fils Arar. Ce prince, fidèle à la haine héréditaire que sa famille professait pour les sectateurs de Mahomet, tenta plus d'une fois d'écraser le nouvel islam; il se mit en personne à la tête de ses troupes et assiégea Dereya. Je n'ai pu obtenir aucun détail sur le combat décisif qui eut lieu sous les murs de cette ville; la tradition arabe raconte seulement qu'Arar regagna presque seul le Dâna, dont les sables dévorèrent ceux de ses compagnons que l'épée vouahabite avait épargnés; il s'enferma dans le fort de Catif, où la honte de sa défaite et le désespoir qu'il en ressentit terminèrent bientôt ses jours. Ses parents défendirent la ville et gouvernèrent après lui la province.

Maître du Nedjed, Saoud tourna ses armes contre des régions plus florissantes; le Cacim, le Haça et le Dowasir reconnurent sa puissance. Tout le pays compris entre La Mecque et le Golfe Persique, à l'exception du Catif, fut conquis par le chef de Dereya. Quand il mourut, après cinquante ans de guerres incessantes, la promesse de Mohammed-ebn-Abdel-Vouahab était accomplie : Saoud avait fondé une dynastie glorieuse et laissait un nom redouté dans la péninsule entière.

Quant au grand homme qui avait été le promoteur de cette importante révolution, il passa les dernières années de sa vie à Dereya, où il contribua puissamment, par l'éloquence de sa parole, au succès des armes du souverain. Il composa un grand nombre de traités dont le thème invariable est l'explication des doctrines de sa nouvelle secte. Jamais, et cette modération prouve la sincérité de son zèle, il ne tenta de s'arroger aucune autorité politique. Évitant de prendre une part directe aux affaires de l'État, il mourut environné du respect de tous et fut enseveli avec de grands honneurs. Son petit-fils, Abder-Râman, existe encore à Riad, où je l'ai vu plusieurs fois; enfin son arrière-petit-fils, Abdel-Latif, remplit dans la capitale nedjéenne les fonctions de cadi, et nos lecteurs doivent bien le connaître.

La famille d'Abdel-Vouahab a toujours occupé dans l'Etat nedjéen les postes religieux et judiciaires les plus importants ; elle possède aujourd'hui d'immenses richesses, qui, je veux le croire charitablement, ont été acquises par des moyens honnêtes. Ses membres, quoiqu'ils n'aient pas jugé à propos d'imiter la modestie et la simplicité de leur illustre ancêtre, exercent une influence considérable; sans revêtir jamais aucune autorité civile ou militaire, ils sont en réalité les souverains du pays ; le roi lui-même n'oserait les contredire, ni entreprendre une guerre ou contracter une alliance avant de les avoir consultés.

A la mort de Saoud, son royaume occupait une étendue presque égale à celle qu'il a prise de nos jours ; mais, doué d'autant de prudence que d'esprit d'entreprise, Saoud évitait tout empiétement sur les frontières des États puissants avec lesquels il avait mis son royaume en contact. La suprématie de la Perse sur les îles Bahraïn et son protectorat dans le Catif étaient respectés par les Nedjéens ; le sultan d'Oman, Ebn-Saïd, ne pouvait se plaindre d'aucune agression ; les limites sacrées de la province de La Mecque n'avaient pas été violées, et nul acte hostile n'éveillait l'animosité de la Turquie ni de l'Égypte. Saoud lui-même ne paraît pas avoir été seulement un prince victorieux au dehors, il se faisait aimer dans ses États ; c'était un modèle de savoir et d'étude, autant que le permettent les prescriptions de sa secte. En même temps qu'il servait puissamment la cause vouahabite, il s'occupait d'embellir sa capitale de monuments qui devaient flatter l'orgueil de ses sujets et accroître sa popularité. Les ruines d'un palais immense et d'une mosquée non moins célèbre attestent encore à Dereya la magnificence du monarque qui les fit élever. L'ancienne capitale, au milieu de sa désolation actuelle, offre un aspect plus régulier et plus monumental que la ville de Riad. Saoud sentait en outre une répugnance invincible pour l'effusion du sang que ne commande pas la nécessité, et il était humain même pendant la guerre. Souvent une soumission opportune faisait rentrer son épée dans le fourreau. Les chroniques nedjéennes ne mentionnent sous son règne ni massacres ni dévastations dans la plupart des provinces annexées, même dans le Cacim, où l'on aurait pu tout attendre de la colère du vainqueur. Dans le Haça, les Benou-Caled seuls opposèrent une indomptable résistance; mais, abandonnés par la majorité des habitants, ils furent bientôt soumis.

A son lit de mort, Saoud fit venir ses deux fils, Abdel-Aziz et Abdalla. Il désigna le premier comme son successeur et chargea l'autre de fonctions importantes; enfin il leur recommanda d'imiter sa fermeté, surtout sa prudence, afin de ne pas « miner le rocher, » paroles qui les avertissaient du danger d'exciter la colère de voisins plus puissants qu'eux, et en particulier de la Porte-Ottomane; car, si cet État avait l'apparence de la faiblesse, le poids inerte du colosse pouvait encore écraser ses ennemis.

Vers l'année 1800 ou environ (car il est impossible d'établir une chronologie certaine avec les dates arabiques), Abdel-Aziz monta sur le trône; son règne fut court, mais rempli d'événements aussi glorieux que funestes.

Imprudent et hardi, Abdel-Aziz, malgré les conseils de son père, dirigea bientôt ses armes vers l'orient, assaillit le Catif, dont les habitants furent massacrés, s'empara des Bahraïn et des autres îles voisines du Golfe Persique, envahit la côte orientale ou Barr-Faris, qu'il détacha pour jamais de l'empire persan, et enfin se jeta sur le royaume d'Oman. Cette expédition, qui était dirigée par le frère du roi, l'impétueux Abdalla, fut couronnée d'un plein succès. Après plusieurs batailles, dont chacune était une victoire, le jeune chef parvint à déloger l'ennemi des hauteurs qui dominent Mascate, et tourna les batteries du fort contre la ville elle-même. Le sultan Saïd ne voulut pas braver l'orage; il consentit à payer un tribut annuel, à recevoir une garnison vouahabite dans les places les plus considérables de son royaume, et permit l'érection de mosquées orthodoxes à Mascate ainsi que dans plusieurs autres cités omanites.

Mais ces conquêtes avaient soulevé contre Abdel-Aziz des inimitiés redoutables. Le Catif et les îles Bahraïn dépendaient de la Perse, à laquelle ils étaient unis par la communauté des sentiments religieux et par des liens civils; l'Oman avait aussi d'étroites relations avec cet État. La cour de Téhéran résolut de venger leurs injures. Exposer une armée persane au milieu des déserts de l'Arabie eût été aussi peu profitable que dangereux; le poignard, un instrument familier aux chiites de tous les temps, leur offrit un moyen plus commode.

Un fanatique, originaire de la province de Ghilan, pays dans lequel six siècles auparavant Abdel-Cadir s'était fait rendre par ses disciples enthousiastes des honneurs presque divins, s'offrit pour l'œuvre de sang. Après avoir reçu ses instructions à Téhéran, il partit pour Mechid-Hosseyn (1), ville sacrée de la dévotion chiite. Il y reçut, avec l'absolution écrite de tous ses péchés, un papier signé et scellé, qui lui assurait la jouissance des joies éternelles, s'il réussissait à

(1) Mechid-Hosseyn ou Herbela est située sur l'Euphrate, au S. O. de Bagdad. Beaucoup de pèlerins y vont faire leurs dévotions auprès du tombeau du fils d'Ali, Hosseyn, qui y a été inhumé. — J. B.

purger la terre du tyran nedjéen. Muni de ce document, soigneusement fixé comme une amulette autour du bras, il se rendit à Dereya, déguisé en marchand, et y attendit l'occasion de mériter la récompense promise à la trahison.

Vouahabite sincère, Abdel-Aziz ne manquait pas un seul jour d'assister aux prières publiques dans la grande mosquée de la ville. Là, sans armes et absorbé par les pratiques de piété qui ne permettent pas de jeter un regard autour de soi, il pouvait être facilement immolé. Le Persan ne l'ignorait pas. Quand un séjour de plusieurs semaines et l'observation scrupuleuse des rites orthodoxes lui eurent gagné la confiance des habitants, il se plaça pendant la prière du soir derrière Abdel-Aziz et, au moment où le sultan se prosternait pour l'adoration, il lui plongea dans le corps la lame aiguë d'un poignard khorassan. L'acier pénétra entre les épaules et ressortit du côté opposé; Abdel-Aziz expira sans pousser une plainte, sans faire un mouvement.

Les assistants saisirent leurs épées qu'ils avaient déposées pendant la prière et fondirent sur le meurtrier. Le Persan se défendit avec l'énergie du désespoir; de son arme teinte encore du sang royal, il tua trois ou quatre des assaillants. A la fin, il succomba sous le nombre et fut littéralement mis en pièces dans le sanctuaire. On trouva sur lui l'engagement écrit, signé par le gouverneur de Mechid-Hosseyn; et Abdalla, qui devenait maintenant sultan du Nedjed, jura de venger la mort de son frère sur la ville qui avait armé son assassin.

Ces événements eurent lieu, d'après les dates approximatives que j'ai pu recueillir, vers 1805 ou 1806. Abdalla dès lors exerça seul le pouvoir royal; son frère Khaled et Theneyan, fils d'Abdel-Aziz, non plus que les autres membres de la famille, ne prirent aucune part au gouvernement. Khaled laissa un fils nommé Mechari, qui devint plus tard l'assassin de Tourki. Nous reviendrons sur ces personnages dans le cours de notre relation; en outre, nous aurons à parler d'Ebn-Theneyan, et d'un autre Khaled, neveu d'Abdalla.

A peine eut-il rendu les derniers devoirs à son frère qu'Abdalla s'occupa de le venger sur Mechid-Hosseyn. Il envahit la Perse, fut repoussé avec des pertes considérables par Mechid-Ali (1) et, devenu plus furieux que jamais, il se précipita contre la ville qui était l'objet principal de sa haine, et la prit d'assaut. Un massacre général de la garnison et des habitants fournit la satisfaction offerte aux mânes d'Abdel-Aziz. La tombe réelle ou supposée du fils d'Ali et de Fatime fut détruite; la riche mosquée qui la renfermait, livrée au pillage. J'ai vu moi-même à Riad différents objets enlevés au sanctuaire de la dévotion persane.

Encouragé par cet exploit, Abdalla résolut de compléter ses conquêtes en s'emparant de la cité de Mahomet. Réunissant toutes les forces du Nedjed, il franchit les frontières du Haram à Meghazil, et peu de jours après il campait devant La Mecque. Cette ville, trop faible pour une défense sérieuse, avait jusqu'alors trouvé, dans la vénération universelle dont elle était l'objet, une protection inviolable; mais les vouahabites considèrent comme une impiété le respect des tombeaux et tout autre hommage extérieur rendu à une créature, fût-ce au Prophète lui-même. La cité sainte étant donc tombée au pouvoir d'Abdalla, ses défenseurs, ses chérifs les plus honorables, furent passés au fil de l'épée;

(1) Ville qui contient le tombeau d'Ali et est située à une quinzaine de kilomètres au sud de Mechid-Hosseyn. — J. B.

les richesses amassées dans les temples par la dévotion des pèlerins, enlevées ou détruites; on rendit à la Caaba sa simplicité primitive, et on la protégea contre des profanations futures par une loi qui en excluait les infidèles, c'est-à-dire quiconque n'appartenait pas à la secte victorieuse.

Médine, qui ne pouvait opposer aucune résistance efficace, subit le même sort que La Mecque et vit avec horreur le conquérant mettre en pratique la maxime de sa secte : « Les meilleures tombes sont celles dont il ne reste aucun vestige. » Les sépultures de Mahomet, d'Abou-Bekr et d'Omar furent violées; les riches offrandes suspendues dans la mosquée funéraire, enlevées par Abdalla. « Le Prophète est mort, et je suis en vie, dit-il; ces trésors seront plus en sûreté sous ma garde que sous la sienne. » On chargea soixante chameaux des trophées de ce triomphe impie, et on les envoya dans la capitale du Nedjed.

Alors, maîtres de toute la péninsule, sauf une partie de l'Yémen et de l'Hadramaout, les vouahabites dirigèrent leurs excursions vers la frontière septentrionale. Tout ce qui opposa de la résistance, depuis Carak jusqu'à Palmyre, fut ravagé, massacré, réduit en cendres. Les bédouins, dit-on, se montrèrent en cette occasion peu disposés à s'allier aux pillards nedjéens, et firent aux troupes d'Abdalla une guerre d'escarmouches.

Cependant une formidable insurrection éclata dans le centre même, ayant pour foyer la province de Harik. Abdalla n'attendit pas que le soulèvement pût s'affermir : le Harik fut ravagé, et Houta, dont les chefs avaient dirigé le complot, fut incendiée; toute sa population masculine, hommes et enfants, fut passée au fil de l'épée. Tandis que le farouche conquérant parcourait ces ruines fumantes et ensanglantées, une femme, qui avait perdu tous les siens dans le massacre, s'avança vers lui, l'appelant à haute voix. « Me voici, répondit Abdalla. — Prononce le nom de Dieu, dit la femme. — O Dieu puissant! s'écria le roi. — O Dieu puissant! continua-t-elle en achevant la sentence commencée, si Abdalla a suivi envers nous les lois de la justice, donne-lui sa récompense; si, au contraire, il s'est montré tyrannique et cruel, punis-le comme il le mérite. » Le roi, troublé, saisi de remords, tourna bride en silence et revint à Dereya; mais la malédiction marchait en croupe derrière lui.

Le gouvernement de Constantinople, vers 1811, donna l'ordre au vice-roi d'Égypte de châtier les vouahabites et de les chasser du territoire de La Mecque. Les opérations militaires furent conduites d'abord par Tarsoun-Pacha, fils de Méhémet-Ali et frère aîné d'Ibrahim. Après un mélange de succès et de revers, la peste se mit dans l'armée et l'expédition se termina par la mort de Tarsoun. La Mecque était reconquise, mais les Egyptiens avaient fait peu de progrès dans l'intérieur du pays. Ce fut alors que Méhémet-Ali forma le hardi projet de frapper au cœur l'empire vouahabite, en s'emparant de Dereya et en soumettant le Nedjed.

Il commença, dit la tradition arabe, par réunir au Caire tous les généraux, ministres et hommes d'État du pays, afin de délibérer avec eux sur les moyens à prendre. Après leur avoir expliqué ses desseins, le vice-roi leur montra une pomme qui avait été placée juste au centre d'un large tapis étendu dans la salle : « Celui de vous, ajouta-t-il, qui atteindra cette pomme et me la donnera, sans toutefois mettre le pied sur le tapis, sera commandant en chef de l'expédition. » Chacun s'exerça du mieux qu'il put, se coucha sur le sol, étendit les bras, mais sans réussir à toucher le but. Tous déclaraient la chose impossible, quand Ibrahim, fils adoptif de Méhémet-Ali, vint à son tour tenter la difficile épreuve. Les assistants se mirent à rire, car il était de petite taille et personne ne doutait qu'il n'échouât. Lui cependant, sans s'inquiéter des railleries, replia tranquillement le tapis, en commençant par les bords, jusqu'à ce que le fruit fût à sa portée. Il le prit alors et le tendit à Méhémet, qui, comprenant l'ingénieuse allégorie, lui confia le commandement de l'armée égyptienne (1816).

Abdalla concentra ses troupes et attendit l'ennemi près de Cowey, à l'entrée de la route qui conduit de La Mecque dans les tortueuses vallées du Toweyk, comptant qu'il y arriverait exténué par la traversée du désert et décimé par les combats avec les bédouins.

Ibrahim cependant *roulait le tapis arabe.* Après avoir obtenu la soumission des montagnards de l'Asir, il s'était avancé vers le Nedjed moins en conquérant qu'en allié. Chaque seau d'eau tiré par les bédouins pour les troupes, chaque datte cueillie et chaque morceau de bois consumé étaient à l'instant même payés généreusement ; tandis que les officiers et les soldats, retenus par la crainte de peines sévères, n'osaient faire la moindre insulte à la population désarmée.

Les villages et les tribus, frappés du déploiement de la puissance égyptienne, attirés par l'espoir du profit, séduits par l'ordre et la sécurité qui leur étaient offerts, se détachaient l'un après l'autre du Nedjed pour se soumettre à Ibrahim. Tous ceux qui demandaient à traiter obtenaient aussitôt les conditions les plus avantageuses. Une faible minorité refusait cependant d'abandonner la cause des vrais musulmans et de reconnaître la souveraineté *du chacal égyptien.* Ibrahim se garda de recourir à la violence; il se contenta de chasser de leurs demeures ces obstinés sectaires et de les pousser vers le Nedjed, leur recommandant avec une amère ironie « d'aller grossir les rangs des fidèles. » Cette manœuvre épuisait les ressources d'Abdalla en le chargeant d'une foule inutile et affamée. L'offre de quelques pièces de monnaie et d'une ample provision de tabac faite aux bédouins qui fourniraient des chameaux et des guides pour la route, amena sans exception tous les clans nomades sous l'étendard du pacha. Ainsi, « roulant pas à pas le Nedjed, » approchant par des marches faciles du plateau central, pourvu de toutes les provisions nécessaires à son armée, ne perdant pas une goutte de sang, Ibrahim maintenait ses communications avec l'Egypte, et ne laissait derrière lui que des alliés et des amis, lorsque Chacra lui ouvrit ses portes.

Mais, à quelques kilomètres de là, près de Cowey, eut lieu une bataille acharnée qui dura deux jours et où seule l'artillerie égyptienne décida la victoire. Le chef nedjéen Harith, se frayant un passage à travers les lignes ennemies, atteignit le pacha lui-même. Au moment où le yatagan levé du Nedjéen allait mettre fin à la guerre, un Circassien, se dégageant de la mêlée, déchargea sur l'Arabe un coup de sabre terrible. Harith tomba sans vie de son cheval; mais ses compagnons, ne se laissant pas abattre par la mort de leur chef, continuèrent la lutte jusqu'à ce que la nuit vînt séparer les combattants.

Abdalla rallia ses colonnes décimées et courut défendre Dereya. Immédiatement, les Égyptiens donnèrent à la ville un assaut qui fut repoussé. Ibrahim, voulant éviter de répandre le sang inutilement, se contenta désormais de cerner Dereya, tandis qu'il sommait les habitants de capituler. On ne lui fit pas de réponse. Vingt jours se passèrent ainsi sans qu'un seul coup de fusil fût tiré de part ni d'autre, car les vouahabites, résolus à réserver toute leur force pour la lutte décisive, ne faisaient aucune sortie et ne répondaient que par le silence aux sommations réitérées d'Ibrahim. Le vingt et unième jour, le pacha offrit aux assiégés, comme *ultimatum*, l'alternative d'une capitulation honorable ou de l'assaut; il espérait qu'un dernier échec subi par ses troupes aurait fait fléchir l'orgueil du prince nedjéen. Mais alors même Abdalla refusa de se soumettre, et l'envoyé revint sans réponse. En conséquence, Ibrahim donna ordre de ranger l'artillerie sur les hauteurs qui dominent la capitale.

Le bombardement dura depuis le coucher du soleil jusqu'à son lever le lendemain matin. Six mille boulets et obus furent, dit-on, lancés pendant la nuit sur la ville vouée à la destruction. L'aube éclaira des murailles réduites en poussière et des monceaux de ruines, des morts et des mourants ensevelis au milieu de leurs habitations renversées, tandis que les survivants se livraient à un morne désespoir.

Ibrahim entra sans obstacle dans Dereya. Son premier soin fut de s'emparer du roi, de sa famille, des courtisans, des chefs et des nobles réunis dans la capitale. Quelques-uns d'entre eux essayèrent d'opposer de la résistance et furent tués par les soldats : le plus grand nombre courba la tête sous la volonté d'Allah. Le conquérant fit également arrêter les docteurs, les cadis, les imans, les metovouas, tous les représentants de la grande secte vouahabite, puis les fit massacrer au nombre de cinq cents. Il accorda une amnistie générale au reste de la population; et, sauf quelques heures de pillage, Dereya ne souffrit aucune violence de l'armée victorieuse. En même temps, les passages conduisant de la ville à la montagne étaient étroitement gardés. Cependant un petit nombre de personnes parvinrent à s'échapper au milieu de la confusion générale; parmi elles, était Tourki, fils aîné d'Abdalla.

Dès que le colosse nedjéen eut été brisé, le Haça, saisissant l'occasion de revendiquer sa liberté civile et religieuse, devint le fidèle allié de l'Egypte. Les îles Bahraïn profitèrent des circonstances pour échapper à l'oppression, et il en fut de même du Djôf et du Chomeur, au moins momentanément. Dans ce dernier pays, la principale cité, Hayel, confia le gouvernement à l'antique famille des Beyt-Ali; ceux-ci malheureusement pratiquèrent largement « le droit divin que possèdent les rois de mal gouverner les peuples. »

Pendant ce temps, Ibrahim, après avoir fait goûter aux habitants de Dereya sa douceur et son amertume, s'occupait d'organiser sa conquête. Visitant les provinces, il se conciliait l'affection du peuple et des chefs locaux, effrayait les fanatiques par une inflexible sévérité, et introduisait l'ordre, la justice et la civilisation. Je me borne à répéter ici ce qu'on m'a dit dans le Nedjed sur ce sage capitaine. Bientôt le commerce prit un rapide essor; la soie, les bijoux et le tabac affluèrent au Nedjed, tellement que, chose déplorable et qui prouve bien la perversité de la nature humaine! la restauration de l'orthodoxie n'a pu déraciner les coupables habitudes contractées pendant cette période de licence.

En quittant l'Arabie, Ibrahim y laissait des sentiments que peu de conquérants ont su inspirer aux vaincus : la confiance, l'attachement, une admiration respectueuse et sincère. Sa mémoire est encore aujourd'hui populaire au Nedjed. Les fautes de ses successeurs, Ismaïl et Caled, et surtout les folies d'Abbas, héritier de Mehemet-Ali, ont fait évanouir ces brillantes espérances.

On se souvient que Tourki, fils d'Abdalla, était parvenu à s'enfuir de Riad, lorsque la ville avait été prise par Ibrahim. Il se réfugia dans le Sedeyr, où il mena pendant plusieurs années une existence errante et misérable ; puis il vint à Bassora et y demeura caché sous un humble déguisement. Tout espoir semblait perdu pour lui : son père, après une courte captivité en Egypte, avait été conduit à Constantinople et mis à mort par ordre du sultan (vers 1819); ses frères, ses parents et les nobles otages emmenés au Caire, y subissaient une dure captivité; enfin, nulle réaction ne se produisait dans le Nedjed où le gouvernement égyptien semblait s'affermir.

L'injustice et la cruauté de Caled pacha ranimèrent la confiance de Tourki ; il se rapprocha du Sedeyr, et bientôt des bandes de maraudeurs, descendant du Toweyk, massacraient les avant-postes du pacha et annonçaient le retour du fils d'Abdalla. Quelques avantages d'escarmouches et de surprises rendirent générale la révolte du Nedjed, auquel se joignit le Cacim. Le Haça, dont les habitants avaient cessé d'être traités en sujets volontaires et que poussaient à bout les violences, les exactions et les insultes, chassa les Égyptiens. L'Yémama et le Harik massacrèrent leurs garnisons. Caled, réunissant ce qui lui restait de troupes, se maintint dans le Cacim, qu'il réduisit, tandis que Tourki rentrait triomphalement dans la Ouadi Hanifa.

Proclamé sultan, Tourki prit pour capitale, à la place de Dereya ruinée, la ville de Riad, qui avait été le centre du Nedjed au temps de Moseylema. Il la fortifia et y bâtit la grande mosquée.

L'Ared, le Wochem, le Sedeyr, l'Afladj, l'Yémama, le Harik et le Dowasir reconnurent Tourki ; mais, tandis que le Cacim restait au pouvoir de Caled pacha, l'Oman gardait pour souverain Saïd-ebn-Saïd, et le Haça, le Catif et les îles Bahraïn prétendaient ne reconnaître que leurs chefs nationaux. Avant de s'imposer à des populations qui le repoussaient, Tourki s'occupait sagement à réorganiser celles qui l'avaient appelé, lorsqu'il fut obligé de se retirer devant une armée d'Egyptiens, commandés par Hosseyn pacha, qui rentra sans coup férir dans l'Ared; mais, impatient de soumettre le foyer principal de la haine portée à l'étranger, Hosseyn laissa Tourki dans le Sedeyr et marcha sur le Harik. Il fallait, pour y pénétrer, franchir le bras du Dâna qui sépare l'Yémama du Harik. Sous prétexte de conduire les troupes par des chemins plus sûrs et plus courts, les Nedjéens les attirèrent au milieu des collines de sable qui s'étendent non loin du Harik et ils les laissèrent mourir de soif dans la brûlante solitude. Quand les paysans des villages voisins vinrent contempler l'œuvre de mort, ils ne trouvèrent plus — des témoins oculaires me l'ont affirmé — que des cadavres défigurés par les convulsions d'une horrible agonie. Les corps qui jonchaient la plaine funèbre étaient au nombre de quatre ou cinq mille. Quelques personnes prétendent qu'Hosseyn pacha partagea le sort des victimes; d'autres affirment, et cette opinion me paraît plus vraisemblable, qu'il réussit à s'échapper avec quelques hommes de sa suite, revint au Cacim et retourna bientôt après en Égypte.

Délivré de son ennemi, Tourki reprit possession de ses États, qu'il gouverna plusieurs années dans une paix profonde.

Sur ces entrefaites arriva dans Riad un noble chomeurite, Abdalla-ebn-Rachid. Après avoir essayé de délivrer Hayel de la tyrannie des Beyt-Ali, il avait été chassé du Chomeur, laissé pour mort par les bédouins Anzas dans la Ouadi Seurhan, et venait offrir ses services à Tourki. Ce dernier le mit à la tête de son armée.

Vers 1830, le sultan du Nedjed ayant résolu de ramener le Haça sous son obéissance, confia le commandement de l'expédition à son fils Feysoul, qui avait sous ses ordres Abdalla.

Les Nedjéens venaient à peine d'atteindre les frontières du Haça et de mettre le siége devant la ville de Hofhouf, quand ils apprirent la mort de Tourki, lâchement assassiné pendant les prières du soir par son propre parent Mechari, qui, profitant de l'absence de l'héritier légitime, s'était emparé du trône.

Un conseil de guerre fut aussitôt assemblé : la plupart des chefs engageaient Feysoul à conquérir d'abord le Haça ; puis, quand il se serait emparé de cette riche province, à revenir, chargé de gloire et de butin, châtier l'usurpateur ; mais Abdalla, plus sage, fit observer qu'un tel délai donnerait à Mechari le temps de réunir une armée, de se fortifier dans Riad et de devenir un dangereux ennemi. Retourner immédiatement à Riad serait au contraire le plus sûr moyen de triompher du traître, de venger le sang chaud encore de Tourki et de faire rentrer la capitale dans le devoir.

Feysoul se rendit à l'avis d'Abdalla. Sans perdre de temps, il reprit le chemin du Nedjed. Mechari le croyait encore dans les plaines du Haça que déjà il campait sous les murs de Riad. A peine l'arrivée du prince fut-elle connue que les vouahabites accoururent en foule sous sa bannière ; la capitale ouvrit ses portes, et Feysoul y fit son entrée au milieu des acclamations enthousiastes du peuple.

Mechari s'était réfugié dans le palais, dont les épaisses murailles pouvaient soutenir un long siége ; maître du trésor de l'État, bien pourvu d'armes et de munitions, défendu par une garnison nombreuse, il résolut d'attendre les événements. Feysoul ordonna immédiatement l'assaut ; mais le succès ne répondit pas à son attente : les portes de fer, les remparts massifs défièrent tous ses efforts et il dut se décider à faire un siége en règle.

Vingt jours s'étaient passés sans que ni les assiégés ni les assiégeants eussent obtenu aucun avantage décisif. Une nuit, Abdalla, impatient de mettre fin à cette situation, fût-ce au prix de quelque danger, emmena deux hommes résolus et, profitant des ténèbres, il s'approcha des murs du palais dans l'espoir de découvrir un point faible ou mal gardé. Une lumière brillait à une étroite fenêtre placée près des créneaux; là demeurait un ancien serviteur du palais, longtemps attaché à la personne de Tourki et dévoué à son fils. Abdalla prit un caillou, qu'il jeta dans l'embrasure de la fenêtre. Le vieillard avança timidement la tête : « Qui est là? » dit-il à demi voix. L'intrépide aventurier fit connaître son nom. « Que me voulez-vous? » demanda le Nedjéen. « Jetez-nous une corde; nous nous chargeons du reste. »

Le frôlement d'une corde se fit entendre le long du mur. A l'aide de cet appui, Abdalla et ses deux compagnons pénétrèrent dans le palais : « Où repose Mechari? » demanda le chef. Le serviteur de Tourki indiqua la chambre de l'usurpateur. Suivant les corridors obscurs, pieds nus et en silence, les trois hommes se trouvèrent bientôt devant la porte. Ils essayèrent de l'ouvrir, elle était fermée au verrou. Abdalla, d'un coup vigoureux, fit sauter la serrure.

Mechari dormait avec une paire de pistolets sous son oreiller. Éveillé par le bruit, il se dressa sur son séant et aperçut à ses côtés trois figures sinistres. Saisissant ses armes, il fit feu coup sur coup : les deux compagnons d'Abdalla tombèrent, l'un privé de vie, l'autre blessé mortellement, mais respirant encore. Abdalla, n'ayant pas été atteint, se précipita l'épée levée sur son ennemi. Mechari, homme d'une taille herculéenne, étreignit son adversaire, et un duel terrible s'engagea entre eux. Tous deux roulèrent sur le plancher. Mechari serrait, comme dans un étau, le bras droit de son agresseur et s'efforçait de lui arracher l'arme de la main. Pendant cette lutte désespérée, le compagnon mourant d'Abdalla, rassemblant ses forces par un suprême effort, se traîna près d'eux et saisit le poignet de Mechari avec une telle violence qu'il lui fit un instant lâcher prise. Aussitôt Abdalla, dégageant son épée, la plongea à plusieurs reprises dans la poitrine de son adversaire, qui expira sur-le-champ.

Pas un cri n'avait été poussé, nul dans le palais n'avait donné l'alarme. Abdalla coupa la tête de l'usurpateur, puis, ce sanglant trophée à la main, il revint dans la chambre où l'ancien serviteur de Tourki attendait dans une angoisse facile à comprendre. A la lueur de la lampe, ils s'assurèrent que les traits décomposés du cadavre étaient bien ceux de Mechari. Abdalla, courant ensuite à la fenêtre, appela d'une voix haute les soldats de Feysoul, qui se tenaient non loin des murs du château ; plusieurs s'approchèrent. « Ramassez la tête de ce chien, » leur cria le chef, en jetant à leurs pieds la hideuse dépouille. Des cris de joie et de triomphe lui répondirent. Pendant ce temps, le serviteur de Tourki ouvrait les portes du palais, promettant quartier à tous ceux qui reconnaîtraient Feysoul pour leur maître. Quelques minutes plus tard, le roi rentrait en triomphe dans la demeure de son père.

Personne n'opposa de résistance. « C'est la volonté de Dieu, » dirent les partisans de Mechari, en prêtant le serment d'allégeance au nouveau souverain.

Tel est le service qui valut pour Abdalla la vice-royauté héréditaire des tribus du Chomeur. Son frère Obeyd le Loup, en ravageant avec férocité le Cacim, fit disparaître les Beyt-Ali, tandis qu'Abdalla en personne soumettait les montagnes. Celui-ci mourut, laissant trois fils, dont l'aîné avait vingt ans à peine. C'était un jeune prince auquel ses hautes facultés valaient déjà une grande popularité; c'était ce Télal, qui hérita de son père, malgré son oncle Obeyd. Il a su ne pas mentir aux espérances qu'il avait fait concevoir, car il est un des meilleurs princes que nous ayons rencontrés en Arabie.

Revenons aux révolutions dont le Nedjed fût le théâtre.

Feysoul, lors de son élévation subite au trône, en 1830, avait trente-trois ou trente-quatre ans et ses qualités rappelaient plutôt celles de Tourki que celles de son grand-père Abdalla. Doux, prudent, éloquent et d'un extérieur agréable, il eut d'abord toute l'affection de ses sujets; mais son penchant au fanatisme et l'ascendant que prirent sur lui les doctrines vouahabites la lui ont fait perdre à mesure qu'il avançait en âge.

Sa première période d'autorité fut courte. Méhémet-Ali, pour profiter des désordres du Nedjed, y envoya Courchid pacha à la tête d'une armée nombreuse, qui, avec l'aide des Cacimites, fut près de surprendre Feysoul. Celui-ci n'échappa que par une fuite précipitée à la captivité, et Courchid mit à sa place Caled, petit-fils d'un frère d'Abdel-Aziz. Le pouvoir ne resta que deux ans à ce souverain. Rappelant lui-même Feysoul, vers 1833, Caled se retira au Caire d'abord, puis à La Mecque, où il mourut honoré de tous, vers 1861.

Ainsi Feysoul était restauré pour la seconde fois; mais il revenait de Damas pénétré jusqu'à la moelle d'idées fanatiques. Du reste, il n'eut guère le temps de les mettre en pratique. Surpris par Courchid dans sa capitale et dans son palais, vers 1844, et conduit en Egypte, il y fut enfermé dans une forteresse près de

Suez et y demeura jusqu'à la mort de Méhémet-Ali. Courchid avait su le remplacer cette fois par un petit-fils d'Abdel-Aziz, d'un tout autre caractère que Caled et qui s'appelait Ebn-Theneyan.

Ce nouveau chef ne tint guère compte de la suzeraineté de l'Égypte. Victorieux des bédouins, sanguinaire vainqueur de la Ouadi Dowasir, il devint despote au point de faire empaler ou brûler vifs ceux qui lui déplaisaient. Depuis cinq ans, il régnait de cette façon, quand la mort de Méhémet-Ali (1849) laissa l'Égypte à son petit-fils Abbas pacha. Libertin, à moitié fou, Abbas s'imagina qu'en s'appuyant au nord sur les bédouins, au sud sur les vouahabites, il pourrait non-seulement dominer l'Arabie, mais secouer toute dépendance envers la Porte-Ottomane. Ainsi s'expliquent ses profusions et ses avances aux bédouins, sur l'importance desquels il se trompait grossièrement; ainsi s'expliquent ses protestations d'orthodoxie, mal reçues à Riad, et les facilités qu'il procura aux nobles vouahabites et à Feysoul lui-même pour s'évader secrètement de leur prison, et pour rire du mécréant qui venait de les remettre en liberté. Courchid, se voyant trahi par son propre gouvernement, évacua le Cacim et ramena ses troupes en Egypte. Les Cacimites se levèrent alors avec un aveugle enthousiasme pour Feysoul, qui, arrivé près de Chacra, somma Ebn-Theneyan d'abdiquer en sa faveur.

Ce prince n'était pas homme à se laisser effrayer par une simple menace. Il réunit les chefs locaux de l'Ared, afin de prendre avec eux les mesures nécessaires; mais les nobles nedjéens lui dirent en face qu'aucun d'entre eux ne lèverait un doigt pour soutenir sa cause, et ils allèrent dans le Cacim rejoindre les drapeaux de Feysoul. L'usurpateur avait néanmoins encore quelques partisans; il se mit à leur tête, et marcha sur Chacra.

La défection d'une partie de ses troupes le contraignit à rentrer dans Riad sans avoir livré bataille. Désespérant alors de défendre la capitale, il se renferma dans le palais, avec un petit nombre de serviteurs dévoués.

Le fils de Tourki, ému de l'accueil empressé des populations, se sentit assez fort pour se montrer clément. Il offrit à son cousin une capitulation honorable, lui promettant la vie et la liberté. Ebn-Theneyan, qui avait en sa possession toute l'artillerie du Nedjed, renfermée dans le château, refusa d'accepter les conditions de son rival. Privé des engins qu'un siége exige, Feysoul ne pouvait songer à prendre d'assaut le palais; il dut se contenter d'établir un blocus rigoureux. Pendant un mois entier, le Nedjed eut deux rois : Feysoul renouvelait chaque jour ses sommations, Ebn-Theneyan répondait qu'il abandonnerait le trône seulement avec la vie.

Un soir, peu de temps après le coucher du soleil, l'usurpateur errait silencieusement dans les longues galeries du château; un étroit guichet lui permit de voir sans être vu plusieurs de ses officiers réunis dans une petite chambre et parlant avec une grande animation. Ebn-Theneyan s'approcha pour entendre et, comme il arrive toujours en pareille circonstance, n'entendit rien de flatteur. « Dieu, disaient les conjurés, avait abandonné le petit-fils d'Abdel-Aziz; il fallait seconder enfin les desseins de la Providence, livrer le palais à Feysoul et s'assurer les bonnes grâces du roi en lui offrant la tête de son ennemi. » Ebn-Theneyan comprit qu'il était irrévocablement perdu. Profitant donc des ténèbres, il s'enfuit par la porte secrète jusque vers les remparts de la ville; mais, abattu par le désespoir, il ne chercha pas à gagner la campagne. Près de lui se trouvait la maison d'un noble vouahabite, Ebn-Soweylim, celui-là même qui périt quelques années plus tard sous les coups des zélateurs. Ebn-Theneyan entra dans son khavoua, s'assit en silence et se voila le visage.

« Ebn-Theneyan ! est-ce-vous ? » s'écria l'hôte, étonné de cette visite inattendue. Le fugitif ne répondit pas. « Venez-vous demander protection ? » demanda Ebn-Soweylim, car en Arabie le caractère de suppliant ou *mudjir* est tellement sacré que nul ne peut refuser son assistance à celui qui l'implore. L'orgueil du malheureux prince se révolta. « Non, » répliqua-t-il. « Quel motif alors vous amène ? » Un mot aurait sauvé Ebn-Theneyan ; mais le prince garda le silence. Pour la troisième fois, le maître du logis renouvela sa question ; ce fut en vain.

Alors Ebn-Soweylim avertit Feysoul que l'usurpateur était en son pouvoir. Des soldats, envoyés en hâte, trouvèrent le fugitif assis dans la même posture ; ils s'emparèrent de lui et l'amenèrent devant le monarque légitime. « Viens-tu réclamer mon indulgence ? » demanda Feysoul, prêt à se laisser désarmer. « Non, » répondit fièrement le petit-fils d'Abdel-Aziz. Se tournant donc vers les assistants : « Je vous prends tous à témoins, s'écria le roi, que Dieu m'a livré le traître sans aucune condition ! » Il entra triomphalement dans le palais et fit jeter son infortuné cousin dans « la chambre du sang, » où il mourut quelques jours après, de désespoir, disent les uns ; par l'effet du poison, prétendent les autres.

Feysoul, n'ayant pas les qualités d'un capitaine, se consacra dès lors exclusivement à l'administration de ses Etats, confiant à son fils aîné, Abdalla, le soin des expéditions guerrières ; car les tribus du nord-est étaient en armes et le Haça, comme l'Oman, refusait de reconnaître l'autorité du roi de Riad.

Tous les clans du nord furent assez aisément soumis après un combat où les Adjmans avaient vu tomber la belle *Hadyâ* qui, suivant l'usage, marchait à leur tête. La Ouadi Soleyel et la Ouadi Dowasir furent rattachées sans grande difficulté. C'est alors que les circonstances devinrent favorables pour renouveler les tentatives sur l'Oman.

Saïd en mourant avait laissé, à son second fils Medjid (1), ses possessions d'Afrique; à son plus jeune Amdjed, le littoral depuis Barca jusqu'au Haça, et, à l'aîné, les côtes depuis Barca jusqu'à l'Hadramaout avec les îles du Golfe Persique. Celui-ci, nommé Thoweyni, força Medjid, par une guerre de deux à trois ans et grâce à l'arbitrage de l'Angleterre, à reconnaître sa suzeraineté et à lui payer tribut; puis il voulut dépouiller Amdjed de sa part; mais ce prince était populaire, et Thoweyni, malgré sa supériorité maritime et l'appui de l'Angleterre, fut refoulé dans Mascate. Alors il y attira son frère et le fit prisonnier par trahison. Les partisans d'Amdjed ayant refusé de se soumettre, Thoweyni eut la malheureuse idée d'appeler les vouahabites, vers 1853.

Ce fut Abdalla que Feysoul dirigea contre l'Oman. La partie orientale en fut ravagée ou mise à feu et à sang par le féroce Caleb-ebn-Sacar ou le Vautour; mais, dans le centre, Zamil-el-Atyâ, prince d'Oneyza, se conduisit avec une telle équité que les chefs des montagnes de l'Akhdour se soumirent sans combattre à Thoweyni, et celui-ci, à force d'argent envoyé à Riad, obtint la retraite de ses féroces auxiliaires à condition de payer un tribut, de recevoir une garnison nedjéenne dans Bereyma ainsi que trois cents

(1) C'est celui dont parle Speke. V. *Sources du Nil*, ch. I de notre édition. Voyez aussi notre introduction. — J. B.

gardes vouahabites auprès de sa personne. Abdalla revint furieux contre Zamil, dont la conduite avait fait échouer ses projets de conquête. L'irritation du fils s'accordait merveilleusement avec les projets du père, qui voulait payer par l'asservissement les services que le Cacim lui avait rendus à une époque décisive.

Feysoul eut recours à la trahison ; il attira dans Riad, sous prétexte de conclure un traité, les Aleyans, chefs de Bereyda ; ceux-ci furent massacrés dans la cour du palais d'Abdalla, excepté notre ami Abd-el-Masin et quelques autres qui réussirent à se réfugier dans Hayel, auprès de Télal. Pour profiter de la consternation répandue dans le Cacim par ces perfidies, Abdalla marcha contre Oneyza ; c'était le moyen de se venger de Zamil à la fois et de s'emparer de la plus florissante et de la plus commerçante des villes du Nord, dont elle pouvait même être considérée comme la capitale. Mais Oneyza était très-forte et Zamil très-aimé. L'assaut d'Abdalla fut repoussé, tout le Cacim se leva, et le chérif de La Mecque en personne vint avec ses troupes au secours de la ville qui couvrait le Hedjaz. Feysoul craignit de s'attirer, en excitant la colère de la Sublime-Porte, des désastres pareils à ceux qui avaient amené la chute de son grand-père ; il accepta la pacification et promit au chérif de ne plus attenter à la liberté du Cacim.

Cela se passait d'ailleurs en 1854, quand le choléra désolait Riad et quand Feysoul jugeait convenable de donner une nouvelle vigueur au fanatisme par l'institution des zélateurs.

Cependant les Cacimites, peu rassurés sur l'avenir, annexèrent d'un coup tout leur haut pays au Chomeur (1855). Télal prodigua les excuses et les protestations à Feysoul, qui jugea convenable d'accepter momentanément les faits accomplis et de laisser en outre ce prince, qu'il détestait, mais qui savait se faire aimer de tout ce qui n'est pas vouahabite, s'emparer de Teyma et du Djôf.

Dans ce dernier district, Télal avait été appelé par Ghafil. Il battit ses adversaires, entra dans Djôf en poursuivant les vaincus, emporta d'assaut la citadelle, fit raser les tours des chefs et confia l'administration de la contrée et de la ville à cet officier nommé Hamoud, que nous avons vu lors de notre passage.

Pendant ce temps, Feysoul faisait cesser violemment toute résistance dans le Haça, organisait en 1856 à Catif une expédition contre les îles Bahraïn, qu'il soumettait au tribut, et surtout employait toute son habileté à isoler Oneyza. Lorsque la mort du sultan Abdoul-Medjid eut laissé le chérif et La Mecque sans protecteur, Feysoul crut venu le moment d'agir. En 1861, il recommença donc le siége d'Oneyza, qui durait encore en 1862 ; Feysoul levait alors toutes ses forces contre cette malheureuse ville, à laquelle s'intéressait l'Arabie entière, mais qui restait sans appui, soit par l'impuissance ou par la lâcheté de ses partisans. Enfin Abdalla marcha contre elle, ainsi que nous l'avons vu. Oneyza se trouva exposée aux attaques de plus de vingt-quatre mille hommes ; elle finit par succomber dans les premiers mois de 1863, et le bruit de sa chute retentissait jusqu'à Bender-Boucher quand j'y arrivai en avril de cette année.

Feysoul était alors devenu aveugle (1) ; la pusillanimité formait le principal caractère de sa tyrannie, que détestait l'Arabie entière ; et sa triste vieillesse était en proie aux inquiétudes que lui inspirait la rivalité de ses fils Abdalla et Saoud.

(1) Feysoul est mort vers 1867. Voyez la fin de notre introduction. — J. B.

On voit, en somme, que la tyrannie vouahabite, malgré les forces considérables dont elle dispose, est mal assise et peu assurée, et cette histoire doit aisément faire comprendre pourquoi, plus nous pouvions passer pour des agents secrets de l'Egypte, et plus, d'un côté, Abdalla avait des motifs pour se méfier de nous, mais plus, de l'autre, Saoud et Mâboub avaient des raisons pour entreprendre de nous attirer dans leur parti.

CHAPITRE VI

LE HAÇA

Première nuit hors de Riad. — Manfouha. — Nous nous cachons dans la Ouadi Soley. — Abou-Eysa nous rejoint la troisième nuit. — Nous rattrapons la caravane. — Salemya. — Les gradins du Toweyk. — Le Néfoud oriental. — Les deux points de repère et la rivalité d'Abou-Eysa et d'El-Ghannam. — La Ouadi Farouk. — Arrivée dans le Haça. — La fontaine thermale de l'Étoile, détruite au nom de Dieu par Feysoul. — Demeure et famille d'Abou-Eysa. — Hofhouf, ses quartiers et ses habitants. — J'y exerce avec succès la médecine. — Haine à l'islam et conspiration presque générale contre les Nedjéens. — Foire de Hofhouf. — Les khalas. — Visite à la Mère-des-Sept. — Catif et sa baie. — Le vaisseau de Feysoul. — Farhat, gouverneur, nous fait une excellente réception grâce à Djôhar. — La douane refuse de rien recevoir pour nos bagages.

Quand nous fûmes installés derrière une petite chaîne de collines qui empêchait qu'on ne nous aperçût de Riad, nous respirâmes aussi longuement que des hommes qui viennent de s'échapper d'un sombre cachot; puis nous rendîmes grâces à Dieu. Les dernières lueurs du crépuscule s'éteignirent; les questions des passants n'étaient plus à craindre, et nous osâmes allumer du feu, boire une tasse de café qui releva nos esprits et, en fumant librement nos pipes, rire à notre tour d'Abdalla et de Feysoul.

Pourtant je dormis peu cette nuit-là. Des pensées tristes et absorbantes me revinrent à l'esprit. A travers les ombres de la vallée, j'entrevoyais les sombres murailles de la ville ; je songeais aux hommes qu'enfermait cette enceinte, à l'influence qu'ils avaient exercée déjà, qu'ils exerceraient sans doute encore sur la péninsule entière. Quelle tyrannie cruelle et puérile ! Quel fanatisme fougueux et aveugle ! Une nouvelle fontaine versait les eaux amères de l'islamisme ; que de zèle, de courage et de persévérance allaient être fatalement dirigés vers un but funeste ! Nous avions passé cinquante jours sous le toit de gens qui, s'ils avaient connu nos véritables intentions, ne nous auraient pas laissé vivre une heure. Enfin, soupçonnés, accusés, jugés, presque condamnés, nous avions échappé aux périls qui avaient causé la mort de plus d'un voyageur ; nous étions maintenant presque en sûreté ; nous avions franchi la porte de la cité redoutable, que sans doute nous ne devions jamais revoir ; mais d'autres difficultés restaient à vaincre. Il fallait sortir du Nedjed sans éveiller l'attention, et mettre le désert entre nous et la cour vouahabite ; il n'était pas moins nécessaire d'éviter qu'Abou-Eysa, dont les intérêts dépendaient complétement du gouvernement nedjéen, fût compromis par notre fuite. Une séparation apparente devenait donc indispensable jusqu'à ce que nous pussions nous réunir sans péril et compléter ensemble nos explorations.

En conséquence, il fut convenu qu'Abou-Eysa retournerait à Riad avant le lever du soleil, et qu'il s'y tiendrait tranquille jusqu'au départ de la caravane marchande dont j'ai parlé. Elle devait, disait-on, quitter la ville sous trois jours au plus. En attendant, notre ami se montrerait comme de coutume aux palais de Feysoul et d'Abdalla, et affecterait une ignorance complète s'il était questionné sur notre compte. Pour nous, sous la conduite de Mobeyrik, nous gagnerions la Ouadi Soley, où nous demeurerions cachés dans un endroit convenu jusqu'à ce qu'Abou-Eysa vînt nous y retrouver.

Aux premières lueurs de l'aube, le guide reprit le chemin de Riad, tandis que Mobeyrik, Baracat et moi, juchés sur nos dromadaires, nous nous dirigions vers le sud-est, en ayant soin de nous abriter derrière les collines de sable qui nous cachaient la vue de la capitale vouahabite. Nous traversâmes un terrain bas et accidenté, qui était en quelque sorte une continuation de la Ouadi Hanifa, jusqu'à ce qu'enfin, après quatre heures de marche, nous nous trouvâmes devant les portes de Manfouha, ville considérable, entourée de jardins qui, pour l'étendue et la fertilité, ne le cèdent en rien à ceux de Riad ; mais les fortifications, jadis puissantes, en ont été depuis longtemps démantelées ou abattues pour satisfaire la jalousie de la capitale. Manfouha appartenait à l'Yémama et reconnaissait pour chef Daas, premier rival d'Ebn-Saoud. Sous le rapport du climat, elle l'emporte sur Riad, à cause de sa situation plus élevée, qui la préserve des vapeurs malsaines; mais, au point de vue militaire, elle est inférieure, car elle est moins protégée et moins capable d'une longue résistance. Quand nous eûmes dépassé cette place, la route que nous parcourions s'abaissa de nouveau et nous entrâmes dans la Ouadi Soley, longue vallée qui commence au désert entre le Harik et l'Yémama, et qui se prolonge au loin vers le nord, jusqu'aux plateaux du Toweyk, au-dessus de Horeymela.

Après avoir suivi divers détours, nous atteignîmes la retraite qu'Abou-Eysa nous avait désignée. C'était une sorte d'excavation sablonneuse, enfouie au milieu des collines et des broussailles; elle ne renfermait pas d'eau, mais nous avions dans nos outres une provision qui pouvait durer trois jours. Nous mîmes pied à terre pour attendre, dans la solitude et l'anxiété, l'arrivée de nos compagnons. Deux jours se passèrent fort tristement. Un paysan égaré s'approcha de nous, et parut fort surpris de trouver un campement dans un endroit aussi singulier. Quelquefois, pendant que nos dromadaires restaient accroupis au milieu des arbrisseaux, nous gravissions les hauts rochers calcaires du Towēyk, afin de jeter un regard rapide sur le pays environnant et de voir les montagnes du Harik, dont la chaîne vaporeuse se dessinait vaguement au sud; quelquefois encore, nous poursuivions les nombreuses troupes de gazelles, sans désir d'en prendre aucune, mais simplement afin de nous distraire de nos inquiétudes. Les heures cependant nous semblaient interminables. Le troisième jour, notre impatience et notre angoisse furent au comble quand le soleil, atteignant la fin de sa course, s'abaissa sous l'horizon sans que nous eussions vu paraître personne. La nuit devenait noire; nous nous assîmes découragés auprès d'un petit feu, qu'attisait l'air vif de la nuit. Tout à coup nous aperçûmes notre ami; les questions et les réponses se croisèrent, la tristesse ne tarda pas à faire place au rire et à la joie.

Abou-Eysa nous apprit comment, le jour même où nous l'avions quitté, il s'était rendu auprès d'Abdalla, dont les premières paroles avaient été : « Que sont devenus ces deux chrétiens? » A quoi le guide avait répondu qu'il nous croyait sur la route de Zobeyr. Il avait donné le même renseignement à Mâboub, qui s'était aussi informé de nous. Chacun se livrait sur notre compte à une foule de conjectures : les uns disaient que nous étions envoyés par le gouvernement de Constantinople; les autres, par le pacha d'Égypte; personne heureusement n'avait deviné en nous des Européens.

La caravane campait à trois kilomètres à peine de distance et nous devions la rejoindre le matin suivant.

Donc, le 28 novembre, dès que les premiers rayons du soleil, voilés par le brouillard, parurent à l'horizon, nous partîmes pour aller trouver nos nouveaux compagnons de route. Ils étaient nombreux.

Nous traversâmes ce jour-là les plantations voisines de Salemya, gros village qui fut autrefois la capitale de l'Yémama et la résidence du chef Daas. Saoud, second fils de Feysoul, habite ordinairement ce bourg, qu'on appelle aussi Khordj, nom que lui emprunte le district le plus fertile de l'Yémama. C'est, dit-on, le paradis du Nedjed; pourtant la végétation y diffère peu de celle de la Ouadi Hanifa, si ce n'est par l'abondance.

A mon grand regret, nous passâmes devant le village sans y entrer. Bientôt après, tournant vers le nord, nous nous engageâmes dans une gorge profonde du Toweyk; puis nous montâmes sur un plateau élevé où de maigres pâturages, à peine suffisants pour donner une teinte verdâtre au sol calcaire, nourrissent des moutons qui ressemblent à des chèvres, ou, si l'on aime mieux, des chèvres qui ressemblent à des moutons.

Le lendemain, collines et vallées, arbres et buissons, tout était enveloppé d'une couche de vapeurs qui aurait mieux convenu à la Normandie qu'à l'Arabie. La brume laiteuse était si épaisse que nous perdions notre chemin et que nous marchions au hasard, poussant des cris, dirigeant nos chameaux, tantôt d'un côté tantôt de l'autre, au milieu des buissons et des broussailles; enfin le soleil échauffa l'atmosphère, le brouillard disparut et nous pûmes apercevoir, à quelque distance sur notre droite, la route que nous devions suivre. Nous venions à peine de la rejoindre que nous vîmes une masse noire qui s'avançait vers nous. C'était le premier détachement des troupes du Haça; il se composait d'environ quatre ou cinq cents hommes et se rendait à Riad. En vrais Arabes, les soldats montraient un noble mépris de l'ordre et de la discipline; ils galopaient, s'arrêtaient, chantaient, criaient, se dispersaient ou se rassemblaient selon leur fantaisie.

Peu après, nous cessâmes quelques instants de marcher pour jouir de la magnifique vue que nous offrait le Harik, dont nous étions séparés seulement par un bras de sable.

Je considérais aussi avec surprise combien les monts Toweyk se terminent brusquement à l'entrée du Dâna : ils s'abaissent en formant une rapide série de gradins escarpés, dont le dernier plonge perpendiculairement dans l'océan de sable.

Quand nous fûmes au pied de cette haute falaise blanchâtre, fort semblable à celle de Douvres, mais où les rochers, au lieu d'être baignés par la mer, surmontent une large vallée remplie d'arbres, nous fîmes halte, pour y passer la nuit, fatigués par le souffle importun de l'âpre novembre.

Le lendemain, avant que la lumière des étoiles s'évanouît dans le ciel froid du matin, nous étions debout et en marche, car un long chemin nous restait à parcourir. C'est ce jour que nous parvînmes au bord du dernier plateau du Toweyk, d'où nous descendîmes dans l'entonnoir où se trouvent les puits que nous avons décrits (1). Nous nous y arrêtâmes pour remplir nos outres et préparer le café; après quoi, avec l'ar-

(1) Chap. II, p. 61.

deur d'hommes qui se sont résolus à une tâche difficile, nous remontâmes sur nos dromadaires et nous sortîmes de la vallée conique par son ouverture orientale. Le reste du jour, nous continuâmes à descendre sa large pente, nue et monotone; elle nous conduisit à des sables fins, sillonnés de rides d'abord légères, mais qui devenaient promptement de plus en plus profondes. Nos montures labourèrent bientôt une molle surface. La nuit était sombre; la douteuse clarté des étoiles permettait à peine de distinguer des monticules qui, semblables à des fantômes, se dressaient de tous côtés, et nous n'apercevions aucun sentier, aucun signe qui pût nous faire reconnaître notre route. C'était un bras du désert rouge, du redouté Dâna.

Pour diminuer les dangers du voyage, Abou-Eysa, montrant un esprit d'initiative et de dévoûment social bien rare en Orient, a fait construire à ses frais ce que les Arabes appellent un *redjm*, c'est-à-dire une grossière pyramide de huit à neuf mètres de haut, destinée à servir de point de reconnaissance stable au milieu de la surface mobile et trompeuse du désert. Les déplacements de sable produits par les vents et les tempêtes sont rarement assez violents pour ensevelir ces sortes de construction; mais, quand bien même ils les couvriraient pendant un jour ou deux, une seconde tempête ne tarderait pas à dépouiller de son léger manteau le géant de pierre.

En outre, l'exemple de notre guide ayant excité une honorable émulation chez Abou-Dahir-el-Ghannam, en compagnie duquel nous nous trouvions en ce moment et que ses affaires obligeaient souvent à traverser le désert, ce riche marchand avait fait construire une seconde pyramide, qui a reçu le nom de Redjmat-el-Ghannam, comme la première celui de Redjmat-Abou-Eysa. En dépit de ces intelligentes précautions, la traversée du Dâna continue à être des plus hasardeuses.

Il y avait quatre heures que nous avancions au milieu des ténèbres; les vagues de sable contre lesquelles il nous fallait lutter à chaque pas ralentissaient notre marche; hommes et bêtes étaient épuisés de fatigue, quand une violente altercation s'éleva entre Abou-Eysa et El-Ghannam, qui proposaient chacun une route différente. Nous nous arrêtâmes un instant et levâmes les yeux, comme si nous avions pu juger lequel des deux avait raison. Je n'oublierai jamais l'impression que j'éprouvai alors. Devant nous, derrière nous, à droite, à gauche, s'élevaient les formes blanches et indécises des collines; sous nos pieds, le sable profond : partout un silence qui semblait appartenir à quelque monde étrange et fantastique, où l'homme ne devrait pas s'aventurer. Abou-Eysa étendait le bras pour indiquer un chemin, El-Ghannam un autre, et chacune de ces directions paraissait également dépourvue de passage ou d'issue. Bientôt cependant Abou-Eysa coupa court à la discussion : élevant la voix, il donna l'ordre à tous de le suivre; et, malgré l'opposition de Ghannam, il nous mena dans une sorte de vallée située sur la gauche, où quelques buissons diversifiaient la monotonie du désert. Là nous mîmes pied à terre pour nous reposer un peu.

Le lendemain, nous continuâmes notre route, guidés par le seul Abou-Eysa, auquel nous avions unanimement confié le soin de nous conduire. J'avoue qu'il me fut absolument impossible de découvrir à quels signes il reconnaissait son chemin.

Plus tard, Abou-Eysa rencontra des bédouins Al-Morras, auxquels il demanda quelques renseignements sur la route que nous devions suivre. Cette circonstance nous permit de prendre un instant de repos, sans toutefois descendre de nos montures. Une heure après, nous apercevions le redjm élevé par notre guide. Certains désormais que nous étions sur la bonne voie, nous hâtâmes notre marche, afin de sortir au plus tôt de cette région désolée. Vers le soir, nous découvrîmes dans la direction de l'orient une multitude de points noirs qui, de loin, ressemblaient à des fourmis. C'était le principal corps d'armée du Haça; les troupes s'avançaient avec lenteur, traînant péniblement au milieu des sables deux lourds canons envoyés pour le siége d'Oneyza.

Après le coucher du soleil, nous atteignîmes le second redjm ou cairn, si toutefois on peut appeler cairn un amas de pierres sous lequel personne n'est enseveli (1). Ici l'aspect du désert commence à changer, et le sable mêlé de cailloux enfonce moins sous les pieds des chameaux. Nous fîmes halte pour préparer notre souper, je devrais dire plutôt notre déjeuner, car nous n'avions pas encore pris de nourriture. Chacun se réjouissait de sortir bientôt du désert; malheureusement le succès d'Abou-Eysa et l'habileté avec laquelle il nous avait conduits éveillèrent dans le cœur d'El-Ghannam le fâcheux sentiment qui, surtout en Arabie, « suit le mérite comme l'ombre accompagne le corps. » Une rupture ouverte éclata entre les deux chefs; le chemin étant désormais facile à reconnaître, Ghannam chercha le moyen d'envenimer la querelle. On échangea des paroles assez vives, et une collision paraissait sur le point d'éclater. Sur ces entrefaites, Baracat et moi, nous jugeâmes à propos d'intervenir; nous suggérâmes à Abou-Eysa qu'il était préférable de marcher en avant avec nous et tous ceux qui vou-

(1) Voir notre édition des *Explorations dans l'Afrique australe*, par Livingstone, p. 318. — J. B.

draient le suivre, afin de compléter son triomphe sur El-Ghannam, en arrivant le premier à Hofhouf. Nous partîmes donc avec deux ou trois membres de la caravane, laissant là nos adversaires stupéfaits.

Nous eûmes, le lendemain, à traverser une plaine extrêmement monotone, qui, pour le niveau et le caractère, ressemblait exactement à celle que nous avions parcourue la veille. Après avoir passé une dépression du sol où Ibrahim pacha avait en vain essayé de faire creuser un puits, nous entrions dans la Ouadi Farouk. Large et profonde, cette vallée renferme un labyrinthe de collines sablonneuses, au milieu desquelles les voyageurs sont presque aussi exposés que dans le Dâna à perdre leur chemin ou même la vie. Vers le coucher du soleil, nous avions franchi cette dangereuse solitude et nous commencions à côtoyer les montagnes qui bordent le Haça.

Depuis quatre jours, nous n'avions pas rencontré de puits; aussi Abou-Eysa souhaitait avec ardeur de voir arriver la fin du voyage. Poussés par un semblable motif, El-Ghannam et ses compagnons, qui venaient, non sans peine, de nous rejoindre, pressaient le pas de leurs montures; nous avions fait la paix, et nous gravissions ensemble les collines dorées par les rayons du soleil couchant. A la nuit, nous atteignîmes les sommets les plus élevés, appelés Theneyat-Ghar, du nom d'un petit village enfoui dans les rochers. De là, nous apercevions les plaines de la province où nous nous rendions. Enfin, prenant un sentier sinueux, tracé sur le versant abrupt de la montagne, nous descendîmes d'une hauteur de plus de trois cents mètres et nous nous trouvâmes dans le Haça.

Nous étions encore à vingt ou vingt-trois kilomètres de Hofhouf, quand nous passâmes auprès d'un petit village nommé Eyn-Nedjm (Fontaine-del'Étoile, qui dessinait sa noire silhouette sur les blancs rochers de Ghoweyr. Là se trouvait, il y a quelques années, une source thermale, sulfureuse, renommée pour la cure des maladies cutanées, et aussi, ce qui me semble plus difficile à croire, pour son efficacité contre la paralysie. Quelques guérisons accidentelles auront fait attribuer aux eaux une propriété qu'elles ne possèdent pas. Quoi qu'il en soit, Eyn-Nedjm était pour les Arabes une panacée universelle. On avait élevé une coupole au-dessus de la source, et construit des bains à côté. Les malades s'y rendaient en foule et souvent y recouvraient la santé; aussi le village était-il devenu un lieu de réunion fort à la mode. Sa prospérité attira l'attention soupçonneuse du gouvernement de Riad. Environ trois années avant l'époque de notre voyage, Feysoul avait donné l'ordre de détruire la coupole, ainsi que les bains, et de combler la source, car « il ne fallait pas, dit-il, que le peuple prît l'habitude de placer sa confiance dans une fontaine au lieu de la mettre en Dieu seul, et se rendît par là coupable d'idolâtrie. » Le décret impérial fut exécuté dans toute sa rigueur, mais la fontaine filtre lentement au milieu des monceaux de décombres, attestant à la fois la bonté du Créateur, la stupidité des vouahabites et le malheur d'un pays gouverné par des fanatiques. C'est là, du reste, une histoire aussi vieille que le monde, et l'Arabie n'est pas la seule nation qui en fournisse des exemples.

Plus loin, nous rencontrâmes un autre petit village, dont j'ai oublié le nom. Enfin, un peu avant l'aube, nous aperçûmes confusément la longue masse noirâtre des bois de dattiers qui environnent Hofhouf. Laissant sur notre droite une forteresse solitaire et quelques jolies villas, nous suivîmes les sentiers tracés au milieu des champs de riz et nous entrâmes dans la ville, dont les portes ne sont pas gardées. Quelques minutes plus tard, nous arrivions devant la maison d'Abou-Eysa, après laquelle nous soupirions avec tant d'impatience.

Il était encore nuit noire. Un profond silence régnait dans les rues de Hofhouf et tout dormait dans la maison devant laquelle nous venions de nous arrêter. Nul autre que le maître du logis ne pouvait prendre la liberté de se présenter à une pareille heure. Comme Abou-Eysa n'était pas attendu, il fut obligé de frapper longtemps à coups redoublés pour se faire entendre ; enfin la voix joyeuse d'une femme répondit à l'appel de notre guide; la porte s'ouvrit, et nous entrâmes dans un sombre couloir qui conduisait au khavoua. Nous bûmes à la hâte une tasse de café, puis nous nous retirâmes pour goûter un repos dont nous avions grand besoin.

Un excellent déjeuner nous attendait à notre réveil. Il se composait — luxe inouï ! dont nous n'avions vu nul exemple depuis que nous avions quitté le Liban — de volaille rôtie, de riz et de gâteaux dus à l'habileté culinaire de la femme d'Abou-Eysa. C'était une Abyssinienne aimable et d'humeur bienveillante, comme la plupart de ses compatriotes. La demeure du guide était tranquille et parfaitement appropriée au genre de vie que nous voulions mener.

La ville de Hofhouf, dont la vaste circonférence renfermait au siècle dernier une population de trente mille habitants, réduite aujourd'hui à vingt-trois ou vingt-quatre mille, se divise en trois quartiers : celui du Kôt (forteresse), où réside le gouverneur vouahabite; celui du Rifeya, habité par les nobles et anciennes familles ; enfin, le Naathar, qui contient à la fois de riches négociants et de pauvres ouvriers.

La place publique, longue de trois cents mètres sur

soixante-dix à quatre-vingts de large, forme le point de jonction des trois quartiers : le Kôt s'étend au nord-est, le Rifeya au nord-ouest et à l'ouest, enfin le Naathar à l'est et au sud.

Le gouverneur, un nègre appelé Bélal, aurait pu faire un excellent esclave, mais, s'il en faut croire la rumeur publique, c'est un détestable administrateur. Le Kôt renferme aussi la mosquée modèle, où les cérémonies du culte s'accomplissent d'après les règles du plus pur vouahabisme; non loin de là, demeurent les metovouas, les zélateurs envoyés de Riad, les fanatiques Nedjéens de l'Ared, du Wochem ou de l'Yémama. Des rues, menant aux différentes portes, partagent le fort en quatre rectangles, dans lesquels se presse une nombreuse population ; aussi les habitants du Kôt peuvent-ils être évalués à deux ou trois mille.

Le marché (*keysaria*) commence à l'autre bout de la place, c'est-à-dire à l'entrée du Rifeya. Il affecte la forme d'une longue arcade voûtée que terminent à chaque extrémité des pilastres massifs; les portes qui, dans les autres villes de l'Orient, en ferment l'entrée, n'existent pas à Hofhouf; sur les côtés s'élèvent des boutiques destinées à la vente des marchandises précieuses, telles que tissus, broderies, armes, bijoux d'or et d'argent. De ce bâtiment partent plusieurs allées, abritées de la chaleur par des feuillages de palmier, et tracées avec une certaine symétrie. Sur la place s'élèvent une multitude de tentes affectées à la vente des dattes, des légumes, du bois, des sauterelles salées et d'autres menus objets. Le tabac, qui jadis donnait lieu à d'importantes transactions, a été proscrit par les sectaires vouahabites et n'offense plus la vue des orthodoxes ; mais cette marchandise est l'objet d'un commerce clandestin, et, d'après le principe si éminemment vrai que « l'eau volée est douce, » les approvisionnements en sont considérables et les acheteurs nombreux.

Le Rifeya, ou quartier de la noblesse, couvre une superficie considérable et renferme d'assez jolies habitations. L'élégance comparative de l'architecture à Hofhouf est due à l'emploi de l'arceau qui reparaît ici et donne aux constructions de cette province une légèreté inconnue dans les lourds édifices du Nedjed et du Chomeur. Une autre amélioration, c'est que les murs, formés de brique ou de pierre, souvent même de ces matériaux mêlés ensemble, sont en général revêtus d'un beau plâtre blanc, qui rappelle le *chunam* de l'Inde méridionale. Les rues, larges et très-propres, sont beaucoup mieux tenues que celles de Damas et même de Beyrouth. Enfin le Rifeya jouit d'un air très-salubre. Construit, comme son nom l'indique, sur un terrain élevé, il reçoit la brise de la mer, dont le souffle vivifiant arrive jusqu'ici.

Le Naathar, le plus étendu des trois quartiers, occupe au moins la moitié de la ville ; on y trouve tous les genres d'habitations, depuis le splendide palais jusqu'à la misérable cabane. Là s'élève la grande mosquée construite depuis peu par les ordres de Feysoul ; les arcades moresques, les portiques légers, les murailles blanches et unies de cet édifice le rendent infiniment supérieur à la djamia froide et nue de la capitale nedjéenne.

Notre grande ambition dans le Haça était d'observer sans être observés, et d'éviter ainsi les incidents et les catastrophes qui auraient pu y marquer notre séjour. Nous ne voulions cependant pas mener une vie tout à fait retirée et, par là même, livrée à une complète monotonie. Abou-Eysa prit soin de nous mettre en relation avec les familles les plus honnêtes et les plus instruites de la ville, et ma profession médicale n'eut jamais un plus vaste champ pour s'exercer, ni plus de succès que dans Hofhouf. D'aimables invitations, tantôt à dîner, tantôt à souper, nous étaient adressées chaque jour. Sur les tables auxquelles nous nous asseyions, le poisson et les crevettes fraîches annonçaient le voisinage de la côte, en même temps que le vermicelle et d'autres pâtes dénotaient l'influence de l'art persan sur la cuisine. L'habitude de fumer dans l'intérieur était générale, mais le narghilé remplaçait souvent et avec beaucoup d'avantage la courte pipe arabique; quant aux parfums, ils ne sont pas moins appréciés ici qu'au Nedjed.

Pendant qu'assis au foyer de ces maisons hospitalières, nous écoutions réciter des poésies et des légendes, interrompues souvent par de joyeuses plaisanteries et des éclats de rire, nous eûmes amplement l'occasion de voir ce que l'on appelle familièrement « le revers de la médaille » ou, comme disent les Arabes, « le dessous du tapis. » Si au Nedjed le nom de Feysoul est l'objet de la vénération publique, on l'accable ici de malédictions. Pour la première fois dans la péninsule, j'entendis cette phrase qui résume avec énergie le sentiment de la province : « Haine à l'islam et à son Dieu ! » ou encore celle-ci : « Maudits soient les musulmans ! »

Souvent, à la faveur de la nuit, les anciens chefs tenaient des conciliabules secrets, soit dans des maisons écartées, soit autour du foyer toujours allumé d'Abou-Eysa. J'assistai deux fois à ces réunions, et j'appris combien est étendue la conspiration antivouahabite. Son siége est dans le Haça et l'Oman, mais elle recrute dans le Harik et le Sedeyr des partisans nombreux. Télal-ebn-Rachid est prêt à s'y joindre; presque tous les Cacimites attendent avec impatience le signal de la révolte, et les tribus nomades sont disposées à prendre part au mouvement.

Ceux de mes lecteurs qui connaissent le dévouement profond des Arabes pour les chefs de leurs clans, n'auront pas de peine à comprendre qu'un gouvernement qui a dépossédé, banni ou massacré les plus nobles familles de la péninsule, soit devenu l'objet d'une haine mortelle : jamais un Arabe ne pardonne l'injure faite à ses pères, et la vengeance se poursuit jusqu'à la vingtième génération.

A certains jours de la semaine, des foires sont tenues dans les différentes villes du Haça; les habitants, surtout les villageois, s'y rendent en foule, les uns pour vendre, les autres pour acheter; des jeux, des courses, des divertissements de toutes sortes viennent égayer la fête. En somme, cette coutume, très-répandue en Orient et à laquelle l'Europe elle-même ne demeure pas étrangère, produit d'excellents effets.

La foire de Hofhouf se tient le jeudi, celle du grand village de Mebarraz le lundi, et ainsi pour chacune des autres localités. Abou-Eysa, qui, désirant nous donner une haute opinion de sa patrie adoptive, cherchait à nous la montrer sous le jour le plus favorable, eut soin de diriger notre promenade vers l'endroit où la foire avait lieu, c'est-à-dire vers une vaste plaine située près du Kôt, en dehors des remparts. Nous passâmes plusieurs heures parmi les tentes des marchands, causant avec les villageois et les citadins, et charmés de l'animation de cette scène. Les vendeurs, composés en grande partie de paysans, avaient apporté des marchandises remarquables par la modicité du prix plutôt que par l'élégance : de pesantes sandales, des manteaux grossiers, de vieux fusils, des ustensiles de ménage qui avaient cessé d'être neufs, des chameaux, des dromadaires, des ânes et quelques chevaux. Les tentes, disposées avec symétrie, formaient des rues et des places au milieu desquelles étaient amoncelés des paniers de légumes et de dattes, des saçs de farine, des gerbes de cannes à sucre, etc. Plus loin, on avait réuni les ânes et les chameaux au regard stupide : enfin une demi-douzaine de jeunes gens soulevaient des flots de poussière, en faisant courir des chevaux sous prétexte de les essayer. Les saillies et les éclats de rire s'entre-croisaient sans interruption : les Arabes, ce jour-là, avaient oublié leur gravité proverbiale.

Le lundi suivant, nous nous rendîmes à Mebarraz, fièrement montés sur des ânes qui, selon l'usage du Haça, portaient un bât semblable à la selle de nos amazones.

Je ne décrirai pas cette foire : elle ressemble exactement à celle de la capitale. Le monument le plus remarquable de Mebarraz est la mosquée bâtie par Feysoul. Dans son pieux désir d'assurer le salut de ses sujets, le roi préleva sur ses revenus l'argent nécessaire à l'érection du temple ; mais, l'année suivante, une contribution extraordinaire l'indemnisa largement de sa libéralité. La bourgade, d'un aspect fort irrégulier, renferme de belles maisons et de misérables cabanes ; quant aux habitants, ils diffèrent peu de ceux de Hofhouf, si ce n'est qu'ils s'occupent d'agriculture plutôt que de commerce.

La route, longue d'environ cinq kilomètres et qui mène de l'une à l'autre de ces villes, se déroule au milieu de jardins et de plantations qu'arrosent des courants d'eau tiède. De distance en distance, s'élèvent des bouquets de palmiers *khalas*, espèce particulière à cette région et dont le nom signifie « quintessence. » Leur fruit transparent, plus petit que les dattes du Caçim, est d'une riche couleur d'ambre tirant presque sur le rouge. Ce serait folie de vouloir en décrire l'exquise saveur ; je dirai seulement que les dattes de la Syrie et de l'Égypte n'y ressemblent pas du tout.

Le lendemain, le guide nous proposa d'aller voir l'Omm-Sabaa (la Mère-des-Sept). Mes lecteurs pensent probablement que je vais leur présenter une respectable matrone entourée d'une nombreuse famille. Il n'en est rien. Dans le Haça, où cependant le beau sexe n'est pas emprisonné comme au Nedjed, faire visite à une femme semblerait fort ridicule. « La Mère-des-Sept » est une source thermale qui, s'échappant d'un profond bassin naturel, forme sept courants, dont les eaux coulent en différentes directions et répandent la fertilité dans le pays. Nous étions une douzaine au moins pour cette excursion, qui devait prendre une grande partie du jour, car l'Omm-Sabaa est située à une quinzaine de kilomètres au nord de Hofhouf. Nos compagnons, amis d'Abou-Eysa, se composaient de cinq riches marchands arabes et de deux mulâtres, plus un nègre et deux ou trois jeunes gens. Le guide avait refusé de venir avec nous; mais sa femme nous avait largement approvisionnés de poulets bouillis, de café, de gâteaux et d'autres friandises. Nous partîmes montés sur des ânes, en ayant soin toutefois de ne pas traverser la ville pour éviter les espions nedjéens. Au lieu de suivre les rues, nous longeâmes les remparts et gagnâmes une étroite chaussée, du haut de laquelle nous faillîmes plus d'une fois tomber sur le dos des buffles qui se vautraient dans la fange. En cette occasion, je me convainquis par expérience que, dans leurs parties de plaisir, les Arabes peuvent rivaliser d'entrain et de folie avec des écoliers européens un jour de vacances.

La fontaine jaillit au milieu d'un bassin circulaire de quinze mètres de diamètre environ et d'une profondeur considérable; les eaux en sont tellement brûlantes qu'aucun baigneur n'ose plonger avant de s'être préparé en y introduisant par degrés ses bras et ses jambes. Le réservoir est toujours plein jusqu'aux bords, et sept ouvertures de la margelle de pierre laissent passer autant de gerbes d'eau, dont chacune serait assez large et assez profonde pour faire mouvoir les roues d'une usine, si l'on savait utiliser cette force. Quelques-uns des canaux sont l'œuvre de la nature; mais le nombre sept montre que l'art a dû intervenir. Je ne puis pas affirmer qu'il faille y voir une préoccupation du culte planétaire; cependant une disposition analogue que nous rencontrâmes plus tard dans les citernes de la côte de Perse, et qui doit évidemment son origine à la religion sabéenne, me disposerait à émettre la même conjecture au sujet de l'Omm-Sabaa. Des dattiers ombragent les rives couvertes d'un gazon touffu et des masses épaisses de végétation dérobent à la vue le petit village de Zekka, qui se trouve à quatre cents mètres vers l'est. Les eaux de l'Omm-Sabaa coulent sans interruption, été comme hiver. Les poissons, la grenouille ni les autres animaux aquatiques ne peuvent vivre dans l'eau chaude du bassin, ni même dans la partie des courants voisine de la source; mais, un peu au-dessous, ils sont en grande abondance.

Le soleil brille maintenant au méridien dans tout son éclat; une brise délicieuse rafraîchit l'atmosphère. A l'examen complet de la fontaine, succèdent le bain, la natation, la joute, l'absorption d'une tasse de café, la causerie, puis le repas. Toutes choses allant à souhait, notre joie fut sans mélange jusqu'au moment où nous nous aperçûmes que, par une de ces inadvertances qui accompagnent toujours un pique-nique, nous n'avions pas apporté de tasses à café; nous ne reconnûmes cet oubli qu'au moment où la liqueur fut prête, et nous allions être réduits à la boire dans la cafetière quand l'un d'entre nous, plus avisé que les autres, eut l'idée de mettre à l'épreuve la générosité des habitants de Zekka. Il courut au milieu du village, d'où il revint bientôt avec un assortiment complet de coupes. Cependant, l'asr est venu; par un accord tacite, nous supposons que nous avons dit les prières, nous remontons en selle et nous galopons vers le logis; quelques-uns de nos compagnons tombent en route, d'autres s'arrêtent pour les aider à se relever; enfin, nous arrivons tous sains et saufs à Hofhouf, un peu fatigués, il est vrai, mais le cœur plein de joie, mais ravis de notre excursion.

J'ai déjà vu deux des sources thermales du Haça; mais, si j'en crois notre guide, il en existe au moins trois cents de ce genre dans la province.

Pendant notre séjour à Hofhouf, Abou-Eysa, qui désirait me décider à visiter l'Oman, épuisa toutes les ressources de sa rhétorique: ce que nous avions vu jusqu'à présent, nous répétait-il sans cesse, même dans le Haça, sa province favorite, n'était rien en comparaison de la richesse et de l'abondance des districts plus éloignés. En conséquence, voici ce qui fut convenu : nous quitterions ensemble Hofhouf pour aller au Catif et de là aux îles Bahraïn, où Abou-Eysa nous rejoindrait, seulement une ou deux semaines après.

Quelques jours plus tard, nous disions adieu à la femme d'Abou-Eysa, excellente créature dont nous emportions le plus affectueux souvenir. Après avoir embrassé son petit enfant et serré la main du guide, nous quittions Hofhouf le 19 décembre.

Chemin faisant, nous constatâmes que partout les eaux souterraines abondent tellement qu'elles filtrent à travers le sol; malheureusement, les bras manquent pour faire fructifier les richesses de cette fertile province. Si un meilleur gouvernement succédait à la tyrannie actuelle, cinq cents villes ou villages s'élèveraient certainement dans le Haça, au lieu des cinquante bourgades auxquelles on évalue aujourd'hui ses divers centres de population.

La troisième journée, nous nous levâmes à l'aube et nous traversâmes les montagnes en suivant un long sentier sinueux ; enfin, après mille détours et plusieurs heures de marche, la sombre ligne d'arbres qui forme la ceinture du Catif du côté de la terre s'offrit à nos regards. La mer se trouve immédiatement au-delà, nous le savions; mais le rideau de verdure nous empêchait de l'apercevoir.

Vers le milieu du jour, nous descendîmes le dernier gradin, rocher de grès escarpé, qui semble avoir été, à une époque antérieure, une falaise bordant le rivage. Nous sommes maintenant sur la côte même, dont le niveau est presque celui du golfe : une marée plus haute de quelques pieds viendrait baigner jusqu'aux rochers. Ainsi s'explique l'insalubrité du pays, qui est pourtant fertile et populeux ; mais les habitants y ont presque tous l'air chétif et le teint blême. Le chemin que nous suivions, grande route de Catif, nous conduisit pendant une heure au moins sur un terrain blanchâtre, qui était le lit desséché d'un marais salin; en face de nous, à notre droite et à notre gauche, s'étendaient des massifs de palmiers, parmi lesquels serpentaient les arcades et les canaux à demi brisés d'un vieil aqueduc, œuvre de la dynastie carmathe, et qui jadis amenait dans Catif une eau meilleure que celle des puits voisins. Après une heure de marche, nous atteignîmes la porte occidentale de la ville, arche élégante, flanquée de tours et de hautes murailles, dont la plupart tombent en ruines. Près de là se trouvent les deux cimetières destinés, l'un à la population indigène, l'autre à la colonie nedjéenne, car une haine mutuelle divise, même après leur mort, les vainqueurs et les vaincus.

Catif, ville brumeuse et remplie de boue, a l'aspect le plus triste qu'on puisse imaginer; cependant la foule en remplissait les rues. Les traits et le costume des habitants confirmaient l'origine persane que leur attribue l'histoire.

Pressant le pas de nos chameaux, nous traversâmes cette ville, qui est trois fois plus longue que large, comme toutes celles qui bordent le littoral. Nous sortîmes ensuite par la porte opposée; mais, bien que la mer fût seulement à dix minutes de distance, nos regards avides la cherchaient en vain, tant la plage est basse, tant elle est couverte d'arbres touffus. Nous longeâmes les remparts jusqu'à l'endroit où s'élève la vaste citadelle des carmathes, et immédiatement après, la vallée s'entrouvrant, nous permit d'apercevoir enfin la surface morne de la baie. Combien elle diffère des eaux brillantes de la Méditerranée, pleines d'éclat et de vie, auxquelles nous avions dit adieu huit mois auparavant, en quittant Gaza! Pareille à une lame de plomb, moitié vase moitié laiche, la mer bourbeuse s'étendait devant nous, sans vagues et sans mouvement. A notre gauche, les murailles massives de la forteresse descendaient presque jusqu'au bord de l'eau, puis elles se détournaient afin de laisser une étroite esplanade entre leur contour et le golfe. Sur la côte, étaient rangés quelques canons rouillés, qui attestaient l'ancienne importance de la place; devant la principale porte, un ouvrage avancé, qu'un seul coup de canon aurait suffi pour jeter bas, menaçait la mer de six pièces d'artillerie, hors d'usage, mais qu'il étalait avec orgueil. Les remparts de la citadelle, construits en briques mélangées de pierre, sont assez solides pour résister à une première attaque; la double porte, qui donne accès dans la forteresse, est flanquée de hautes tourelles. De longs bancs de pierre nous invitaient à laisser nos chameaux s'accroupir sur l'esplanade, tandis que nous prendrions quelques instants de repos, en attendant l'heure d'être présentés au gouverneur.

Le château de Catif occupe le fond d'une petite baie demi-circulaire, découpée à la base d'une autre beaucoup plus grande; au nord et au sud, s'étendent deux longs promontoires surmontés par deux forts. On compte entre les deux citadelles une distance d'environ vingt kilomètres en ligne directe; mais elle serait presque double si l'on suivait les sinuosités de la côte. Dans cet enfoncement croupissent les eaux paresseuses du golfe; à la marée montante, elles présentent l'aspect mensonger d'une calme profondeur; mais, quand le flot se retire, il laisse à découvert des touffes de plantes marines, des bancs de sable, des îlots, entre lesquels serpentent d'étroits canaux de vase. La plage, qui se confond presque avec la mer, est en quelques endroits nue et stérile; en d'autres, couverte de palmiers et de taillis. Un seul coup d'œil suffit au voyageur pour reconnaître combien cette côte, tristement célèbre par les fièvres et les maladies qu'elle enfante, justifie sa sinistre renommée.

Dans la baie de Catif, flottent à la marée haute, sont engravées à la marée basse, vingt ou trente barques arabes dont la grandeur varie depuis celle d'une petite goëlette jusqu'à celle d'un simple bateau de pêche; elles portent toutes des voiles latines, les seules que l'on connaisse ici. Un navire, auquel on s'occupait de poser les derniers gréements, éveilla notre attention, et nous nous sentîmes pénétrés d'une crainte pleine de déférence en apprenant que ce vaisseau représentait la marine du puissant Feysoul; semblable au vaillant soldat, qui à lui tout seul prétendait se former en carré, puis en ligne, pour repousser et vaincre l'ennemi, il doit tenir en respect les flottes réunies des îles Bahraïn, de l'Oman, de l'Angleterre, voire même les détruire, si elles risquaient une attaque insensée.

A côté de la batterie côtière dont j'ai parlé plus haut, se trouve la douane, hutte longue et étroite, appelée par les Arabes *Maasher* (maison de décime), parce que le gouvernement prélève un dixième sur toutes les marchandises importées. Au dernier plan, on apercevait d'humides bois de dattiers et des marais salants. En somme, la scène était mélancolique.

Nos compagnons venaient de s'informer de l'heure et du lieu où l'on pouvait se présenter au gouverneur, quand ils reconnurent l'auguste lieutenant de Feysoul sortant du palais. Il s'avançait majestueusement vers la plage pour visiter le nouveau navire. Mes amis abolitionnistes seront charmés d'apprendre que ce dignitaire était un noir. Farhat, ainsi se nommait-il, paraissait âgé d'une cinquantaine d'années ; il était grand, bien fait, très-hospitalier, fort bavard, et peut-être d'une intelligence supérieure à celle des hommes de sa couleur. Il portait des habits plus riches que ne le permet la doctrine vouahabite, mais cette faute est excusable chez un nègre ; d'ailleurs, les habitants de Riad eux-mêmes, quand ils sont éloignés de leur pays, se relâchent un peu de leur rigorisme. Autour de lui se tenaient les Nedjéens de son escorte ; leur visage jaune et amaigri attestait les souffrances de la fièvre, et leurs regards étaient encore plus sombres que quand ils écoutent, dans la mosquée de Riad, les sermons d'Abdel-Kérim ou d'Abdel-Latif.

Abou-Eysa, qui comptait partout des amis, nous avait

donné pour Farhat une lettre de recommandation ; le gouverneur n'eut pas plus tôt ouvert la lettre de notre guide et entendu la lecture des premières lignes (une ophthalmie avait affaibli sa vue) qu'il nous témoigna une faveur marquée : il ordonna de porter immédiatement notre bagage au château, s'excusa de nous quitter pour faire son inspection navale et nous pria d'attendre son retour en buvant une tasse de café.

On nous introduisit dans le khavoua, où nous nous assîmes devant un feu clair de bois de palmier, qui fit disparaître l'humidité glaciale de ces vieilles ruines. Le mobilier était assez bon et le café excellent. Farhat revint ensuite, et nous entamâmes une conversation animée sur Riad, Feysoul et Abdalla. Nos observations, on le devine sans peine, furent favorables, et nous présentâmes toutes choses sous cette teinte *couleur de rose* qui est si fort appréciée par les hautes autorités de la politique et de la diplomatie. Près de nous, se trouvaient aussi une vingtaine de Nedjéens, appartenant à la garnison, forte en tout de deux cent cinquante ou soixante hommes. A l'autre extrémité du khavoua, étaient accroupis en silence quelques habitants de la ville, vêtus de la veste persane et coiffés d'énormes turbans ; mais il y avait peu de sympathie entre eux et les Arabes des montagnes. Deux ou trois patrons, propriétaires des bateaux pêcheurs du port, parlaient bruyamment et riaient aux éclats, avec le sans-gêne de leur profession. Le bout de la salle était occupé par des serviteurs noirs et blancs.

On nous servit un bon souper composé de viande et de poisson ; après le café, Farhat nous dit, avec un raffinement de politesse dont nous fûmes tant soit peu surpris, que notre bagage avait déjà été porté dans une chambre haute préparée pour nous recevoir ; nous l'y trouverions, quand la fatigue nous ferait désirer de nous y rendre. Il eut même la délicate prévenance de nous éclairer pendant que nous montions l'escalier, précaution qui n'était nullement superflue, eu égard au délabrement des marches.

Mes lecteurs s'étonneront sans doute, comme nous, d'un tel excès de courtoisie de la part d'un si grand personnage; mais rien sur la terre n'arrive sans cause, et, dans le cas présent, il y en avait une très-puissante. Djôhar, mon ancien malade, avait quitté Riad pour se rendre aux îles Bahraïn longtemps avant notre départ de l'Ared et lorsque nous étions encore en pleine faveur à la cour. Reçu dans le Catif avec tous les honneurs dus à un grand trésorier, il avait donné à Farhat, son confrère nègre, une opinion si favorable sur notre compte, qu'à notre arrivée, nous trouvâmes le gouverneur dans les meilleures dispositions. Celui-ci voulut nous rendre le service le plus grand qui fût en son pouvoir, en s'enquérant le soir même des navires ou bateaux qui devaient faire voile sous peu pour les îles Bahraïn, et il nous promit que nous aurions place dans le premier vaisseau en partance. « Cependant, ajouta-t-il, si je ne consultais que mes désirs, vous ne vous éloigneriez pas sans m'avoir fait jouir huit jours au moins de votre compagnie. » Nous le remerciâmes, nous fermâmes les portes avec soin, nous allumâmes nos pipes, pour écarter les moustiques, et nous nous endormîmes.

Le jour suivant se passa en partie dans le khavoua de Farhat, en partie dans la ville, dont nous visitâmes les places, le marché, les jardins et la plage, demandant d'un air fort insouciant des renseignements sur les marins et les bateaux que le port renfermait. La ville, humide et sombre, offre peu d'agrément et même d'intérêt au voyageur. J'ai remarqué une portion de route pavée, et tout près de là une arcade qui remontait évidemment à une époque plus prospère, alors que Catif avait le rang de capitale.

Vers le milieu du jour, le capitaine d'un navire, qui devait mettre à la voile le soir même, offrit de nous prendre à son bord, ce que nous acceptâmes avec empressement. En le quittant, nous nous rendîmes à la douane pour payer le droit de sortie qui frappe les personnes aussi bien que les marchandises; mais l'employé, sans doute d'après les ordres du gouverneur, nous répondit gracieusement qu'exiger un liard de médecins qui rendaient de si grands services au public, serait honte et péché. Hélas! les douaniers d'Europe sont loin de partager ces généreux et patriotiques sentiments. Le receveur poussa même l'attention jusqu'à nous envoyer deux ou trois Arabes qui, marchant dans la vase, portèrent tous nos bagages dans le petit côtre, amarré à cinquante mètres plus loin. Quand nous rentrâmes au château, Farhat nous témoigna poliment ses regrets d'avoir trouvé si tôt le moyen de réaliser notre désir. Il ajouta qu'il était invité à souper chez un riche marchand de la ville, et nous proposa de l'y accompagner; notre prochain départ n'était pas un obstacle, car le vaisseau ne pouvait mettre à la voile avant la marée haute, c'est-à-dire avant minuit, et, de plus, le capitaine lui-même faisait partie des convives.

Après le coucher du soleil, nous nous rendîmes donc en grand appareil, le gouverneur en tête, à la demeure de notre amphitryon. Le souper dura fort longtemps : il se composait de quatre ou cinq services et fut prolongé par la distribution d'un grand nombre de tasses de thé. Minuit était bien près, quand nous quittâmes la table. Nous prîmes, à la lueur des torches, le chemin du château. Déjà, notre bagage avait été porté à bord, et deux marins nous attendaient sur l'esplanade Nous descendîmes avec eux vers le rivage et, relevant nos tuniques jusqu'à la ceinture, nous gagnâmes non sans peine le côtre à travers la marée, qui montait rapidement. Quelques minutes après, je me trouvais en pleine mer, fort content d'être enfin sorti du domaine des vouahabites.

CHAPITRE VII

L'OMAN

Nos matelots. — Enfin nous sommes hors de la tyrannie vouahabite. — Les El-Khalifas. — Moharrek. — Débarquement à Ménama. — Nous y allons au café, où l'on fume publiquement. — Abou-Eysa, après un long retard, arrive en grand appareil. — Ses projets pour mon voyage de l'Oman. — Je quitte Baracat et pars avec Yousef-ebn-Khamis. — De Bahraïn à Bedaa. — Les habitants du Catar sont les esclaves de la perle et la défendent contre les bédouins. — Du Catar à la côte persane. — Les passagers sont les hôtes du capitaine. — La charmante Lindja. — Chardja et sa crique. — Yacoub, agent britannique pour la répression de la traite. — Hospitalité omanite. — Dobey. — Le cap de l'Enclume et les Fils du lieu de la Sécurité. — Désolation sans égale d'Ormouz. — Hospitalité a Sohar. — Tempête et naufrage. — Conduite opposée des musulmans et des biadites dans le danger. — Palais de Thoweyni. — Le roi nous donne l'hospitalité. — Je m'y dérobe afin de ne pas compromettre Abou-Eysa. — Yousef et moi nous partons nu-pieds. — Matrâ. — La marine de Thoweyni. — Mascate est en décadence. — J'échappe à peine à la fièvre typhoïde et je retrouve Abou-Eysa à Abou-Cher et Baracat à Bagdad. — Retour en Syrie.

Notre équipage se composait de six personnes, le capitaine et cinq matelots, qui tous offraient les principaux caractères des habitants de l'île Moharrek, à laquelle nous nous rendions. D'une taille au-dessous de la moyenne, minces et bien faits ; ayant un teint brun, des traits réguliers et agréables, un visage presque imberbe, ils étaient d'assez beaux échantillons de leur race étrange, les Nabathéens. Cependant un mélange de sang arabe, persan, omanite, leur constituait un type propre, qui, participant de chacun d'eux, n'appartenait à aucun. Bons marins, versés dans les affaires et, qualité précieuse pour un voyageur, exempts de rapacité, polis, souvent gais, ils pouvaient soutenir avec avantage la comparaison, non pour la science nautique, mais pour la sociabilité, avec les matelots de plus d'une goëlette européenne. Ces hommes connaissent parfaitement les passes, les écueils, les bas-fonds de la mer de Bahraïn, et bien téméraire serait le navire étranger qui oserait se hasarder au milieu de cet inextricable labyrinthe, sans avoir à bord quelque indigène.

Moleyk, notre capitaine, nous reçut à bord de son embarcation et nous fit sans délai servir le café. Nous aspirâmes longuement la fumée de nos pipes, heureux de nous sentir enfin hors du territoire vouahabite et de nous trouver à l'abri des règlements nedjéens, dans une cabine de l'arrière, où nous ne tardâmes pas à goûter un profond sommeil, que ni les cris ni les manœuvres des matelots ne parvinrent à troubler.

Le matin de Noël nous trouva devant Sovoueyk aussi immobiles « qu'un vaisseau peint sur la toile, » et regardant, comme ma sœur Anne, si nous ne voyions rien venir. Enfin le capitaine lui-même perdit patience, releva ses habits et, marchant dans la boue, se rendit au rivage, d'où il ramena les voyageurs que nous avions attendus.

Le plus considérable d'entre eux était un jeune homme, chef de la noble famille des El-Khalifas et possesseur d'une immense fortune ; près de lui, se tenait son oncle, grave et respectable personnage ; puis venaient un serviteur nègre, deux parents éloignés du prince et une mulâtresse dont nous étions trop polis pour demander la position sociale. Ainsi nos nouveaux passagers étaient au nombre de six.

Les El-Khalifas, originaires de la province de Haça, où ils possèdent encore de riches domaines, gouvernent depuis au moins deux siècles les îles Bahraïn.

Dans l'après-midi, nous arrivâmes auprès de Moharrek, nom que l'on donne souvent à l'île septentrionale, réservant pour la seconde, qui est beaucoup plus grande, le nom de Bahraïn. Un étroit bras de mer, à peine large de seize cents mètres, les sépare l'une de l'autre. Il est si peu profond que j'ai vu des cavaliers et même des piétons le traverser pendant le reflux.

La ville de Moharrek, située sur la côte méridionale de la petite île qui a pris son nom, se déroule comme une longue bande blanche sur le bord du canal ; en face d'elle, Ménama élève ses rangées de maisons sur la plage septentrionale de l'île Bahraïn.

La première offre aux yeux un aspect très-pittoresque. Ses maisons, que fait ressortir la couleur sombre des huttes de palmiers, genre d'habitation rendu d'un fréquent usage par la douceur extrême du climat, les vastes palais de la famille des Khalifas, deux ou trois forts situés près du rivage, une batterie de côte qui de loin produit un effet assez imposant : tout cela forme un ensemble digne assurément de tenter le crayon sinon le pinceau d'un artiste.

Ménama, malgré son étendue considérable, renferme moins de palais que sa rivale, et n'offre pas le même déploiement de citadelles et de fortifications ; elle est le centre du commerce, Moharrek celui du gouvernement. De la mer, on n'aperçoit qu'une faible portion de Ménama ; le terrain est si plat que les premières rangées de maisons et de magasins cachent les autres édifices. Un seul monument rompt l'uniformité de la perspective; c'est le palais d'Ali, frère de Mohammed et vice-gouverneur de Ménama.

C'est ici que nous débarquâmes. Les étrangers, qu'ils soient nombreux ou non, qu'ils viennent du nord ou du midi, y attirent peu d'attention. Nous traversâmes la plage d'un pas rapide, pensant que peut-être Abou-Eysa nous attendait dans la ville. Laissant donc notre léger bagage dans la douane, simple hangar rempli de marchands et de capitaines de marine qui fumaient tous avec une telle ardeur qu'ils étaient enveloppés d'un nuage épais, nous nous dirigeâmes vers le café le plus voisin. Ces sortes d'établissements sont en Orient ce qu'étaient autrefois en Europe les boutiques des barbiers; tous les étrangers s'y rendent, chacun y vient apprendre ou raconter les nouvelles. Depuis huit mois, je n'avais pas mis le pied dans un café, car je visitais des pays trop sauvages et trop fanatiques pour adopter un semblable usage; mais Bahraïn n'a pas vraiment fait partie de l'empire vouahabite et son atmosphère morale ressemble plutôt à celle de la Perse. Nous prîmes place sur les bancs garnis de nattes, au milieu d'une foule d'oisifs dont les costumes égayaient le regard par leurs couleurs éclatantes, et nous demandâmes quels étaient les derniers étrangers arrivés d'Adjeyr, port où notre guide avait dû s'embarquer. En même temps un garçon vêtu d'une veste blanche nous servait une tasse de café, après avoir préalablement rempli un énorme narghilé de tabac d'Oman, l'abomination des Nedjéens; mais ici, *nous avons changé tout cela*.

Personne n'avait entendu parler d'Abou-Eysa, ce qui, du reste, n'avait rien d'étonnant. Le vent du nord avait favorisé notre traversée de Catif à Ménama, il devait au contraire arrêter un voyageur partant d'Adjeyr. Nous sortîmes du café pour nous assurer un logis où nous pussions attendre l'arrivée de notre ami.

Ce n'était pas chose facile. Ménama, comme la plupart des villes orientales, n'a pas d'hôtels pour recevoir les étrangers. Pendant plusieurs heures, nous errâmes sur les places, regrettant vivement de n'apercevoir aux murailles des maisons aucune de ces affiches hospitalières qui en Europe sollicitent le voyageur. Enfin nous entrâmes dans un élégant petit café situé près de la plage. Le propriétaire, Arabe fort poli, eut compassion de notre embarras et, emmenant avec lui Baracat, tandis que je restais à examiner un télescope qui passait pour un objet de grande curiosité, il s'occupa de nous chercher un logement. Tous deux revinrent au coucher du soleil, apportant la bonne nouvelle qu'ils avaient trouvé un appartement convenable pour notre court séjour. Un grand enclos, formé par une palissade haute d'environ deux mètres quarante, renfermait deux longues cases en feuilles de palmier, l'une pour nous, l'autre habitée par un marin et sa famille. Notre demeure avait environ neuf mètres de long sur trois de large et autant de hauteur; une cloison clayonnée partageait l'intérieur en deux compartiments inégaux; le plus petit servait de réserve et le plus grand d'habitation. Le plancher était couvert, suivant l'usage, d'une épaisse couche de menus coquillages presque tous du genre des *hélices*, et dont chacun est long de deux millimètres et demi. Les enfants vont chercher sur le rivage cette sorte de poudre qui entretient la propreté et la sécheresse; par-dessus on avait étendu une grande natte rouge. A peine avions-nous pris quelques dispositions pour embellir et meubler l'appartement, que nous reçûmes la visite du propriétaire lui-même. Sortant de la jolie maison en briques qu'il occupait dans le voisinage, il vint voir notre commencement d'installation; ses serviteurs apportèrent bientôt pour les nouveaux hôtes un repas composé de riz, de poissons, de crevettes et de légumes. Nous invitâmes les amis, dont l'obligeance nous avait procuré cet asile, à partager notre souper, et nous passâmes tous ensemble une soirée fort agréable, rendue plus douce encore par le sentiment de calme et de sécurité, qui remplissait nos âmes et que nous n'avions pas souvent éprouvé depuis notre départ de Jaffa.

C'est à Bahraïn que commencent véritablement les pêcheries de perles ; elles s'étendent sur le rivage oriental de l'île et sur les côtes du Golfe Persique, depuis le promontoire de Catar jusqu'aux frontières du Chardja dans l'Oman. On trouve bien quelques huîtres perlières le long des plages du Catif, mais elles ne donnent lieu qu'à une exploitation insignifiante.

Le temps que nous ne passions pas au café se partageait entre les consultations médicales, les visites et les excursions dans la campagne; nous parcourûmes plusieurs villages, dans l'un desquels se tenait une foire hebdomadaire absolument semblable à celles de Hofhouf et de Mebarraz.

Enfin, le 6 janvier, le vent tourna au sud et, le 9 du même mois, l'ami que nous attendions depuis si longtemps arriva, suivi d'une escouade entière de serviteurs. Accompagné de ses trois Arabes, de deux esclaves nègres et d'un jeune garçon mulâtre, tous richement vêtus et porteurs de sabres à poignée d'argent, Abou-Eysa, couvert d'un manteau brodé d'or, avait l'air d'un fiancé qui se rend à l'église, et nous ne pûmes, en le voyant, réprimer un sourire. Ce pompeux équipage avait pourtant sa raison d'être. Le guide se rendait sur la côte d'Abou-Cher (1) en qualité de chef

(1) Abou-Cher, ou Bender-Bouker, port de la côte persane, lequel a été cédé aux Anglais en 1857. — J. B.

officiel de la caravane qui partait pour La Mecque. Or, les Persans sont un peuple vaniteux et plein d'ostentation : pour leur inspirer de la confiance, il faut étaler un grand luxe et jouer le rôle d'un haut personnage. Sans cette précaution, ni les patentes de Feysoul, ni les lettres de créance de Mâboub n'auraient suffi pour réunir autour d'Abou-Eysa son troupeau chiite.

Abou-Eysa s'était procuré vingt caisses des excellentes dattes appelées khalas et avait acheté quatre magnifiques manteaux manufacturés à Hofhouf, tissés et brodés par les mains les plus habiles. L'un d'eux surtout était un travail si riche et si admirable qu'il semblait ne convenir qu'aux épaules d'un roi. Les autres, d'une moindre élégance, devaient être confiés à l'un des serviteurs d'Abou-Eysa et remis en son nom à trois chefs dont les domaines s'étendent entre Bahraïn et Mascate; plusieurs caisses de dattes étaient jointes à ce présent pour en augmenter la valeur. Le guide destinait le quatrième manteau et un tiers au moins des fruits savoureux au sultan omanite, dont la protection lui avait été plus d'une fois avantageuse.

Il fut décidé que j'accompagnerais seul le messager d'Abou-Eysa, sous prétexte de chercher dans l'Oman des plantes médicinales, rares et curieuses, et qu'à l'abri de mon titre de savant docteur, j'étudierais le pays, protégé par le sultan dont le présent du guide avait pour but de m'assurer les bonnes grâces. J'engageai donc Baracat à prendre patience, car il m'était impossible de laisser échapper l'occasion qui s'offrait à moi de visiter l'Oman, bien que cette première exploration dût être assez superficielle.

Yousef-ebn- Khamis, ainsi se nommait mon futur compagnon de route, était un personnage fort singulier, qui rappelait les types bouffons si admirablement dessinés par Shakspeare : spirituel, plein de verve et d'entrain, mais tête sans cervelle, il avait une qualité qui palliait ses nombreux défauts : c'était son attachement sans bornes, j'allais dire son adoration, pour Abou-Eysa.

Yousef, âgé alors d'environ trente-six ans, était grand et avait des traits assez beaux, bien que leur expression eût parfois quelque chose de comique. Il portait une courte barbe noire à laquelle se mêlaient quelques poils gris, résultat de la frayeur qu'il avait éprouvée en voyant un de ses camarades tué près de lui dans un combat. Ces signes prématurés de vieillesse contrastaient d'une manière étrange avec son visage jeune et riant ; aussi servaient-ils de texte à plus d'une raillerie. Il était, du reste, le premier à en plaisanter.

Toutes choses ainsi convenues, nous attendîmes une occasion favorable pour partir ; mais le vent demeura contraire jusqu'au 23 janvier, où, profitant d'une brise du sud et d'un bon navire, Abou-Eysa et ses compagnons s'embarquèrent avec Baracat pour Abou-Cher.

Par un de ces pressentiments que nous éprouvons souvent sans pouvoir en donner une explication satisfaisante, je confiai à Baracat la garde de mes papiers, de mes notes, et de tout ce que j'avais de précieux, sauf une petite somme d'argent destinée à pourvoir aux besoins imprévus du voyage. Heureuse précaution, sans laquelle le présent ouvrage n'aurait jamais paru.

Ce fut par une belle et radieuse journée, qu'après bien des souhaits pour une prompte réunion et des recommandations comme ont coutume d'en faire des amis au moment du départ, nous nous séparâmes les uns des autres. Abou-Eysa, en compagnie de Baracat et de ses serviteurs, se rendit à bord de la goëlette, tandis qu'Yousef-ebn-Khamis et moi nous restions au logis, où nous passâmes dans la solitude une assez lugubre soirée.

Le lendemain matin, nous prîmes un petit canot, et sans être inquiétés cette fois par les officiers de la douane, dont toute la surveillance se borne aux importations, nous nous rendîmes à Moharrek, le navire avec lequel Abou-Eysa avait traité pour notre passage étant mouillé près de la citadelle qui s'élève à l'extrémité orientale de cette ville.

Moharrek présente beaucoup d'intérêt, bien qu'elle ne renferme pas d'édifice très-important. Elle est surtout curieuse par son aspect perso-arabe, ses jolies maisons, sa grande place pavée, ses hautes banquettes adossées partout le long des murs; elle se distingue aussi par l'amoncellement de sa population, car elle tire de là un caractère tout différent de celui des autres villes arabes, où la valeur du terrain paraît être une considération fort secondaire.

Je fus éveillé vers minuit par de formidables coups de tonnerre, auxquels succéda bientôt une violente tempête; le vent et la pluie firent rage tour à tour, si bien que, le lendemain matin, non-seulement il nous fut impossible de nous embarquer, mais encore de mettre le pied hors de la maison. J'exprimai à Yousef la crainte qu'Abou-Eysa n'eût été surpris par la rafale avant d'être arrivé sur la côte d'Abou-Cher. En effet, nous avons su plus tard que la tourmente, atteignant notre ami au moment où il doublait le Ras-Halila, avait failli le rejeter sur les plages de Bahraïn et avait mis sa vie en péril.

Enfin, le 26 au matin, un léger canot nous conduisit à bord du navire. Ce bâtiment avait la grandeur d'un brick et était monté d'un équipage très-varié : des passagers de tout âge et des deux sexes, mais appartenant aux classes les plus pauvres, six ou huit matelots, enfin des troupeaux de moutons, s'entassaient pêle-mêle sur le navire, qui n'offrait pas la moindre cabine où nous pussions nous réfugier. Yousef et moi, nous nous installâmes à l'arrière du pont et, peu d'instants après, le capitaine leva l'ancre.

Le soir, nous arrivions en vue de la pointe occidentale du Catar, et le lendemain, exposés à toutes les insultes de la pluie et des flots, nous essuyions un assez bon nombre de bourrasques; ce qui ne nous empêcha pas de doubler le Ras-Rekan, cap qui forme la pointe la plus septentrionale du Catar et dont le front orgueilleux est couronné de rochers. Je remarquai sur les hauteurs une forteresse qui protége, me dit-on, un village caché dans une gorge voisine.

Poussés par une brise favorable, nous arrivâmes le 28 devant la ville principale du Catar, devant Bedaa. Dès que nous eûmes jeté l'ancre, Ebn-Khamis se rendit à terre, afin d'offrir ses hommages au gouverneur et de s'assurer un logement; pour moi, en raison de l'heure avancée, je préférai passer la nuit sur le navire. Le lendemain matin, mon compagnon étant venu me prendre, nous traversâmes tous deux l'espace liquide qui nous séparait de la ville.

Bedaa est la pauvre capitale d'une pauvre province; mais, quelle qu'en soit la stérilité, ce pays est voisin d'une région plus aride encore, dont les habitants s'efforcent souvent d'acquérir par la violence ce que leur refuse un sol ingrat. Aussi les villages sont-ils entourés de solides murailles et même gardés par des forteresses, qui semblent au premier abord n'avoir pas plus de raison d'être que n'en a la Tour de Londres en plein XIXe siècle. Cependant le Catar possède des trésors qu'il faut dérober à l'avidité des pillards.

D'où peut venir cette opulence dans un pays si pauvre, et en quoi consiste-t-elle? Cette plage fangeuse, ces habitations malpropres ne sont pour ainsi dire que les monceaux de scories accumulés auprès d'une mine; le gisement lui-même, riche et inépuisable, s'étend non loin de là : c'est l'océan, voisin aussi généreux que la terre se montre avare. Les plus belles pêcheries de perles du Golfe Persique se trouvent sur les côtes du Catar, et l'abondance de leurs produits paraît presque incroyable. C'est donc de la mer que les habitants tirent leur subsistance; c'est sur la mer qu'ils habitent, passant une moitié de l'année à recueillir les perles, l'autre à les vendre. Leurs véritables demeures sont les innombrables barques qui garnissent la côte; quant aux huttes construites sur le rivage, elles servent à cacher leurs trésors; tout au plus sont-elles habitées par les femmes et les enfants. « Depuis le premier d'entre nous jusqu'au dernier, me disait un soir Mohammed-ebn-Thani, nous sommes les esclaves d'une seule maîtresse : la perle. » En effet, toutes les pensées, toutes les conversations, toute l'activité des habitants se concentrent sur cet unique objet : le reste est regardé comme un passe-temps qui ne mérite pas de fixer l'attention.

Le Catar jouit au dedans d'une paix qui n'est jamais troublée; mais il doit se défendre contre les incursions des bédouins Menasirs et Al-Morras, tribus voisines de ses frontières, et dont les déprédations s'étendent depuis le Haça jusqu'à l'Oman proprement dit. Peu de nomades se sont rendus aussi redoutables à la population sédentaire que ces clans de voleurs.

Nous trouvâmes, dans le gouverneur Mohammed-ebn-Thani, un vieillard âpre au gain, habile et rusé, mais renommé pour sa prudence autant que pour la bienveillante familiarité de ses manières. Assis sur des nattes dans la cour de la forteresse, il ressemblait plutôt à un avare marchand de perles qu'à un chef arabe. Autour de lui étaient groupés plusieurs individus dont la peau attestait les fréquents plongeons qu'ils faisaient dans la mer, tandis que l'habitude de calculer et les soucis du négoce avaient sillonné leur front de rides nombreuses. Ebn-Thani nous témoigna ses regrets de ne pouvoir, faute de place, nous loger convenablement dans le palais. Après avoir jeté à la dérobée un regard sur les étroites dimensions de l'édifice et sur les murs percés de meurtrières, j'admis pleinement son excuse.

La ville de Bedaa n'est pas longue à explorer. Elle possède un étroit et sale marché, où des boutiquiers et des artisans de Bahraïn exercent leur modeste trafic; les maisons, petites et sombres, sont séparées les unes des autres par des ruelles irrégulières. Le nombre de ses habitants s'élève à environ six mille : ils sont bons et hospitaliers ; mais l'excès du travail les accable.

En raison de la concavité du golfe, la route de terre pour aller à l'Oman nous aurait pris au moins une quinzaine, et nous résolûmes de nous y rendre par mer.

Ainsi, le 6 février, par une douce soirée qui promettait un magnifique lendemain, nous prîmes congé du gouverneur, fîmes nos adieux à trois ou quatre amis que nous avions déjà dans la ville, puis nous montâmes sur un petit canot dans lequel Faris, notre capitaine, nous attendait avec deux hommes pour nous conduire au vaisseau. A notre arrivée sur le pont, nous fûmes cordialement accueillis par les hommes de l'équipage, qui tous étaient parents de Faris à un degré quelconque. Un usage généralement suivi dans le Golfe Persique veut que le capitaine d'un navire considère comme ses hôtes les passagers admis sur son bord, et qu'il les reçoive à sa table, sans demander aucune rétribution supplémentaire.

Le lecteur a dû remarquer déjà qu'en Orient les étrangers ont avec leurs guides des relations étroites et amicales; il en est de même sur mer : tant que dure la traversée, marins et voyageurs semblent former une seule famille.

Yousef et moi, pensant qu'il était au-dessous de notre dignité de recevoir, sans les reconnaître de notre mieux, les bons offices de nos hôtes, nous offrîmes au capitaine un sac du meilleur café que nous eussions pu nous procurer à Bahraïn.

La brise favorable qui gonflait nos voiles semblait nous promettre une prompte traversée, mais le vent vira au sud, nous obligeant à nous écarter de notre route, tandis que la chaleur étouffante de l'atmosphère présageait un orage. Bientôt le ciel s'assombrit, et quand nous arrivâmes en vue de l'île Haloul, masse de rochers volcaniques qui s'élèvent perpendiculairement du sein de la mer, la brise avait fait place à de violentes rafales.

Le lendemain, le vent du sud-est nous mena en vue des contours arrondis de la montagne Astrandja, et la côte persane s'éleva bientôt à nos yeux. Elle nous parut former avec celle de l'Arabie un contraste frappant. Deux heures avant le coucher du soleil, nous entrions dans le port de Charac et nous débarquions aisément sur un rivage en pente douce.

Notre capitaine, dont la demeure se trouvait dans la ville, insista pour que nous fussions ses hôtes à terre comme sur son bord; mais les usages du pays ne lui permettaient pas de nous recevoir dans sa maison ; car, chez les habitants de Charac, le caractère hospitalier de l'Arabe se mêle à l'avarice du Persan et au rigorisme vouahabite. En conséquence, Faris fit préparer pour nous une petite chambre, dépendant de la mosquée, mais destinée à recevoir les voyageurs ; on y apporta des nattes, des coussins et une abondante provision de café; enfin le capitaine nous envoya par ses jeunes frères un excellent repas accommodé à la mode persane.

Après avoir pris le café, Faris, avec une politesse et un tact bien rares en Orient, offrit de nous montrer ce que la ville renferme de remarquable. C'est peu de chose, à vrai dire; mon cicerone me conduisit voir les ruines des anciennes fortifications de la cité, dont il suivait avec l'intérêt d'un antiquaire les traces à demi perdues au milieu des arbres et des cultures.

Le 10, comme j'allais de bonne heure me baigner dans les eaux limpides de la mer, ce qui n'aurait pas été facile sur les rives vaseuses du Catar, je faillis être blessé par l'aiguillon d'une grande raie, que j'aperçus tout à coup près de moi et que j'eus à peine le temps d'éviter. Poulpes, requins, orties de mer et autres monstres marins, fourmillent dans le golfe; de sorte que, sur les côtes du Barr-Faris, un nageur doit avoir la prudence de regarder au fond de l'eau avant de plonger.

Il était près de midi quand nous rentrâmes à bord; bientôt le navire mit à la voile pour Lindja, où nous arrivâmes vers minuit. Les lumières qui étincelaient au milieu des eaux ne m'empêchaient pas de désirer ardemment que le lever du soleil me permît de reconnaître autour de moi le paysage. L'aube éclaira enfin notre bâtiment, mouillé à quelques centaines de mètres de la terre ; entre la côte et nous, se trouvait une masse de bâtiments de toutes grandeurs ; un amphithéâtre de maisons blanches, encadrées au milieu des arbres et des jardins, bordait au loin le rivage.

Dans la matinée du 11, nous fûmes portés à terre par un canot du navire. Tout près du quai central se trouve un petit bassin, dont une moitié demeure à sec, tandis que l'autre est assez grande pour contenir de soixante à quatre-vingts bâtiments arabes. Il est protégé en avant par une haute jetée assez habilement construite; à droite et à gauche, par un brise-lame. Les navires qui ne peuvent y trouver place, mouillent en mer dans une large baie sablonneuse. A l'époque de notre arrivée, le port renfermait environ cent voiles; il est abrité de sorte que le vent du sud soit le seul qui puisse en agiter les eaux.

La ville s'élève au bord de la mer, dont la sépare seule une étroite bande de sable blanc. Le rivage a une hauteur de six ou neuf mètres, en sorte que les habitations sont garanties de l'humidité et largement aérées, grâce à une vaste plaine située non loin de la côte.

Le vieux quartier, c'est-à-dire celui qui existait avant que l'Oman se fût emparé de ce littoral, a peu d'étendue ; les constructions sont serrées les unes contre les autres et renferment de quatre à cinq mille habitants.

Depuis l'époque où le sultan Saïd a rendu ce port libre et l'a exempté de toutes les exactions douanières, sauf un faible droit d'entrée et de sortie, Lindja a vu son importance s'accroître : dans ces dernières années, l'étendue qu'elle avait sous l'administration persane a au moins quintuplé. Elle est aussi redevable de sa prospérité à la sage tolérance qui, d'accord avec les principes de l'Oman, a remplacé l'étroit esprit des chiites, et favorisé l'établissement d'un grand nombre de marchands étrangers. De nouvelles maisons, dont la construction atteste la richesse de leurs propriétaires, se sont élevées à l'est et à l'ouest de la baie, en sorte qu'on met aujourd'hui une heure et plus pour parcourir, d'un pas régulier, la ville dans toute sa longueur. Le palais du gouverneur est de forme carrée ; ses quatre étages, percés de fenêtres ogivales, sont décorés dans le syle persan, et sa vue me rappelait les antiques hôtels-de-ville du moyen âge, ceux surtout que l'on rencontre encore dans les Pays-Bas.

En me promenant dans la ville, je retrouvai Yousef en compagnie d'un jeune homme aux formes épaisses, au nez épaté, à la mine bienveillante, que ses mains noires et son costume couvert de suie faisaient reconnaître pour un forgeron. Doeydj (tel est le nom de notre nouvelle connaissance, dans lequel il est facile de retrouver le Doeg du temps de David) nous offre, à mon compagnon et à moi, la table et le logement ; il occupe avec deux frères une spacieuse habitation, paraît fort considéré par ses concitoyens et reçoit beaucoup d'étrangers. Nous passâmes trois jours chez cet honnête forgeron, attendant que le vent nous permît de nous embarquer pour Chardjâ.

C'est vraiment une charmante ville que Lindja, avec ses blanches maisons, alignées sur le rivage ou ombragées de gracieux palmiers ; avec ses marchés pleins d'animation, les coupoles brillantes de ses réservoirs, ses boutiques construites en feuilles de palmier, ses forges sur lesquelles résonne le marteau, les bateaux qui remplissent son port ; enfin, avec son gai soleil et son atmosphère limpide.

Le 16 février, nous étions en vue de la côte de l'Oman proprement dit. Elle est en cet endroit basse et sablonneuse, mais couverte de riants villages qu'abritent des bois de palmiers. Les montagnes de Bereyma se dessinaient au loin comme un nuage léger sur l'azur du ciel ; vers le nord, nous distinguions les contours vagues du cap Mesandum et les pics des monts Rous. Nous nous proposions d'aborder à Chardjâ ; et, après quelques manœuvres, notre petit navire entra dans le port de cette ville, crique étroite ouvrant à angles droits sur l'océan; à quarante mètres plus loin, s'enfonçant par un brusque détour dans l'intérieur des terres, elle suit une direction parallèle à la mer pendant plus d'une lieue, à peu près comme l'Yare, de Gorleston à Yarmouth. L'entrée du port est fermée par une barre, qui exige de la part des marins beaucoup d'adresse et d'expérience; au-delà, l'eau est parfaitement calme et n'a pas une grande profondeur; les croiseurs et les bateaux de pêche peuvent fréquenter ces parages, mais un grand vaisseau ne saurait y naviguer.

Chardjâ, ou plutôt *Charkâ,* c'est-à-dire l'*Orientale,* s'étend tout le long de la crique et compte environ vingt à trente mille habitants, répandus sur une superficie presque double de celle de Lindja.

Quand nous eûmes traversé la barre écumeuse, nous entrâmes dans un petit canot, envoyé par un ami de notre capitaine pour nous conduire au rivage. En ce moment, j'aperçus à l'entrée du port un yacht anglais qui se balançait légèrement au souffle de la brise. Sur le pont était assis un homme vigoureux, assez avancé en âge, revêtu du costume des habitants de Bagdad et dont les traits annonçaient l'origine arménienne. Curieux de savoir quel était ce personnage, si différent des Arabes qui l'entouraient, j'interrogeai Abbas et j'appris que l'inconnu se nommait Yacoub et qu'il remplissait à Chardjâ les fonctions d'agent britannique pour la répression de la traite des nègres.

« Réellement, mes compatriotes pourraient faire de leur argent un emploi meilleur que d'en remplir les poches de ce gentleman, » pensai-je d'abord. J'appris ensuite que, tout en recevant l'or de la philanthropique Angleterre, ce vagabond trouvait sage de rester en bons termes avec chacune des parties adverses. Il disait donc aux trafiquants de chair humaine que, si leur commerce s'exerçait en public, il se verrait obligé d'intervenir dans leurs affaires, sans quoi les consuls interviendraient dans les siennes; mais que, si leurs nègres étaient vendus dans l'intérieur des maisons ou dans quelque village qui ne fût pas sous sa surveillance spéciale, il fermerait les yeux et prendrait soin de ne pas les troubler. Une conduite aussi obligeante était naturellement récompensée par de riches présents, en sorte qu'Yacoub réalisait un double profit, et que le trafic des esclaves se continuait activement à Chardjâ, malgré la présence de l'agent de la Grande-Bretagne.

Dès que je fus descendu à terre, je fus frappé de la ressemblance du paysage avec celui de l'Inde. Un marchand de bestiaux, nommé Abbas, qui avait été notre compagnon de voyage, s'étant constitué notre hôte, nous prîmes, à travers un labyrinthe de ruelles, le chemin de sa maison. Elle était construite simplement en bois et en chaume; mais l'intérieur était gai, meublé avec goût et, bien que différentes choses y manquassent, la générosité presque prodigue du maître du logis empêchait de s'en apercevoir.

Chardjâ est pour la côte occidentale de l'Oman ce que Lindja est devenue, depuis quelques années, pour la côte acquise sur la Perse, le centre d'un vaste commerce d'importation et d'exportation, le point où convergent les différentes routes de terre et de mer.

Les habitants en sont hospitaliers, honnêtes et industrieux. La dague qui, dans l'Oman, orne la ceinture de tout homme libre, sert ici de parure plutôt que de défense. Je vis à Chardjâ pour la première fois les délicats filigranes d'or et d'argent qui décorent les armes, les coupes, les pipes et autres objets; ils attestent un goût et une habileté auxquels atteignent rarement les ouvriers des autres pays. Pour nous, les heures s'écoulèrent à Chardjâ en visites, en dîners et en soupers, car les habitants paraissaient désireux de justifier les qualités sociables que je leur avais entendu souvent attribuer. Ici, comme dans le reste de l'Oman, on ne fait pas d'invitations spéciales : la salle à manger est toujours ouverte ; une rencontre ou une information sur le chemin à suivre suffit pour introduire à la table un nouveau convive, en l'honneur duquel on déploie une hospitalité proportionnée à l'heure de la journée.

Dans cette ville, les rues sont propres, mais sans la moindre symétrie ; des allées étroites et tortueuses séparent les habitations, construites presque toutes en feuilles de palmier. Il va sans dire que l'espace laissé pour le quai entre les maisons et la crique est rempli de petits bâtiments et de bateaux. Quelques-uns de ces derniers, qui portent sur leurs côtés des sillons creusés par les cordes des plongeurs, appartiennent à la pêcherie des perles. En effet, ce point forme la limite extrême de la côte perlière ; mais la pêche y est beaucoup moins productive qu'à Bahraïn et sur le rivage du Catar.

Chardjâ possède une multitude d'ânes, inférieurs peut-être à la race égyptienne, mais d'une ardeur remarquable, et par cela même très-propres à de petits voyages. Yousef et moi, nons en louâmes deux pour aller explorer les environs ; puis, comme il était plus de midi, nous dirigeâmes nos montures du côté de la mer et nous arrivâmes à Dobey un peu avant le coucher du soleil.

De même que Chardjâ, cette bourgade longe une crique très-vaste, qui ressemble à un lac intérieur et qu'un large lit de sable blanc sépare de la mer. Elle est populeuse, bien que dépourvue de fortifications et construite d'une manière fort irrégulière ; ses jardins sont riches, ses puits nombreux, et elle a toute une flottille de bateaux employés à la pêche des perles, non sur cette côte, mais dans la baie sud-ouest, au-delà d'Abou-Debi. Nous mîmes pied à terre sous un bouquet de palmiers qui ombrageait quelques maisons près de l'entrée du village et nous prîmes un peu de repos, tandis que les habitants nous racontaient diverses histoires sur les Benou-Yass, ces impitoyables ennemis des vouahabites (1).

Après nous être reposés quelques instants sur la plage, nous nous remîmes en marche pour arriver à Chardjâ avant la tombée de la nuit. Un capitaine de marine de la ville de Soweyk, dans le Batina, nous attendait en causant avec notre hôte Abbas. Il devait mettre à la voile le lendemain ; nous convînmes donc de prendre place à bord de son navire, pour nous rendre dans cette province.

Nous nous embarquâmes le lendemain matin après avoir dit adieu à notre hôte et à quelques Arabes qui nous avaient conduits jusqu'au port. L'heure du départ dépend ici de la marée, car, au moment du reflux, la plus petite embarcation arabe ne pourrait passer la barre qui ferme l'embouchure de la crique. Il était midi, et un vent léger gonflait nos voiles, lorsque, le 20 février, nous gagnâmes la pleine mer.

Des pêcheries considérables ont été établies le long de la côte ; elles tirent leur principale ressource de la vente d'un poisson appelé *metout*, assez semblable pour la forme et la grandeur à un petit anchois, mais d'une saveur beaucoup moins délicate. On le sale, on le fait sécher au soleil, et on le mange sans aucune autre préparation. Notre capitaine, qui se proposait d'en prendre une cargaison au petit port de Khabb,

(1) L'anecdote reproduite dans le quatrième chapitre, p. 209, a été racontée à M. Palgrave par des habitants de Dobey. — J. B.

ne put s'entendre pour le prix avec les pêcheurs ; nous remontâmes donc à bord du navire. Quelques heures après, nous atteignîmes l'étroit passage qui sépare de la côte les rochers les plus avancés de Mesandum. Ce canal, appelé par les Arabes « Bab » ou Porte, présente un aspect redoutable avec ses eaux noires et profondes, ses terribles écueils contre lesquels viennent se briser les vaisseaux poussés par la tempête. Le bruit incessant des sombres vagues, pareil à celui d'un lourd marteau, a fait donner au cap le nom de Mesandum (Enclume). En outre, une masse énorme de rocs basaltiques, hauts d'une centaine de pieds, s'élève à quelque distance dans la mer ; on l'appelle *Salama*, c'est-à-dire Lieu de paix et de sécurité, probablement par la même raison qui avait engagé les Grecs à nommer *euménides*, ou bonnes déesses, les trois sombres divinités des enfers. En réalité, ces écueils ont causé de si nombreux naufrages que les marins arabes les croient placés en cet endroit par le démon lui-même. Plusieurs pics aigus, à demi cachés au milieu des vagues, se groupent autour du rocher principal ; ce sont les *benat-salama* ou Fils du Salama. Au résumé, le canal étroit compris entre les hautes falaises du cap du sinistre Mesandum, et le terrible Salama environné de son effrayante famille, tout cet ensemble est loin d'être sans péril, particulièrement pour des navigateurs arabes.

Aussi, comme une tempête s'élevait et qu'aucun ancrage sûr ne s'offrait à nous, le capitaine manœuvra de façon à gagner Ormouz, que nous apercevions à quelque distance.

Je n'étais pas fâché de visiter une île autrefois si renommée pour son commerce, et dont les Portugais avaient coutume de dire que « si le monde était un anneau d'or, Ormouz en serait le diamant. » Entourée d'une ceinture de rochers escarpés, elle offre au centre des terrains fertiles, couverts de pâturages et de buissons; en beaucoup d'endroits, les masses basaltiques qui l'enserrent baignent leur base dans l'océan, ou s'élèvent comme de fantastiques tourelles dont les couleurs variées rappellent les teintes que les laves prennent parfois. L'île me parait être un volcan éteint.

La plus grande partie du cap est couverte de ruines, qui ont pris la place d'une ville autrefois prospère; au milieu de la masse confuse des décombres, on distingue encore les débris de plusieurs belles habitations, d'une grande église et de bains. Une centaine de huttes habitées par des pêcheurs ou des bergers dont les troupeaux paissent dans le cratère; un seul hangar, où des dattes sèches, des racines et du tabac sont exposés pour la vente : voilà ce qui reste du commerce d'Ormouz.

J'ai vu les ruines de Tyr et de Surate, ainsi que la dégradation de Goa; mais, dans aucun de ces ports, je n'ai trouvé de désolation pareille à celle d'Ormouz.

Sur la côte septentrionale de cette île existent encore les ruines de petites forteresses bâties par les Portugais aux jours de leur puissance. De telles précautions étaient inutiles au midi, la nature s'étant chargée de fortifier la côte mieux qu'elle n'eût pu l'être par Vauban lui-même. J'examinais le cratère éteint, je me promenais tristement au milieu des bastions démantelés, et je cherchais, peine inutile, à me faire comprendre des habitants. Fatigué du peu de succès de mes efforts, j'attendais avec impatience qu'une brise favorable nous permît de reprendre la mer.

Enfin le vent souffla du nord, et le 27 février nous quittâmes l'ancienne colonie portugaise; nous passâmes, sans éprouver cette fois aucune crainte, devant le Salama et ses Fils, puis, avec lenteur, sous les rochers du cap Mesandum, qui me rappelaient les colonnades de la grotte de Fingal.

Le lendemain, l'aube nous montrait un des paysages les plus pittoresques que j'eusse jamais vus. Derrière la plage couverte de galets s'étendait une longue vallée boisée, qui se perdait dans les gorges profondes des montagnes ; à droite, le village de Leyma étageait ses longues rangées de maisons sur le revers de la montagne, comme maint hameau que j'avais parcouru, pendant les jours heureux de mon enfance, dans le canton du Tessin ou, plus tard, sur les pentes du Liban. Les habitations de Leyma, construites en pierre, surmontées par des terrasses et entourées de jardins enclos de murs, ont presque toutes un aspect riant et confortable. Des piles entières de metouts frais brillaient sur les galets, tandis que plus loin ces poissons étaient étalés sur les rochers pour sécher au soleil.

Nous descendîmes tous sur la plage, et nos matelots entamèrent un marché pour les anchois d'Orient, tandis que Yousef et moi nous parcourions la vallée, où une abondante végétation contrastait avec la nudité d'Ormouz. Les habitants que nous rencontrions, bergers ou pêcheurs, avaient une physionomie franche et cordiale. J'engageai avec quelques-uns d'entre eux la conversation sur les Anglais, dont ils pouvaient apercevoir au loin les navires et les bateaux à vapeur ; mais il arrive souvent que les questionneurs, comme les écouteurs, n'entendent pas dire de bien d'eux-mêmes ; c'est ce qui eut lieu. Les avantages du commerce, les bienfaits de la civilisation ni même une protection puissante ne sauraient faire contre-poids à l'antipathie nationale, accrue par la crainte des envahissements européens.

Dans l'après-midi, nous retournâmes à bord et, pendant la matinée suivante, nous filions le long du Batinâ.

Si elle n'est pas la plus importante de l'Oman, cette province en est au moins la plus riche. Bornée d'un côté par la mer, de l'autre par une chaîne de hautes montagnes, elle est mieux arrosée qu'aucun des districts de l'Arabie; le sol, fertilisé par les longues pluies d'hiver, rafraîchi par des sources d'eau vive, est, en outre, sillonné de nombreux courants qui descendent des monts Akhdar, et portent avec eux l'abondance et la vie, quoiqu'ils ne soient ni assez considérables ni assez permanents pour mériter le titre de rivières.

J'avais résolu de descendre à Sohar, pour suivre pendant le reste du voyage la route de terre; mais « l'homme s'agite et Dieu le mène; » mais sur l'échiquier de la vie, le hasard des circonstances décide du succès aussi souvent que l'habileté des combinaisons.

Le capitaine, qui nous avait accompagnés, obtint des officiers de la douane l'entrée franche de nos bagages encore assez considérables, car la plus grande partie des présents qu'Abou-Eysa nous avait chargés de remettre étaient destinés à Thoweyni, sultan d'Oman. Quand nous fûmes dans la ville, un de nous se rappela que, plusieurs années auparavant, il avait été l'hôte d'un ami d'Abou-Eysa, qui demeurait à Sohar; un passant connaissait cet homme et offrit de nous conduire à sa demeure. Comme le soleil venait à peine de se lever, le maître de la maison dormait encore; son cheval, qui était attaché près de la porte, leva vers nous sa tête fine et intelligente, quand nous nous arrêtâmes sur le seuil. Un Arabe parut bientôt à l'entrée d'une habitation voisine, et tous ensemble nous éveillâmes notre futur hôte, qui nous reçut cordialement, s'excusa de son sommeil prolongé et se hâta de nous procurer un abondant repas, car, disait-il, l'air de la mer avait dû doubler notre appétit.

La maison était bâtie en briques, mais on y avait joint de petits pavillons couverts de chaume, où il était fort agréable de passer les heures les plus chaudes du jour.

Après le repas, notre hôte, qui s'appelait Eysa, offrit de nous montrer la ville. C'est une des plus importantes de l'Oman. La proposition fut donc acceptée avec empressement, et nous partîmes, suivis de quelques-uns des amis d'Eysa; ils étaient déjà devenus les nôtres.

Devant le château, une place plantée d'arbres s'étend jusqu'à la mer; les fortifications de la ville sont en bon état et pourvues de pièces d'artillerie. Sohar pourrait donc soutenir le siége d'une armée arabe, si son enceinte n'était pas trop vaste pour qu'il fût possible de la défendre d'une manière efficace. En sortant de la forteresse, nous nous rendîmes au marché et le trouvâmes plus grand et plus régulier que celui de Chardjâ.

Quand nous sortîmes de ce kheysaryâ, nous suivîmes une rue bordée de maisons hautes de deux à trois étages; de distance en distance s'élevaient d'élégantes arcades jetées d'un côté à l'autre de la voie : nous atteignîmes ainsi la porte septentrionale de la ville, puis, traversant un petit espace sablonneux voisin des remparts, nous entrâmes dans les jardins où nous nous assîmes à l'ombre d'arbres touffus, au bord de ruisseaux qui doucement murmuraient. Après quelques instants de repos, nous quittâmes ces jardins pour revenir à la ville, dont nous longeâmes les murs. Sohar peut avoir environ trois kilomètres de circonférence; elle est de toutes parts entourée de fortifications, mais du côté de la mer on n'a point pratiqué de fossé.

Yousef et moi, nous avions projeté de commencer le lendemain matin notre voyage à travers l'Oman par la route de terre; un hasard, que nous regardions alors comme fort heureux, amena chez notre hôte, au moment où nous discutions avec lui la route à suivre, un capitaine de marine qui se rendait à Mascate. Il offrit de nous prendre à bord de son navire, en assurant qu'une traversée de deux jours nous conduirait au port, que le vent était favorable et que tout promettait un heureux et prompt voyage. Les retards que nous avions déjà éprouvés nous décidèrent à accepter l'offre de ce capitaine.

Nous restâmes encore deux jours à Sohar. Pendant ce temps, nous nous rendîmes chez plusieurs notables habitants de la ville, où nous passâmes de joyeuses heures et goûtâmes des plaisirs plus variés qu'à Chardjâ ou même à Bahraïn. Le narguilé remplace ici complétement la pipe; aux réunions du soir, on fait de temps en temps circuler des gâteaux et des pistaches, à peu près comme dans les salons anglais. Des chants égayent ces soirées, et les voix sont justes, en général, bien qu'elles aient peu d'étendue. Enfin, les habitants, fiers de leur talent pour fabriquer les confiseries, se montrent très-prodigues de ces friandises dans les réunions.

La conversation étant tombée sur l'état du pays, je fus frappé de deux faits : d'abord, de l'attachement profond du peuple pour la famille royale; ensuite, de la haine extrême qu'il nourrit contre les vouahabites et, chose étrange, contre les Turcs. Quoique les Omanites aient peu de relations avec ce dernier peuple, ce qu'ils en connaissent a suffi pour leur inspirer contre lui une violente aversion. Beaucoup des marchands de Sohar avaient visité l'Inde, et j'entendis l'un d'eux, dans un moment de familiarité, s'écrier que, « s'il fallait choisir entre les mahométans et les Anglais, il aimerait mieux voir le pays entre les mains des derniers ou du diable lui-même, que soumis aux Turcs. » Bien que la façon dont il témoignait sa préférence pour la Grande-Bretagne n'eût rien de flatteur, elle exprimait un sentiment répandu dans l'Oman tout entier.

Pendant mon séjour à Sohar, je ne vis jamais à l'ancre dans ses eaux moins de vingt bâtiments. De plus, la côte étant renommée pour l'excellence de ses poissons, une foule de bateaux chargés de filets la sillonnent en tous sens. La plage sablonneuse sur laquelle s'ébattent les enfants des matelots, les canots portés par la marée, les pêcheurs sautant sur le rivage ou poussant de joyeux hourras lorsqu'ils s'éloignent du bord, d'autres errant au milieu des vagues dans leur frêle coquille de noix, tout rappelait à mon souvenir les côtes orientales de ma chère Angleterre. — Mais combien sont différents les hommes et le climat!

Au bout de trois jours, notre capitaine vint nous avertir qu'il mettrait à la voile le lendemain; il avait, dès l'abord, embarqué nos bagages; c'est la circonstance qui nous empêcha de rompre avec lui pour continuer notre voyage par la route de terre, ainsi que nous en avions eu plus d'une fois l'intention. Nous nous mîmes donc en mer le 6 mars.

Le 8, le vent souffla de la côte et nous poussa en pleine mer jusqu'aux îles Sowadâs, à trois lieues du rivage. Nous y restâmes plusieurs heures, un calme de mauvais augure ayant tout à coup succédé aux violentes rafales.

Le soir, une légère brise s'éleva du sud-ouest; le capitaine espéra louvoyer de façon à gagner Mascate; mais bientôt nous fûmes assaillis par un furieux ouragan qui rendit inutiles toutes les manœuvres. Une de nos voiles étant mise en pièces, on cargua les autres fort à la hâte afin de donner moins de prise au vent impétueux qui secouait le navire. Le ciel, quoique sans nuages, se voilait de la brume épaisse qui souvent accompagne la tempête. La plupart des passagers étaient frappés de stupeur ; pour moi, je me félicitais de l'aventure, car nous étions loin de la côte, et je pensais n'avoir autre chose à craindre que de rester en mer un ou deux jours de plus. La lune, alors à son dernier quartier, éclaira bientôt de son disque d'argent la sombre immensité des flots, et nous montra notre solitude. Nous avions aperçu plusieurs vaisseaux à la tombée de la nuit, mais en cet instant aucun d'eux ne paraissait à l'horizon. Yousef et tous les passagers, effrayés par le roulis du navire, par le rugissement des vagues et le bruit de la tempête, se retirèrent dans la cabine, tandis que le timonier, le capitaine et moi, nous restions sur le gaillard d'arrière. Deux sunnites s'étaient joints à un Nedjéen pour réciter des versets du coran; les marins omanites riaient, ou du moins faisaient mine de rire, car plusieurs commençaient à penser que la nuit serait rude; personne cependant ne croyait si prochaine la catastrophe dont nous étions menacés.

A en juger par la hauteur de la lune, il devait être environ dix heures du soir, quand nous aperçûmes qu'au lieu de bondir sur les vagues, le vaisseau semblait s'alourdir et enfoncer dans la mer. Un des matelots murmura quelques paroles à l'oreille du capitaine et, sur la réponse de celui-ci, deux hommes allèrent aussitôt examiner la cale : elle était pleine d'eau ! Ils écartèrent à la hâte quelques bordages et virent qu'une planche de la carène venait de se briser.

Le capitaine, se levant avec désespoir, ordonna de

sacrifier toute la cargaison. Chacun se mit aussitôt en devoir de décharger le navire, mais à peine trois balles de marchandises avaient-elles été jetées dans les flots, qu'une bande de lumière phosphorique traversa le premier pont; la mer arrivait déjà par-dessus bord. Il ne fallait plus songer à sauver le vaisseau. « Tous à la mer ! » s'écria le capitaine. Et il donna l'exemple en s'élançant le premier.

Comment échapper au tourbillon qui se produit toujours quand un navire coule à fond? Telle fut ma première pensée. Je sautai sur le gaillard d'arrière, qui était encore élevé de plusieurs pieds au-dessus des vagues triomphantes; j'invoquai Celui qui, sur l'océan aussi bien que sur la terre, est le souverain arbitre de la vie, puis je plongeai la tête la première aussi loin que je pus. Après quelques brassées vigoureuses, je me retournai vers le vaisseau, d'où je venais d'entendre partir des cris de désespoir : le mât de misaine, qui s'engloutissait en décrivant au-dessus des flots une spirale sinistre, indiquait seul l'endroit où avait disparu le navire. Six hommes, cinq passagers et un matelot, étaient restés à bord. Une minute plus tard, des débris de planches, des mâts, des vergues flottaient au milieu des brisants, tandis que les naufragés qui avaient survécu au désastre, tantôt cachés par les flots, tantôt apparaissant à leur sommet, semblaient destinés à une mort certaine.

Ces événements avaient été si imprévus et si soudains que je n'avais pu emporter un seul vêtement, et les efforts répétés des vagues m'enlevèrent bientôt mon turban et ma ceinture. Je n'avais pas eu non plus le temps de réfléchir au danger : bien qu'un frisson d'horreur eût parcouru mes membres quand j'avais vu l'eau envahir le pont du navire, j'avais eu à peine conscience de mes impressions; mais, pendant bien des mois, mon sommeil fut hanté par cette vision terrible. Pour le moment, je songeais à lutter et à sauver ma vie. Déjà je m'étais emparé d'une planche qui flottait à la surface des vagues, lorsque, regardant autour de moi, j'aperçus à quelque distance la chaloupe, que le bâtiment traînait à la remorque selon l'usage arabe; la corde qui la retenait avait été coupée ou rompue et l'embarcation dansait sur les flots, pareille à une noix vide.

Sachant, comme les marins espagnols de *Don Juan*, « qu'un frêle bateau peut affronter une mer orageuse tant qu'il ne rencontre pas d'écueils sur sa route, » j'abandonnai la planche de sauvetage et je nageai vers le canot. A l'instant où je l'atteignis, trois matelots venaient d'y entrer, d'autres arrivèrent bientôt et, quelques minutes après, onze hommes, parmi lesquels se trouvait le neveu du capitaine, étaient réunis dans la chaloupe. Dès que je me vis, non pas en sûreté, mais provisoirement à l'abri du péril, je m'occupai d'Yousef, que je n'avais pas vu depuis le moment du naufrage; je l'appelai à grands cris pour l'aider à nous rejoindre au milieu de l'obscurité. « Me voici, maître, Dieu soit béni ! » répondit enfin une voix près de moi, et une tête toute ruisselante parut au-dessus du bord.

Nous formions maintenant une douzaine : le capitaine, son neveu, le pilote et quatre marins; les cinq autres étaient : un habitant de l'Akhdar, un Nedjéen vagabond de Manfouha, un Omanite de Soweyk, Yousef et moi. En cet instant, trois hommes, deux passagers et un matelot, arrivaient à la nage, suppliant qu'on les admît dans le canot. C'était chose impossible : l'embarcation, construite pour contenir au plus huit ou neuf personnes, se trouvait déjà surchargée. Toutefois, afin de ne pas les abandonner, on attacha un fragment de vergue à l'arrière avec un bout de corde, et l'on remorqua ainsi ces malheureux.

Le bateau contenait quatre rames, et le gouvernail démonté gisait au fond, à côté d'une petite ancre de fer que je me hâtai de jeter par-dessus le bord, comme un poids inutile. Quelques-uns des matelots parlaient d'en faire autant des passagers, ajoutant que la chaloupe était après tout la propriété des hommes de l'équipage et que les autres pouvaient essayer de se tenir au ban de dalle qui flottait à quelque distance. Heureusement, le capitaine et le pilote m'avaient pris en amitié; je m'adressai à eux d'abord, puis à tous les marins, et je leur démontrai que leur proposition était injuste et cruelle; qu'elle ne méritait pas même d'être discutée dans un moment où nous avions tous si grand besoin de la protection divine. Sans attendre de réponse et assisté du pilote qui, pendant cette nuit d'angoisse, me seconda courageusement, je distribuai les rames aux matelots, car il était grand temps de diriger la chaloupe : assaillie de tous côtés par les vagues, elle menaçait d'aller rejoindre le navire au fond de l'abîme. Le capitaine se plaça au gouvernail, tandis que le pilote et moi, nous vidions avec une écope et un seau de cuir l'eau qui remplissait le canot.

Le sunnite des monts Akhdar récitait tantôt des versets du coran, tantôt l'appel à la prière, auquel les mahométans attribuent un pouvoir magique; le neveu du capitaine montrait un sang-froid extraordinaire chez un si jeune garçon, et les matelots ramaient avec adresse et courage. Quant aux autres passagers, à demi morts d'effroi, ils paraissaient complétement insensibles à ce qui les entourait, ne levaient pas la tête et ne prononçaient pas une parole.

Quoiqu'il nous restât un rayon d'espoir, notre

situation était encore des plus précaires. Nous étions dans une embarcation surchargée, dont en outre la vergue que nous traînions à la remorque gênait les mouvements; le vent mugissait avec fureur, les vagues se précipitaient sur notre chaloupe comme des monstres prêts à la dévorer, et, ce qui mettait le comble à notre détresse, nous nous trouvions si loin en mer que, malgré la clarté de la lune, il nous était impossible d'apercevoir la côte, visible cependant à une grande distance. Nous n'avions à opposer à la violence de la tempête que les rames et le gouvernail, mais je me confiais à la protection du Dieu qui a fait l'abîme : m'aurait-il préservé jusque-là de tout danger pour me laisser périr si misérablement à la fin du voyage? Les mahométans, ils étaient au nombre de deux, priaient avec l'air découragé d'hommes qui savent que leurs supplications ne changent rien à l'inexorable fatalité; les biadites restaient silencieux ou bien échangeaient quelques brèves paroles relatives à la manœuvre; seul, un jeune marin avait conservé assez de calme pour lancer de temps à autre des plaisanteries, qui faisaient rire ses compagnons en dépit d'eux-mêmes. Il leur rendait ainsi un service inestimable, car il les empêchait de s'abandonner au désespoir et, dans un moment semblable, perdre courage, c'était tout perdre.

Comme, aux yeux des hommes de l'équipage, je passais pour un savant d'un rare mérite, on jugea que je ne devais pas être étranger à l'art nautique, et l'on me confia la direction de notre traversée hasardeuse. Grâce aux étoiles qui perçaient avec peine le brouillard, je devinai de quel côté se trouvait la terre. Elle devait être au sud; mais, le vent ayant tourné, les rafales venaient maintenant du nord-ouest; nous étions donc obligés de nous laisser pousser vers le sud-est, afin d'éviter d'être pris en flanc par les vagues. Quand je me fus assuré de l'état des choses, j'ordonnai aux matelots de manœuvrer en conséquence, et nous avançâmes ainsi pendant une heure qui nous parut mortellement longue. Enfin je découvris un rocher que je me rappelais avoir vu dans l'après-midi, c'était le pic de Djeyn, garde avancée du groupe des Sowadâs. « Courage, m'écriai-je, voici le Djeyn! — Le Djeyn! oh! dites-le encore, et que le ciel vous bénisse!» s'écrièrent à la fois les marins, comme si la répétition de cette bonne nouvelle la rendait d'un meilleur augure. Aucun d'eux n'apercevait encore le roc noir qui se dessinait vaguement au-dessus des flots : « Est-il près? » demanda l'habitant des monts Akhdar. — « Très-près, nous y arriverons bientôt, » répondis-je, en cherchant à leur inspirer un espoir que je ne partageais pas moi-même, car le rejaillissement de la mer, emplissant peu à peu la chaloupe, menaçait de la faire couler, tandis que la plus légère déviation du gouvernail pouvait nous précipiter tous au fond de l'abîme.

Il était plus de minuit, et l'ouragan, au lieu de se calmer, redoublait de violence. Épuisé de fatigue, un des passagers qui se cramponnaient à la planche de sauvetage abandonna son appui, et, nageant jusqu'au bateau par un effort suprême, il supplia, au nom de Dieu, qu'on voulût bien le prendre. Sa demande fut d'abord repoussée, mais enfin la compassion l'emporta; deux matelots lui tendirent la main pour l'aider à entrer dans la barque. Chargé maintenant de treize personnes, ce canot enfonçait de plus en plus; nous étions littéralement à deux doigts de la mort. Bientôt après, un autre passager, nommé Ibrahim, quittant la vergue, tenta comme son compagnon d'émouvoir les hommes de l'équipage. Le recevoir eût été folie; mais le malheureux avait saisi le bord du canot et s'efforçait d'y monter. Un des marins lui fit lâcher prise et le repoussa dans la mer où il disparut pour toujours. « Ibrahim vous a-t-il rejoint? » demanda le capitaine au marin resté seul sur la vergue. « Ibrahim est noyé, » fut la réponse qui nous parvint au milieu des vagues. Cette scène horrible nous paraissait un présage de notre propre sort, car la fureur de la tempête allait croissant. Chaque vague nous envoyait plus d'eau que nous n'en pouvions rejeter, le bateau s'enfonçait et nous étions en pleine mer.

« Tous à la mer! » cria pour la seconde fois le capitaine. — « Plonge qui voudra; quant à moi, je garde ma place, » pensai-je. Yousef, heureusement pour lui, était comme inanimé; mais quatre d'entre nous, un marin et trois passagers, croyant le canot voué à une destruction certaine et jugeant qu'il ne leur restait plus d'autre chance de salut que la vergue, s'élancèrent dans les flots. Leur perte sauvait les autres; le bateau allégé se releva; le pilote et moi, nous vidâmes avec l'énergie du désespoir l'eau de l'embarcation, qui ne contenait plus que neuf personnes en tout, huit hommes et un enfant, le neveu du capitaine.

Pendant ce temps, la mer gonflait ses vagues en montagnes menaçantes, et le tangage, augmentant de violence, brisait la corde qui liait la vergue au canot. Pendant une minute ou deux, les pâles rayons de la lune nous montrèrent les têtes des cinq infortunés qui cherchaient à regagner l'embarcation; s'ils avaient réussi, nous étions perdus, mais une énorme vague les sépara de nous. « Dieu fasse miséricorde aux pauvres noyés! » s'écria le capitaine. Trois ou quatre jours plus tard, les corps des malheureux furent rejetés au rivage. Nous étions maintenant les seuls survivants, sans être sûrs encore que la Providence nous permettrait d'échapper au désastre.

Nos hommes ramaient vigoureusement et la nuit

s'avançait, quand nous aperçûmes la côte. Devant nous, un gigantesque rocher noir se dressait comme le mur d'une forteresse au milieu de la mer écumeuse ; sur la gauche, une ligne blanchâtre et une longue chaîne de brisants indiquaient l'existence d'une plage unie et sablonneuse. Les trois matelots qui manœuvraient les rames et l'habitant de l'Akhdar, qui avait pris la place du quatrième, impatients d'arriver au terme de leurs fatigues et de leurs longues angoisses, poussaient la chaloupe sur les rochers, parce que c'était la côte la plus voisine. Nous courions donc vers une mort certaine. Le capitaine et le pilote, accablés par les émotions de cette nuit affreuse, ne s'apercevaient pas du danger. Je vis qu'un effort énergique était devenu nécessaire. Je les secouai pour éveiller leur attention, puis je leur dis de prendre garde à ce que faisaient les rameurs, ajoutant que suivre une semblable direction c'était se tuer soi-même, et que des hommes sauvés d'une manière si providentielle n'avaient pas le droit de se suicider. En même temps, je leur montrai une crique sablonneuse ouverte à quelque distance, et je leur dis que notre seul espoir de salut était d'y pénétrer.

Tirés de leur torpeur, ils se joignirent à moi pour représenter aux matelots la folie de leur conduite; mais ceux-ci répondirent avec rudesse qu'ils étaient à bout de forces et qu'ils iraient droit au rivage le plus proche, quoi qu'il dût arriver.

Le capitaine mit à la hâte le gouvernail entre les mains du pilote, repoussa l'un des marins, saisit sa rame, tandis que j'en prenais moi-même une autre, et nous dirigeâmes l'avant du canot vers la baie. Les matelots, honteux de leur faiblesse, promirent de suivre exactement nos ordres. En conséquence, nous leur rendîmes les rames, fort satisfaits d'avoir eu raison d'une mutinerie si dangereuse dans un pareil moment. Malgré les efforts de nos hommes, nous restâmes ainsi près d'une demi-heure, qui me parut un siècle, à longer les brisants, où plusieurs fois notre frêle embarcation faillit être entraînée. Je pensais que nous n'atteindrions jamais la côte.

Enfin, nous en approchâmes, mais un nouveau péril s'offrit à nos regards. Les premières lignes d'écueils, sur lesquelles les flots écumeux bondissaient comme les eaux d'une cataracte, étaient à cent mètres au moins du rivage; il nous fallait donc, brisés de fatigue et d'émotions, engourdis par le froid de la nuit, traverser à la nage le bras de mer qui nous séparait de l'asile tant souhaité. En aurions-nous jamais la force? J'appelai Yousef et le neveu du capitaine, tous deux plongés alors dans une stupeur mortelle, et je leur dis de se préparer à la périlleuse tentative. Les matelots abandonnèrent leurs rames, et, un moment après, les vagues tournoyantes avaient englouti le canot, tandis que nous disputions notre vie aux flots furieux.

J'étais assez bon nageur pour atteindre la plage, mais j'avais moins de confiance dans la force et l'adresse d'Yousef; aussi, le voyant près de moi, je voulus le saisir en lui disant que je l'aiderais à gagner la terre. Néanmoins, avec une présence d'esprit dont je ne l'aurais pas cru capable en cet instant, il repoussa ma main en s'écriant : « Songez à vous, maître, et ne craignez rien pour moi : je saurai bien me tirer d'affaire! » Quant au neveu du capitaine, son oncle le soutint d'un côté, un marin le prit de l'autre, et tous trois firent des efforts désespérés pour atteindre le rivage. Chaque vague nous couvrait d'eau et, dans son retour, nous emportait en arrière ; nous avions à recommencer la lutte contre la nouvelle vague qui s'avançait pour nous engloutir. Enfin, je touchai la terre et je m'élançai sur la grève sablonneuse avec une joie que je n'essayerai pas de décrire. Un par un, demi-nus, mes compagnons d'infortune me rejoignirent bientôt; dès que nous fûmes réunis tous les neuf sur la plage, nous nous jetâmes à genoux pour remercier Dieu de notre délivrance.

Quand ils se furent relevés, les Arabes coururent s'embrasser les uns les autres, criant, dansant, riant et pleurant à la fois. Celui-ci saisissait avec transport une poignée de sable pour s'assurer qu'il était bien sur la terre ferme. « Où sont, hélas! nos amis? » demandait celui-là. — « Dieu ait pitié des morts! répondait un troisième; quant à nous, remercions-le de nous avoir sauvés. » Un autre semblait n'avoir pas encore conscience de lui-même. Tous avaient complétement abandonné la gravité ordinaire aux Arabes. Yousef avait perdu jusqu'au dernier lambeau de ses vêtements; par bonheur, j'avais encore sur moi deux tuniques assez longues pour couvrir la cheville, selon la mode arabe; j'en donnai une à mon compagnon et me réservai l'autre. « Nous pouvons regarder ce jour comme celui d'une seconde naissance, disait un jeune marin omanite; c'est la résurrection après la mort. — Il y a des cœurs qui prient pour nous au logis, et c'est pour l'amour d'eux que Dieu nous a épargnés, » ajouta le pilote, en pensant à sa femme et à ses enfants. « Cela est vrai, plus vrai peut-être que vous ne le croyez, » répliquai-je, ému au souvenir d'êtres chéris, plus éloignés encore.

Pendant que nous parlions ainsi, cherchant à reconnaître sur quel point de la côte nous nous trouvions, nous entendîmes un coup de canon retentir à notre droite. « Ce bruit-là doit venir de Sib, » dit le capitaine. Sib, étant ville fortifiée, souvent même résidence royale, possède en effet de l'artillerie et une nombreuse garnison; nous ne pouvions pas en être loin, puisque nous avions fait naufrage auprès des îles Sowadâs. Quelques minutes après, un autre coup de canon partit de l'intérieur des terres. « Celui-ci a été tiré au palaïs de Bathat-Farza, reprit le capitaine, et sans nul doute le sultan y réside, car jamais on ne tire le canon en son absence. »

Les lueurs incertaines de l'aube commençaient à paraître; et le vent, qui soufflait avec fureur, nous faisait souhaiter de trouver au plus vite un abri, car nous étions mouillés et transis jusqu'à la moelle des os. Nous nous traînâmes vers un bouquet d'arbres; là chacun de nous s'étendit sur le sable, pour attendre le jour, qui semblait, à notre impatience, ne devoir jamais venir. Enfin la lune disparut et le soleil se leva radieux; mais ses rayons bienfaisants ne parvinrent pas jusqu'à nous aussitôt que nous l'aurions désiré, la crique où nous avions abordé étant entourée de hautes collines qui se terminaient brusquement à la mer; sur la côte se dressait le rocher vers lequel nous avait poussés la nuit précédente l'aveugle désespoir des matelots. Le vent continuait à être d'une extrême violence et nous frissonnions dans nos humides tuniques. Ceux qui avaient conservé un peu plus de vêtements que le strict nécessaire, avaient comme moi partagé avec ceux qui s'en trouvaient complétement dépourvus. Quand les rayons du soleil atteignirent enfin le côté droit de la colline, nous nous hâtâmes de faire sécher nos habits, tâche facile avec une si légère garde-robe. Après avoir examiné l'endroit où nous avions abordé, nous vîmes que, comme le capitaine l'avait supposé, nous étions à l'est de Sib; mais, entre nous et la ville, s'élevait une haute chaîne de rochers sur lesquels nous ne pouvions guère nous aventurer avec nos pieds nus; à l'ouest, une barrière semblable nous fermait le passage; vers l'intérieur du pays seulement, la vallée sablonneuse se prolongeait entre les collines de manière à former une route facile, qui conduisait au palais de Thoweyni. Une fois au château, la libéralité bien connue du sultan nous tirerait d'embarras. Nous résolûmes donc de nous y rendre, mais avant de nous mettre en marche nous jetâmes un dernier regard vers la mer. Elle était encore bouleversée par l'ouragan, et nous n'aperçûmes pas le moindre vestige de notre chaloupe; aucune voile ne se montrait à l'horizon, quoique le jour précédent, un jour qui nous semblait avoir duré une année, nous en eussions vu plusieurs. Dix grands navires, partis des côtes de la Perse ou de l'Oman, avaient en même temps que nous essuyé la tempête. J'appris plus tard que trois avaient péri corps et biens; un seul avait été assez heureux pour sauver tout son équipage; les autres avaient perdu plus ou moins de monde; nous avions donc eu de nombreux compagnons d'infortune. Chacun de nous, considérant les vagues courroucées, forma la résolution de ne plus se confier à l'élément perfide, résolution qu'avaient sans doute prise avant nous beaucoup d'autres naufragés; ainsi qu'il arrive d'ordinaire, elle ne dura pas, je pense, plus de quinze jours ou trois semaines.

Nous nous mîmes alors en marche dans la direction du sud, cherchant à découvrir au milieu des collines de sable la résidence du roi. « Il est assez triste, dis-je à Yousef, de nous présenter devant Sa Majesté dans l'état où nous sommes. Si nous avions eu les présents, notre visite aurait été sans doute mieux accueillie. » Yousef soupira; c'est sur lui principalement que tombait cette part de notre mésaventure. Pour mon compte, j'avais perdu, outre les objets que j'avais emportés en me séparant d'Abou-Eysa, différentes curiosités achetées en route, entre autres une jolie dague, un manteau de fin tissu, deux beaux tapis de Perse et divers souvenirs de Chardjâ; mais ce que je regrettais le plus, c'étaient les notes prises depuis le 23 janvier jusqu'à ce jour, 10 mars, et auxquelles ma mémoire a suppléé peut-être d'une façon trop incomplète. J'étais moins sensible à la disparition de ma bourse, quoiqu'après tout il ne fût nullement agréable de se trouver sans un centime, avec un compagnon tout aussi pauvre, et demi-nu, dans un pays étranger, loin de tout ami et de toute ressource. Plus malheureux encore, le capitaine avait à déplorer la perte du navire et de la cargaison qui composaient toute sa fortune. Quant aux hommes de l'équipage, ils n'étaient pas dans des conditions meilleures. Cependant la tempête avait ravi à plusieurs d'entre nous un bien plus précieux encore, la vie; et, lorsque nous comparions leur sort au nôtre, nous nous sentions le cœur rempli de gratitude envers la Providence.

Durant ces événements, je ne pus m'empêcher de remarquer la différence profonde qui existe entre la manière dont les mahométans et les biadites envisagent la puissance suprême à laquelle tous les hommes rendent hommage. Nos marins omanites parlaient de Dieu à peu près comme les chrétiens : ils voyaient en lui l'Être souverain, qui gouverne toutes choses pour le bien de ses créatures, qui veut, non pas la mort, mais la vie, et dont le cœur est toujours ouvert à la compassion. Dans cette pensée, ils faisaient courageusement ce qui dépendait d'eux, et ils remettaient avec confiance le reste entre des mains meilleures. Les mahométans, au contraire, avaient la conviction qu'ils se trouvaient à la merci d'une volonté inflexible, qui pouvait à son gré les sauver ou les perdre, mais sur laquelle leurs prières n'exerceraient aucune influence. Tous les musulmans néanmoins n'adoptent pas une doctrine si désespérante : j'en ai vu plusieurs qui, par une heureuse contradiction, échappaient aux funestes conséquences des principes de leur foi. D'ailleurs, dans les pays habités, comme la Turquie, la Syrie et l'Égypte, par des hommes de religions différentes, les mahométans empruntent à leur insu des idées étrangères à l'islamisme. Il n'en est pas ainsi des Nedjéens. Isolés de toute influence extérieure, plus fidèles par conséquent à la pensée-mère qui enfanta leur culte, ils adorent dans la pratique le Dieu égoïste et inaccessible du coran; nos compagnons musulmans, qui tous périrent, à l'exception d'un seul, attendaient donc leur sort avec la résignation passive de moutons qu'on mène à la boucherie.

Mes lecteurs excuseront, je l'espère, cette courte digression. Elle ne m'a pas été inspirée par une animosité nationale ou personnelle, mais par une conviction profonde; car, dans les pays habités par les races les plus différentes, j'ai toujours vu l'islamisme, ce poison de l'Orient, produire les mêmes résultats.

Partagés entre la joie et la tristesse, mais tous extrêmement faibles, nous marchâmes jusque vers midi. Enfin nous atteignîmes une colline sur laquelle les arbres commençaient à se mêler aux buissons de la côte, et la Bathat-Farzah (vallée de Farzah) déroula tout à coup devant nos regards ses tapis de verdure et son amphithéâtre boisé, que dominent de hautes masses de granit. Le palais de Thoweyni, construit au milieu de cette riche campagne, ressemble beaucoup à ces châteaux du temps de Louis XIII que j'ai vus dans la France centrale. Il se compose d'un pavillon et de deux ailes symétriques; des balcons garnissent le premier étage et un perron conduit à l'entrée principale; bref, c'est un édifice d'aspect si européen que je m'étonnai de le trouver en Arabie. Il a été bâti au XVIIIe siècle, sur les ordres du sultan Saïd et par des architectes occidentaux. Près d'une porte conduisant aux appartements privés, Thoweyni, entouré de ses courtisans, jouissait, à l'ombre, de l'air frais du matin; devant lui deux ou trois cents cavaliers exécutaient les évolutions d'un combat simulé. On apercevait çà et là des tentes abritées sous des bouquets d'arbres; tout respirait la vie, la joie et la sécurité. C'était une scène bien différente du drame lugubre de la nuit.

Nous fîmes halte derrière un rideau de feuillage d'où nous pouvions, sans être vus, observer le roi et la cour. La parade fut bientôt terminée; les troupes, après avoir salué le sultan, regagnèrent leurs quartiers respectifs. Nous sortîmes alors de notre cachette, et quelques-uns des Arabes qui entouraient le roi, nous ayant aperçus, vinrent à notre rencontre. « Vous êtes sans doute de malheureux naufragés, nous dirent-ils; nous parlions à l'instant de la tempête et des vaisseaux qui avaient dû périr la nuit dernière; votre présence prouve combien nos craintes étaient fondées. » Puis, sans autre préambule, ils nous conduisirent devant le prince.

Je pouvais à peine garder mon sérieux en songeant à la piteuse figure que je faisais en ce moment; néanmoins cette circonstance fut favorable à mon incognito, car Thoweyni avait dû voir beaucoup d'étrangers et, sans l'excentricité de mon costume, il aurait peut-être découvert en moi un Anglais; mais qui, sans être sorcier, aurait pu reconnaître un Européen dans le vagabond demi-nu qui sollicitait l'assistance du prince? Or, quoique la rumeur publique accusât sa mère de magie, le sultan n'avait pas la moindre prétention à la science cabalistique. Tandis que nous nous inclinions respectueusement devant lui, je l'examinais avec attention. Il portait une tunique blanche d'une admirable finesse, sur laquelle couraient de riches broderies; sa tête était couverte d'un large turban de cachemire surmonté d'un diamant, et une magnifique dague à poignée d'or pendait à sa ceinture, ornée de pierres précieuses. Sa taille est haute, ses traits réguliers ; sa physionomie, qui exprime la finesse, garde malheureusement aussi l'empreinte d'une vie dissipée. Il vit, en effet, comme un franc disciple d'Epicure; mais il aurait été meilleur, si l'éducation n'avait point perverti ses qualités natives. La pénétration, la bienveillance et l'amour du plaisir se lisent à la fois sur son visage et dans ses manières. A ses pieds, était assis un enfant dont le teint brun et le splendide costume indiquaient l'origine ; c'était le fils du sultan et d'une esclave abyssinienne. Le premier ministre et plusieurs autres personnages distingués par le rang et la naissance entouraient Thoweyni ; tous avaient des vêtements blancs brodés d'or. De nombreux serviteurs, armés de dagues et d'épées, se tenaient à quelque distance.

Ce fut naturellement le capitaine qui porta la parole au nom de tous les naufragés. Le roi le reçut d'un air de compassion, demanda de quel pays était notre vaisseau, de quoi se composait son chargement, dans quel port il se rendait, combien de personnes avaient péri, comment nous avions échappé à la mort. Puis, après avoir promis à l'infortuné propriétaire un dédommagement de ses pertes, il donna des ordres pour que nous fussions logés au palais.

J'aurais désiré qu'Yousef parlât des présents que nous avions été chargés de remettre et de celui qui les envoyait; mais mon compagnon craignit de passer pour un imposteur et jugea plus prudent de garder le silence ; quant à moi, je ne crus pas devoir attirer l'attention de Thoweyni, car j'apercevais parmi les assistants plusieurs hommes dont le visage annonçait une origine septentrionale. Sur ces entrefaites, l'un des gardes, s'approchant d'Yousef et de moi, nous offrit d'être notre hôte. Nous le suivîmes à sa demeure, grand pavillon qui faisait partie des dépendances du palais, et qu'habitaient une douzaine de gardes royaux. Là, je ne tardai pas à être pourvu d'un pantalon et d'un turban. On alluma du feu, on nous donna des pipes et l'on prépara le café, en attendant que l'on nous servît une nourriture plus substantielle. Il nous fallut ensuite de nouveau conter notre histoire. Chacun prenait part à notre infortune, cherchait à nous rendre courage et promettait de ne rien négliger pour nous être utile. Nous fîmes un excellent repas composé de viande, de riz, de raisins et de dattes; puis nous nous retirâmes pour jouir d'un repos dont nous avions grand besoin, car le froid ne nous avait pas permis de fermer les yeux pendant la matinée que nous avions passée sur le rivage.

Quand je me réveillai, le jour était fort avancé. Yousef, déjà debout, me proposa de visiter avec lui le palais et ses environs. Notre promenade dans la vallée dura jusqu'au coucher du soleil. A notre retour, un des serviteurs du palais nous remit deux tomans d'or, valant à peu près 23 fr., et assura que bientôt nous recevrions de nouveaux témoignages de la libéralité de Thoweyni. En effet, cette modique somme était insuffisante pour nous permettre de continuer notre voyage; aussi avions-nous résolu d'attendre le secours qui nous était promis, lorsqu'un incident imprévu m'obligea de quitter précipitamment le palais.

Nous venions de souper, la nuit se faisait noire et nous étions tranquillement assis autour du fourneau sur lequel se préparait le café, lorsqu'un nègre richement vêtu entra dans le khavoua; après les saluts d'usage, il s'avança vers moi et me dit que son maître me priait de lui accorder la faveur d'une visite. Surpris de cette invitation, je suivis mon guide noir qui me conduisit vers une tente dressée à quelque distance. Là, je me trouvai en présence de deux officiers turcs. Quand ils m'eurent fait boire du cognac, ils m'interrogèrent afin que je leur contasse mes aventures. Mais l'heure avancée, jointe à mon extrême fatigue, me fournit un prétexte plausible pour me retirer; mon hôte exprima un vif regret de mon prompt départ, et ajouta que le lendemain il ne manquerait pas de se présenter à ma demeure.

Or, je n'ambitionnais nullement l'honneur qu'il voulait me faire; ce n'était pas que j'éprouvasse la moindre crainte personnelle: ma qualité d'Anglais ne m'exposait dans l'Oman à aucun péril; mais le lieutenant de Caled, le farouche Meteyri, était encore au palais; mes aventures pouvaient être rapportées à Bereymâ, et arriver de là aux oreilles de Feysoul, ce qui eût mis Abou-Eysa dans une situation fort dangereuse, car on aurait vu en lui le complice d'un espion européen. En conséquence, sans expliquer à Yousef mes véritables motifs, je lui dis que j'étais résolu à partir dès le lendemain pour Mascate, où sans doute nous trouverions l'aide dont nous avions besoin.

En conséquence, le lendemain, nous cherchâmes à nous procurer une paire de souliers, car mes pieds nus ne s'accommodaient nullement des cailloux anguleux qui jonchent le sol dans la plus grande partie du district de Mascate; mais il nous fut impossible d'en trouver, et nous partîmes sans chaussures, laissant nos hôtes exécuter la parade du matin, pendant que Thoweyni dormait sans doute encore (1). Un paysan du village de Ferza nous montra le chemin que nous devions suivre pour nous rendre à cette localité; mais,

(1) Le lecteur, en prenant ici congé du sultan de Mascate, doit être averti que ce prince est mort, trois ans après, assassiné par son fils aîné Sélim. Voir notre introduction. — J. B.

sans nous y arrêter, nous marchâmes encore péniblement plusieurs heures de suite pour arriver au petit hameau de Rian, où la fatigue nous obligea de faire halte. Les villageois nous offrirent un présent fort acceptable pour des hommes affamés : des tiges de cannes à sucre et un panier plein des fruits du nabak, qui atteignent ici la grosseur d'une pomme. Un morceau de pain dur, que nous avions eu la prudence d'emporter en quittant le palais, compléta notre festin. Puis nous nous remîmes en route.

Le soleil s'était couché derrière les collines avant que nous eussions atteint Matrâ, ou du moins le long faubourg qui se confond presque avec la ville ; car ces belles vallées sont couvertes d'une population si nombreuse qu'on ne peut guère déterminer exactement les limites de chaque localité, les villages étant reliés les uns aux autres par des groupes d'habitations champêtres. Quand nous fûmes arrivés aux premières maisons, nous avisâmes une villa d'assez belle apparence, et nous prîmes le parti de nous y présenter sans autre recommandation que le récit du naufrage que nous avions souffert. Notre costume misérable confirmait nos paroles. Aussi le maître de l'habitation, qui était un riche marchand, consentant à nous recevoir, nous fit servir un repas copieux, après lequel il s'entretint avec nous du commerce et de la situation actuelle du pays.

Nous quittâmes la maison de cet homme hospitalier, le lendemain matin de bonne heure, pour nous diriger vers la ville de Matrâ proprement dite. Les maisons en sont élégantes et spacieuses, les rues larges, et le marché est plus vaste et plus animé que celui de Lindja. La population doit y dépasser vingt-cinq mille âmes. Comme notre hôte bienfaisant de la veille avait ajouté une généreuse aumône aux deux pièces d'or que nous avait fait remettre Thoweyni, j'allai avec Yousef au marché pour nous y procurer quelques indispensables objets d'habillement. Cela fut d'autant plus aisé que, plus encore que Mascate, Matrâ sert d'entrepôt à l'industrie indigène. Quiconque veut acheter un manteau, une dague ou un tapis de fabrique omanite, en trouve ici un assortiment aussi riche que varié.

Après avoir visité la ville et terminé nos achats, nous descendîmes vers la plage, où nous vîmes un grand nombre de canots formés d'un simple tronc d'arbre et pourvus d'une double proue, qui permet de les diriger en avant ou en arrière sans les faire virer : ils étaient là pour attendre les voyageurs que leurs affaires appelaient à Mascate. Nous montâmes dans une de ces légères embarcations en compagnie d'un Persan et de deux banians, armés chacun d'un *chatti* ou parasol de Bombay, et avec quatre ou cinq autres passagers, sans compter les deux rameurs nègres. Je dois avouer que j'éprouvai une vive répugnance à me remettre en mer, même pour une aussi courte traversée. Yousef ne semblait pas non plus charmé de cette perspective. Mais, comme il n'y avait aucun autre moyen de nous rendre à Mascate, nous dûmes nous résigner à tenter l'aventure. Quelques instants après, nous voguions vers le cap situé à l'est de Matrâ ; quand nous l'eûmes doublé, nous aperçûmes une petite baie près de laquelle s'élève un groupe de maisons ; puis nous tournâmes un second promontoire, dont les roches de granit s'avancent au loin dans la mer, et nous entrâmes dans le port de Mascate. Il était rempli de navires, entre lesquels allaient et venaient des canots chargés de marins, de passagers et de marchandises. Quatre belles frégates surtout attirèrent mes regards : leurs canons, leurs lisses, tout leur gréement avait quelque chose de si européen que je crus un moment avoir sous les yeux des vaisseaux anglais; mais l'antique bannière rouge de l'Yémen, devenue aujourd'hui l'étendard de Thoweyni, flottait en haut de chaque mât et attestait que les bâtiments étaient la propriété du gouvernement omanite.

Mascate, ou du moins son port, ses forteresses et ses édifices, ayant été l'objet de descriptions nombreuses et détaillées (1), je me bornerai à dire quelques mots de la vie que mènent les habitants de Mascate et du séjour que j'ai fait dans cette ville.

Un marchand du Haça, nommé Astar, qui s'y était depuis longtemps fixé, nous accueillit dans sa demeure et nous donna, non-seulement une hospitalité généreuse, mais encore les vêtements dont nous avions besoin. Cependant je fus trois jours trop fatigué pour essayer de sortir.

Cette ville est une véritable Babylone, dans laquelle les banians ou négociants hindous jouent le principal rôle commercial et financier. Néanmoins quelques marchands omanites rivalisent pour l'entente des affaires avec ces commerçants de Bombay et de Mangalore. Sous le rapport de la politesse, de la civilisation et de l'élégance, les habitants l'emportent de beaucoup sur ceux des autres ports de la péninsule.

Le voisinage d'Aden inspire au sultan de Mascate une certaine appréhension, et, de toutes les puissances européennes, la Grande-Bretagne est celle qui cause le plus d'alarmes à Thoweyni; aussi le consul anglais qui réside ici paraît-il y mener la vie la plus misérable et la plus isolée.

L'été, dit-on, est intolérable à Mascate; je puis

(1) On peut voir, à la page 105 de notre édition des *Voyages autour du monde* de Mme Ida Pfeiffer, l'impression que Mascate avait faite à cette célèbre touriste. — J. B.

du moins assurer que la température de mars y rivalise avec celle de l'Inde au mois d'avril ou de mai. La population indigène elle-même, si l'on excepte ceux que retiennent la pauvreté ou des affaires urgentes, quitte la ville aux premiers jours du printemps et n'y rentre qu'en octobre.

Il y a vingt ou trente ans, Mascate était en pleine prospérité et sa population s'élevait à soixante mille âmes; aujourd'hui elle ne dépasse guère quarante mille. Le grand keysaryâ, construction d'une beauté remarquable, qui renferme des magasins dignes de Madras et de Bombay, est à demi désert; les *souks* ou places de marché, dans lesquels se réunissent les petits commerçants, conservent seuls quelque animation. C'est là inévitablement la conséquence de l'intervention et de l'influence des vouahabites.

En dehors de la ville, près de la porte méridionale, se tient chaque jour une foire où les produits manufacturés de l'Oman et de la Perse se mêlent à ceux de l'Inde. Un soir que je parcourais les boutiques ambulantes afin de me procurer une dague, celle qui ornait ma ceinture se trouvant en très-mauvais état, j'aperçus trois de nos anciens compagnons d'infortune, le capitaine et deux matelots. Ils étaient bien vêtus et paraissaient fort contents, car ils avaient reçu de Thoweyni une somme assez ronde pour que leur désastre devînt presque une bonne fortune; aussi se proposaient-ils de retourner à Couêt et de courir de nouveau les hasards de la mer.

Après être demeuré une semaine à Mascate, je me consultai avec Yousef pour savoir quel parti nous devions prendre. Mon compagnon n'avait qu'une seule pensée : rejoindre au plus vite son patron Abou-Eysa. Les voyages n'avaient désormais pour lui aucun charme, et les terreurs du naufrage, les souffrances des jours suivants, l'avaient vieilli de dix années. Je commençais aussi à penser que, pour cette fois du moins, je pouvais borner là mes explorations; le retour de Mascate à Bagdad, et de cette ville en Syrie, suffisait amplement à satisfaire mon humeur aventureuse. De plus, un malaise indéfinissable, mais dont, plus tard, je sus trop bien la cause, m'ôtait toute envie de m'exposer à de nouvelles fatigues. Cependant le vent soufflait du nord avec violence et semblait ne devoir changer de direction qu'après la nouvelle lune, c'est-à-dire le 21 ou le 22 mars. Jusque-là, nous n'avions pas d'autre chose à faire que de dévorer notre impatience, et je sentis peser sur moi l'ennui mortel qui règne dans cette ville; car, au physique et au moral, elle est une véritable prison.

Yousef m'apprit, un jour, qu'il s'était entendu pour notre passage avec un capitaine de Couêt, dont le vaisseau devait partir pour Abou-Cher, dès que le vent deviendrait favorable. L'honnête marin avait refusé de recevoir aucune rémunération, disant qu'il y aurait honte à priver de leurs dernières ressources des hommes déjà si cruellement éprouvés.

Enfin, dans la soirée du 22 mars, le vent tourna au sud, et notre capitaine nous annonça qu'il avait l'intention de mettre à la voile le matin suivant. Ce ne fut pourtant que le 23, vers le soir, que nous dûmes prendre congé de notre hôte Astar. Tandis que je m'acheminais vers le port avec Yousef et quelques amis, je songeais que chaque pas désormais allait me rapprocher de l'Europe. A cette pensée, se mêlaient le regret de quitter la terre hospitalière où j'avais rencontré tant de sympathie, et l'espérance de la revoir avant de mourir.

Je dirai peu de chose du reste de notre voyage. Nous traversâmes le golfe pour nous rendre à Bender-Abbas, où nous nous arrêtâmes un jour; de là, nous nous dirigeâmes vers la petite île de Hindjam ou Hinyam, excellente station navale située non loin de Djichm et qui occupe à l'entrée du Golfe Persique une situation analogue à celle de Périm dans la Mer Rouge. Nous gagnâmes ensuite le port tranquille de Chiro, près de Charac, et enfin, malgré les vents contraires qui retardaient notre marche, nous atteignîmes Bender-Boucher ou Abou-Cher, le 6 avril.

La générosité que le capitaine avait montrée en nous prenant à son bord ne se démentit pas un instant pendant toute la traversée; nous n'eûmes également qu'à nous louer des passagers qui, pour la plupart, venaient de Lucknow ou des environs.

Le vaisseau était propre, bien tenu et solidement construit, circonstance fort heureuse pour nous, car nous eûmes à essuyer une tempête peut-être plus violente que celle qui avait fait couler bas notre vieux navire omanite; mais, cette fois, je n'étais guère en état de remarquer ce qui se passait autour de moi. Le mal, dont j'éprouvais depuis plusieurs jours les symptômes précurseurs, avait éclaté presque à la sortie du port. C'était la fièvre typhoïde. Un Hindou, qui l'avait contractée en même temps que moi sur le rivage brûlant de Mascate, mourut avant la fin de la traversée. Les marins et le capitaine lui-même me soignèrent de leur mieux, et c'était sans doute un grand soulagement pour moi d'avoir à mon chevet ces visages sympathiques; mais ils n'avaient guère à me donner d'autres secours que de bonnes paroles, car la maladie est un cas rarement prévu à bord des bâtiments arabes. Enfin, nous jetâmes l'ancre devant Abou-Cher, et des matelots, conduits par Yousef, me portèrent sur leurs épaules jusqu'à la demeure d'Abou-Eysa. Le guide croyait que nous avions péri dans la tempête qui avait englouti tant de navires pendant la nuit du 9 mars ; Baracat s'était déjà rendu à Bassora, et de là à Bagdad, où il m'attendait, n'ayant pas encore appris notre naufrage.

La nouvelle de la chute d'Oneyza et du triomphe des vouahabites, qui venait de se répandre dans la ville d'Abou-Cher, préoccupait beaucoup les esprits, comme je l'ai dit dans un précédent chapitre; mais la fièvre, maintenant dans toute sa violence, ne me laissait pas assez de liberté d'esprit pour m'occuper de ces graves événements : j'étais presque constamment plongé dans l'état de demi-délire qui caractérise ce genre de maladie. Le bateau à vapeur de Bombay arriva le 18 avril, et comme Abou-Eysa ne pouvait retarder davantage le départ de la caravane qu'il était chargé de conduire à La Mecque, on me transporta sur le navire anglais qui se rendait à Bassora. Arrivé dans cette ville, je fus remis aux mains du capitaine Selby, officier de la marine de l'Inde. Grâce à sa généreuse bonté, à l'intérêt particulier que je lui inspirais en qualité de compatriote, je fus entouré de soins intelligents et assidus, qui m'arrachèrent à une mort imminente, plus heureux qu'un grand nombre de mes devanciers, dont les explorations et la vie se sont terminées par une même catastrophe. Il nous fallut sept jours pour remonter le Tigre, qui était alors grossi par les pluies du printemps ; le huitième, nous débarquâmes à Bagdad, où l'hospitalité du capitaine Selby et celle de quelques amis, Anglais, Suisses et Français, me rendirent, sinon complétement la santé, du moins assez de forces pour continuer sans crainte mon voyage. Quelques jours plus tard, je retrouvais le bon et fidèle Baracat, qui témoigna, en me revoyant après tant de périlleuses aventures, une joie plus facile à imaginer qu'à décrire. On venait d'apprendre à Bagdad la tempête de mars, et les négociants de la ville, dont les intérêts étaient liés à beaucoup d'entreprises maritimes, m'accablèrent de questions sur le sort des navires qui avaient essuyé cette terrible tourmente.

Nous retournâmes en Syrie par Kerkouk, Mossoul, Mardin, Diarbékir et Orfa. C'était une route nouvelle pour moi, et par conséquent pleine de charmes, mais elle en aurait peut-être moins pour le lecteur, car des relations, écrites avec plus de talent que la mienne, lui ont sans aucun doute déjà rendu familière cette partie du monde. La nouveauté seule peut mériter quelque indulgence au tableau bien imparfait que j'ai tracé de l'Arabie et de ses habitants. Bien des choses restent à dire sur ce riche et curieux pays ; je laisse le soin de les faire connaître à un voyageur dont les efforts auront plus de succès que n'en ont eu ceux du touriste qui adresse aujourd'hui au lecteur un adieu cordial.

FIN

TABLE DES MATIÈRES

FIN DE LA TABLE

Coulommiers. — Typog. A. MOUSSIN

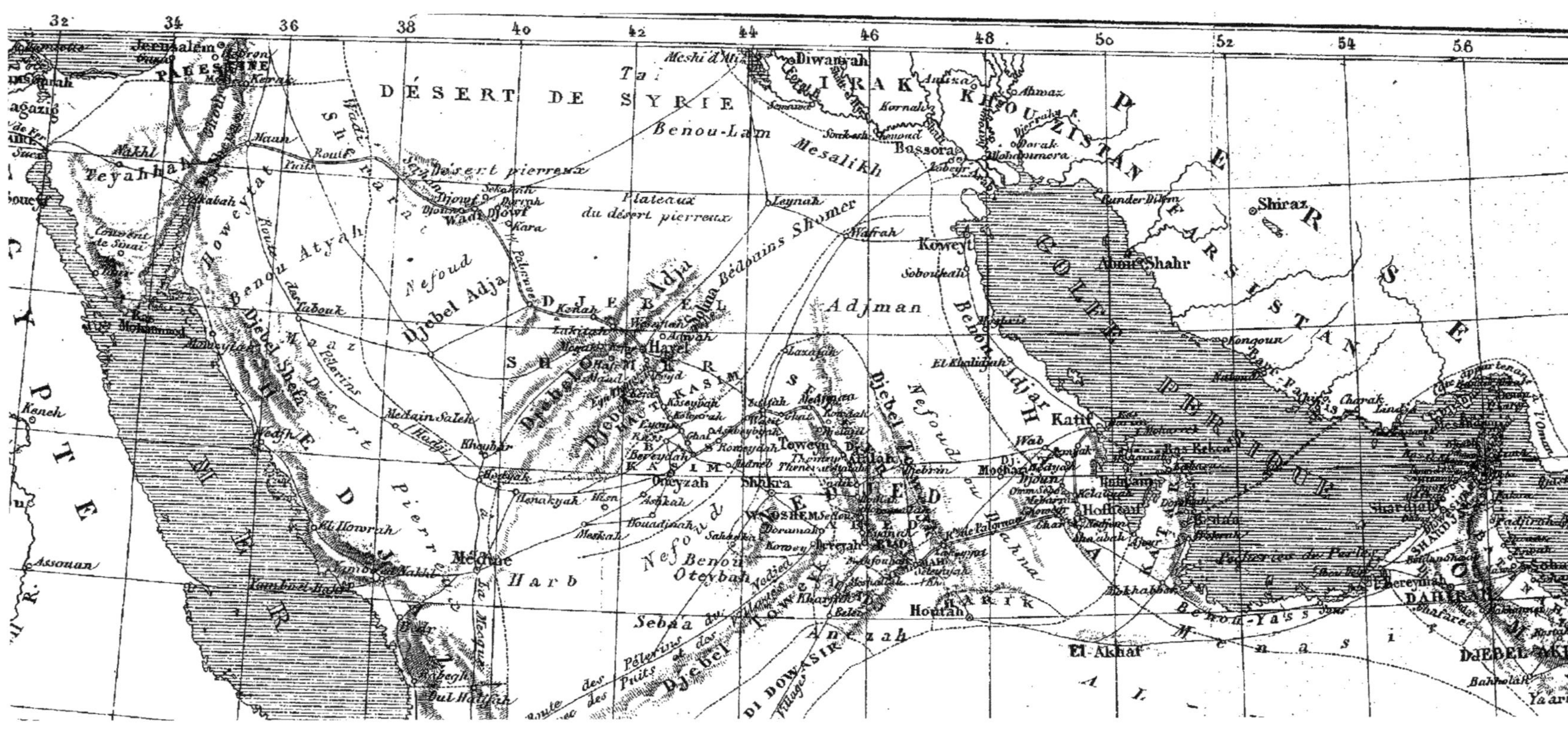
32
34
36
38
40
42
44
46
48
50
52
54
56
DÉSERT DE SYRIE
Benou-Lam
Mesalikh
IRAK
Diwaniyah
Bassora
KHOUZISTAN
Ahwaz
Mohammera
Shiraz
FARSISTAN
Abou Shahr
GOLFE PERSIQUE
Koweyt
Adjman
Benou Adjar
Katif
Hofhouf
El Akhaf
Benou-Yass
Jerusalem
PALESTINE
Maan
Nakhl
Teyahhah
Akabah
Howeytat
Benou Atyah
Tabouk
Nefoud
Djebel Adja
Djebel Shefa
Désert pierreux
Plateaux du désert pierreux
Bédouins Shomer
Hayel
Medain Saleh
Khaybar
Médine
Harb
Oneyzah
Shakra
Nefoud
Djebel Toweyk
Sebaa
Route des Pèlerins
DJEBEL AKHDAR
Yaariba
Kaneh
Assouan
EGYPTE
MER ROUGE

LITTÉRATURE POPULAIRE

ÉDITIONS A UN FRANC LE VOLUME, FORMAT IN-16 JÉSUS

Le cartonnage en percaline gaufrée se paye en sus 50 cent. par volume.

EN VENTE

Badin (Ad.). *Duguay-Trouin.* 1 vol.
— *Jean Bart.* 1 vol.
Baines (Th.). *Voyage dans le Sud-Ouest de l'Afrique.* 1 vol.
Baldwin. *Du Natal au Zambèse, 1851-1866. Récits de chasses.* 1 vol.
Barrau (Th.-H.). *Conseils aux ouvriers sur les moyens d'améliorer leur condition.* 1 vol.
Barthélemy. *Voyage du jeune Anacharsis en Grèce dans le milieu du quatrième siècle avant l'ère chrétienne.* 3 vol.
Atlas dressé pour cet ouvrage par J.-D. Barbié du Bocage. In-8. 1 fr. 50
Bernard (Paul). [illegible]. 1 vol.
Boileau. *Œuvres complètes.* 2 vol.
Bonnechose (Émile de). *Bertrand du Guesclin, connétable de France et de Castille.* 1 vol.
— *Lazare Hoche, général en chef des armées de la République. 1793-1797.* 1 vol.
Bossuet. *Œuvres choisies.* [illegible] vol.
Calemard de la Fayette. *La Prime d'honneur.* 1 vol.
— *L'Agriculture progressive.* 1 vol.
Carraud (Mme Z.). *Une servante d'autrefois.* 1 vol.
Charton (Éd.). *Histoire de trois enfants pauvres,* [illegible]. 1 vol.
Corne (H.). *Le Cardinal Mazarin.* 1 vol.
— *Le Cardinal de Richelieu.* 1 vol.
Corneille (Pierre). *Chefs-d'œuvre.* 1 vol.
— *Œuvres complètes.* [illegible] vol.
Deherrypon (Martial). *La Boutique de la marchande de poissons.* 1 vol.
Delapalme. *Le Premier livre du citoyen.* 2e édition. 1 vol.
Duval (Jules). *Notre pays.* 1 vol.
Ernouf (Le baron). *Histoire de trois ouvriers français.* 1 vol.
— [illegible]. 1 vol.
Franklin. *Œuvres* traduites de l'anglais et annotées par Éd. Laboulaye. 4 vol.
Fénelon. *Œuvres choisies.* 4 vol.
Guillemin (Amédée). *La Lune.* 1 vol. illustré de 2 grandes planches et de [illegible] vignettes.
Hauréau (B.). *Charlemagne* [illegible]. 1 v.
Homère. *Les beautés de l'Iliade et de l'Odyssée,* traduction de M. Giguet. 1 v.
Jonveaux [illegible]. *Histoire de trois* [illegible] [illegible]. [illegible] 2e édition. 1 vol.
Laboulaye (Éd.). [illegible]. 1 vol.
La Fontaine. *Choix de fables.* 1 vol.
Livingstone (Charles et David). *Explorations dans l'Afrique australe et dans le bassin du Zambèse, 1840-1864.* 1 vol.
Malherbe. *Œuvres choisies.* 1 vol.
[illegible] (Jean [illegible]). *Le* [illegible] [illegible]. 1 [illegible]
Molière. *Chefs-d'œuvre.* 1 vol.
— *Œuvres complètes.* 3 vol.
Montaigne (Michel). *Essais.* [illegible] vol.
Montesquieu. *Œuvres complètes.* [illegible] vol.
Mouhot. *Voyage à Siam, dans le Cambodge et le Laos.* 1 vol.
Müller (Eug.). *La boutique du marchand de nouveautés.* 1 vol.
Pascal (B.). *Œuvres complètes.* [illegible] vol.
Pfeiffer (Mme Ida). *Voyage autour du monde,* édition abrégée par [illegible]. 1 vol.
Passy (Frédéric). *Les Machines et leur influence sur le développement de l'humanité.* 1 vol.
Perron. [illegible]. 1 vol.
Racine (Jean). *Œuvres complètes.* [illegible] vol.
[illegible]
Saint-Simon (Le duc de). *Mémoires complets et authentiques sur le siècle de Louis XIV et la Régence,* [illegible] sur le manuscrit original, par M. [illegible], et précédés d'une notice de M. Sainte-Beuve. 13 vol.
Sedaine. *Œuvres choisies.* 1 vol.
Shakspeare. *Chefs-d'œuvre.* 3 vol.
Speke [illegible]. [illegible]. 1 vol.
Thévenin (Évariste). *Cours d'économie industrielle.* 7 vol.
Chaque volume se vend séparément.
— *Entretiens populaires.* [illegible] vol.
Chaque volume se vend séparément.
Vambéry (Arminius). *Voyages d'un faux derviche dans l'Asie centrale.* 1 vol.
Verne (Jules). [illegible]. 1 vol.
Wallon [illegible]. [illegible]. 1 v.

EN PRÉPARATION

Bernard [illegible]. *Le Tour d'Auvergne.*
Gilbert. *Chefs-d'œuvre.*
Guillemin [illegible]. *Le Soleil.*
[illegible]. *Chefs-d'œuvre.*

LES BOUTIQUES DE PARIS

About (Ed.). *La boutique de l'épicier.*
Laurencin (Gilbert). *La Boutique du* [illegible].
Deherrypon. *La Boutique de* [illegible]

www.ingramcontent.com/pod-product-compliance
Ingram Content Group UK Ltd.
Pitfield, Milton Keynes, MK11 3LW, UK
UKHW021846190726
13855UKWH00001B/177

9 782013 441360